国家职业教育专业教学资源库配套教材

1+X 职业技能等级证书配套教材

混合动力汽车维护与保养

主　编　尹少峰　梁功川　尹美菊

副主编　骆启良　陈铭建　苟孝贵　张俊杰

主　审　赵计平

科 学 出 版 社

北　京

内 容 简 介

本书采用"项目-任务化"和"基于工作过程"的编写理念，以典型工作任务为载体组织教学内容。全书分为混合动力汽车基本认知、混合动力汽车维护与保养准备、混合动力汽车动力系统的维护与保养、混合动力汽车电能供给系统的维护与保养、混合动力汽车整车控制系统的维护与保养、混合动力汽车辅助系统的维护与保养 6 个项目。每个项目包括若干任务，每个任务以"课程引入""学习目标""课前预习""知识储备""任务实施""考核评价"等模块展开，层层递进，环环相扣。书中具体的维护与保养案例多以丰田卡罗拉及普锐斯、红旗、比亚迪和宝马等混合动力汽车为主。本书对接了 1+X 证书标准，融入课程思政内容，配有微课视频、多媒体课件等立体化资源，体现"书证"融通、思政融合，同时配套有信息化资源。

本书可供开设新能源汽车技术、汽车检测与维修技术等汽车专业的职业院校使用，也可作为从事新能源汽车维修、检测、销售和技术管理等工作的技术人员的培训教材或参考用书。

图书在版编目（CIP）数据

混合动力汽车维护与保养/尹少峰，梁功川，尹美菊主编. —北京：科学出版社，2024.1

（国家职业教育专业教学资源库配套教材·1+X 职业技能等级证书配套教材）

ISBN 978-7-03-076057-9

Ⅰ. ①混⋯　Ⅱ. ①尹⋯　②梁⋯　③尹⋯　Ⅲ. ①混合动力汽车-车辆修理-职业教育-教材　②混合动力汽车-车辆保养-职业教育-教材　Ⅳ. ①U469.7

中国国家版本馆 CIP 数据核字（2023）第 136480 号

责任编辑：张振华　刘建山 / 责任校对：赵丽杰
责任印制：吕春珉 / 封面设计：东方人华平面设计部

科学出版社出版
北京东黄城根北街 16 号
邮政编码：100717
http://www.sciencep.com
三河市中晟雅豪印务有限公司印刷
科学出版社发行　各地新华书店经销

*

2024 年 1 月第 一 版　　开本：787×1092　1/16
2025 年 7 月第二次印刷　　印张：16
字数：360 000

定价：59.00 元
（如有印装质量问题，我社负责调换）

销售部电话 010-62136230　编辑部电话 010-62135120-2005

前　言

　　汽车工业的发展推动了人类文明的进步，但也为人类带来能源、环境和交通安全等问题，这也是汽车工业发展所面临的巨大挑战。新能源汽车具有低排放甚至零排放、热辐射低、噪声小且环境友好等优点，是节能、环保和可持续发展的新型交通工具，具有广阔的发展和应用前景。近年来，汽车"新四化"（电动化、智能化、网联化和共享化）的进展突飞猛进，以新能源为核心的新汽车产业正在成为新一轮科技革命的载体、平台和牵引力。发展新能源汽车技术已成为世界各国的共识。

　　当今世界，汽车产业正经历百年未有之大变革。汽车产业的大变革正在催生新汽车产业生态。新汽车产业将使产业内涵日趋丰富、外延不断扩展，并孕育出具有新能力、新属性、新角色和新使命的"新汽车"。新汽车时代正在到来。在这个百年不遇的产业大变革中，我国汽车产业正以更加开放的姿态，开启由汽车大国向汽车强国转身的新征程。为推动新能源汽车产业高质量发展，加快建设汽车强国，2015 年，《〈中国制造 2025〉重点领域技术路线图（2015 年版）》正式发布，明确提出我国汽车工业未来在新能源汽车领域的重点发展方向；2016 年，中国汽车工程学会《节能与新能源汽车技术路线图》发布，再次为新能源汽车技术的发展提出了更为明确的思路和方向；2020 年，国务院办公厅印发《新能源汽车产业发展规划（2021—2035 年）》。我国新能源汽车在国家政策及技术快速发展的推动下，保持高速增长态势。截至 2023 年 7 月，我国新能源汽车保有量超过 1500 万辆，产销量、保有量已连续 8 年位居世界第一。目前我国新能源汽车产业已走在世界前列。随着新能源汽车市场保有量的日益增多，新能源汽车售后服务领域的人才需求出现了巨大的缺口。教育部、人力资源和社会保障部、工业和信息化部联合印发的《制造业人才发展规划指南》指出，到 2025 年，节能与新能源汽车人才缺口将超过 103 万人。

　　党的二十大报告中深刻指出："推动战略性新兴产业融合集群发展，构建新一代信息技术、人工智能、生物技术、新能源、新材料、高端装备、绿色环保等一批新的增长引擎。""加快建设国家战略人才力量，努力培养造就更多大师、战略科学家、一流科技领军人才和创新团队、青年科技人才、卓越工程师、大国工匠、高技能人才。"为了适应国家新能源汽车产业发展和教学改革的需要，编者根据二十大报告精神和《国家职业教育改革实施方案》《职业院校教材管理办法》《高等学校课程思政建设指导纲要》《"十四五"职业教育规划教材建设实施方案》等相关文件精神，在行业、企业专家和课程开发专家的精心指导下，结合企业生产岗位和工作实际，编写了本书。

　　本书的编写紧紧围绕"培养什么人、怎样培养人、为谁培养人"这一教育的根本问题，以落实立德树人为根本任务，以学生综合职业能力培养为中心，以培养卓越工程师、大国工匠、高技能人才为目标，以"科学、实用、新颖"为编写原则。相比以往同类教材，本书具有许多特点和亮点，主要体现在以下几个方面。

1. 校企"双元"联合开发，行业特色鲜明

本书是在重庆汽车工程学会和中国汽车工程研究院股份有限公司的指导下，由重庆科创职业学院、重庆工业职业技术学院、重庆电讯职业学院、内江职业技术学院、重庆科技职业学院、重庆市永川区长城汽车修理厂等一线教师及维修技术人员共同编写的，体现校企"双元"，行业特色鲜明。

2. 项目引领、任务驱动，编写理念新颖

本书采用"项目-任务化"和"基于工作过程"的编写理念，在对纯电动和插电式新能源汽车技术技能人才岗位调研的基础上，分析出岗位典型工作任务，然后根据典型工作任务提炼出行动领域，在此基础上构建了项目化、工作过程系统化的课程体系。

本书主要内容包括混合动力汽车基本认知、混合动力汽车维护与保养准备、混合动力汽车动力系统的维护与保养、混合动力汽车电能供给系统的维护与保养、混合动力汽车整车控制系统的维护与保养、混合动力汽车辅助系统的维护与保养 6 个项目（15 个任务）。每个项目以"课程引入""学习目标""课前预习""知识储备""知识拓展""任务实施""考核评价"等形式展开，层层递进，环环相扣，具有很强的针对性和可操作性。

3. 对接 1+X 职业资格证书要求，体现"岗课赛证"融通

本书按照纯电动和插电式新能源汽车典型工作任务和相关岗位（群）核心能力要求，对接 1+X 职业资格证书和国家职业技能标准，结合国家职业院校技能大赛所提出的知识、能力、素养要求，以企业真实生产项目、典型工作任务、案例等为载体组织教学内容，体现"书证"融通和"岗课赛证"融通。

4. 注重思政融合，充分发挥教材承载的思政教育功能

为落实立德树人根本任务，充分发挥教材承载的思政教育功能，本书凝练项目任务中的"爱国情怀、民族自信、安全意识、质量意识、环保意识、职业素养、工匠精神、劳动精神"等思政要素，融入精益化生产管理理念，将思政要素与教学内容相结合，使学生在学习专业知识的同时，通过潜移默化的效果，把握各个思政教育映射点所要传授的内容。

5. 配套立体化教学资源，适应信息化教学实施

本书配套有立体化教学资源，包括微课、动画、视频、课程标准、多媒体课件、习题等，便于教师授课和学生自学。此外，本书中穿插有丰富的二维码资源链接，通过扫描可以观看相关的微课视频，便于随时随地移动学习。

本书由重庆科创职业学院尹少峰、内江职业技术学院梁功川和中国科学院大学尹美菊担任主编；重庆科技职业学院骆启良、台州技师学院陈铭建、重庆科创职业学院苟孝贵、中国汽车工程研究院股份有限公司张俊杰担任副主编；重庆工业职业技术学院赵计平担任主审；重庆科创职业学院王飞、汤平、何涌、曾德军、雷声熙、辛晓磊、闵光华，内江职业技术学院皮杨勇，重庆电讯职业学院马亚亚，重庆工业职业技术学院白云，重庆市永川

区长城汽车修理厂余从攀参与编写。

  在编写本书的过程中，重庆市永川区长城汽车修理厂、重庆江田汽车维修有限公司提供了大量设备支持，同时编者还参考了大量国内外相关著作和文献资料，在此一并向相关公司和作者表示衷心的感谢。

  由于编者水平有限，书中难免有不妥之处，敬请读者批评指正。

目　　录

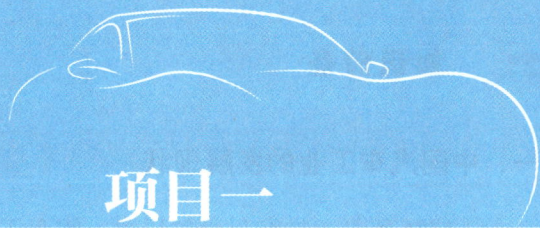

项目一
混合动力汽车基本认知

任务一　混合动力汽车的发展历史及现状认知

课程引入

　　小王准备买一辆新能源轿车，在了解了当前汽车产业的发展情况后，他想买辆混合动力汽车。你作为一名汽车销售人员能帮小王把混合动力汽车的优势和操作注意事项了解得更全面吗？

学习目标

知识目标	能力目标	思政要素和职业素养目标
1. 了解混合动力汽车的发展历史。 2. 认识混合动力汽车的当前形势	能通过搜集和查阅相关技术资料等方式获取混合动力汽车车辆信息	1. 激发爱国情怀，增强使命感、紧迫感、荣誉感。 2. 践行制造强国战略，坚定道路自信、理论自信、制度自信、文化自信

对接 1+X 证书模块 1-1（初级）工作任务 1——智能新能源汽车基础

课前预习

　　根据查找的资料或在实训室观摩，完成下列课前预习（表 1.1.1）。

表 1.1.1　混合动力汽车的发展历史及现状预习

1. 目前国内市场上具有代表性的混合动力汽车品牌有哪些？

（目前国内市场上具有代表性的混合动力汽车品牌）

（　　）（　　）（　　）（　　）（　　）（　　）（　　）

2. 说明混合动力汽车的发展趋势。

 知识储备

一、中国汽车工业的发展现状

自1886年第一辆汽车诞生以来，汽车工业的蓬勃发展极大地改变了人们的生活方式，提高了人们的生活质量。汽车已成为当今人类社会不可缺少的交通工具。汽车工业的发展还给人们提供了大量的就业机会，促进了经济的发展。汽车技术的进步也极大地促进了机械、电子、化工等相关科学技术的进步。可以说，汽车的出现改变了整个世界的面貌。

2000—2023年我国汽车产销量统计如图1.1.1所示。2005年以来，我国汽车产销量呈现快速发展的趋势，并于2009年产销量超过美国，成为世界第一大汽车市场。2017年，我国汽车产销量再创历史新高，连续9年位居世界第一。2017年，我国汽车产销量分别为2901.54万辆和2887.89万辆，同比增长3.19%和3.04%，增速与上年同期相比有一定回落。2017年，我国乘用车产销量分别为2480.67万辆和2471.83万辆，同比增长1.58%和1.40%；商用车产销量分别为420.87万辆和416.06万辆，同比增长13.81%和13.95%。但2018—2022年的产销量有所下滑。2023年，我国汽车产销量分别为3016.1万辆和3009.4万辆，同比增长11.6%和12.0%。

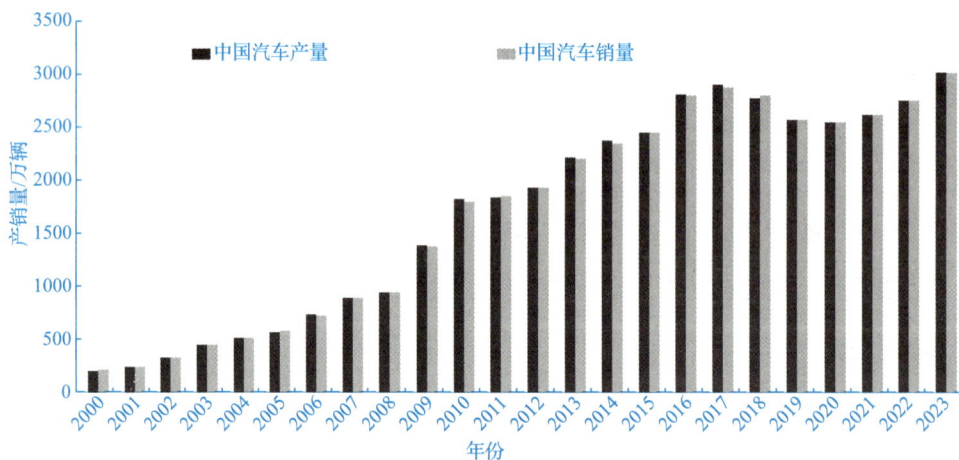

图1.1.1　2000—2023年我国汽车产销量统计

中国汽车工业协会数据显示，2023年我国新能源汽车产销量分别为958.7万辆和949.5万辆，产量同比增长35.8%，销量同比增长37.9%。其中，纯电动汽车产销量分别为670.4万辆和668.5万辆，产量同比增长22.6%，销量同比增长24.6%；插电式混合动力汽车产销量为287.7万辆和280.4万辆，产量同比增长81.2%，销量同比增长84.7%。

2016—2023年我国新能源汽车销量及增长率如图1.1.2所示。2016—2023年我国插电式混合动力汽车产销量如图1.1.3所示。

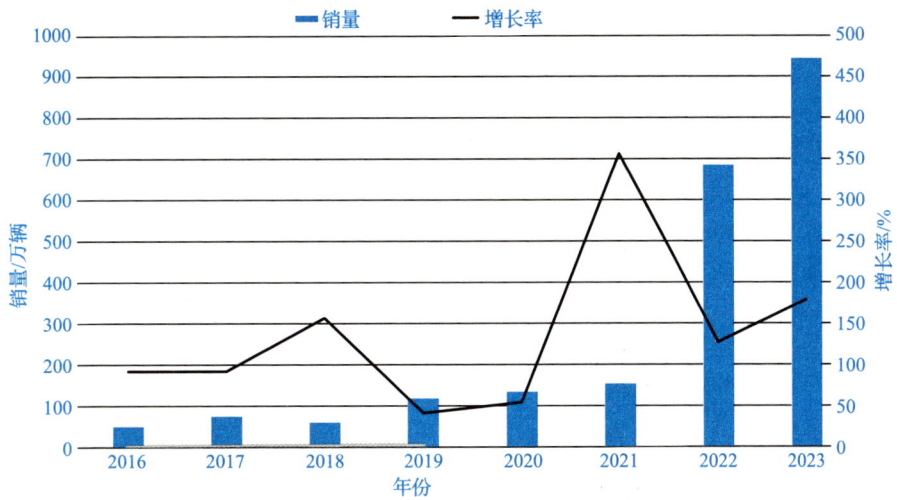

图 1.1.2　2016—2023 年我国新能源汽车销量及增长率

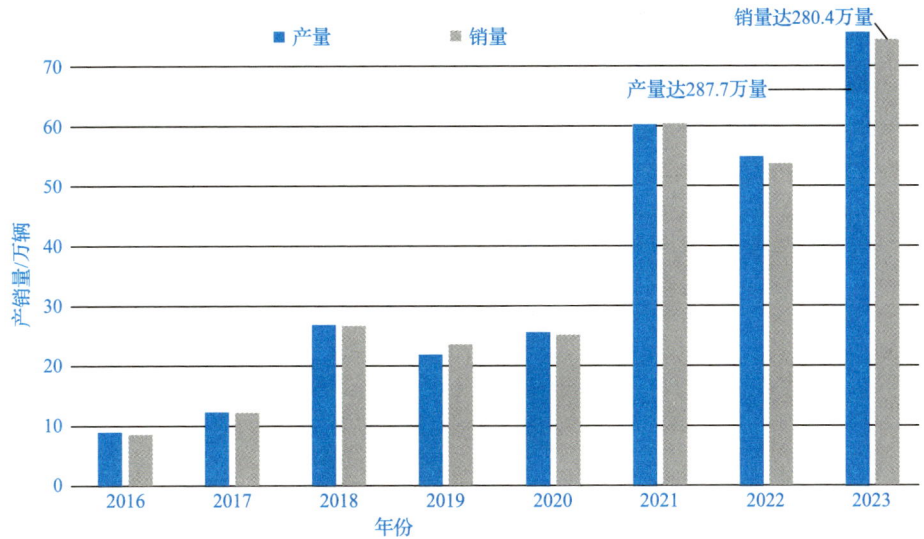

图 1.1.3　2016—2023 年我国插电式混合动力汽车产销量

在新能源汽车主要品种中，与 2022 年同期相比，纯电动汽车、插电式混合动力汽车和燃料电池汽车产销在 2023 年继续保持高速增长。随着相关配套政策措施的实施，将进一步激发市场主体和消费活力，加之新的一年芯片供应短缺等问题有望得到较大缓解，2024 年汽车市场继续呈现稳中向好发展态势。

二、混合动力汽车的发展历史

混合动力汽车并不是近代新型汽车，它伴随着汽车工业的发展已经有超过 100 年的历史。1900 年，费迪南德·保时捷成功研制出了第一辆混合动力汽车的原型车 Semper Vivus，但受到当时售价、续驶里程、整车质量、体积、电池等多方面的制约，混合动力汽车并没有按照预期发展，尽管如此，还是有很多的汽车工程师和科学家投入了更节能和环保的混合动力汽车研发中，于是在 1916 年第一辆油电混合动力汽车问世，如图 1.1.4 所示。这款双排座的轿车使用操纵杆代替踏板来控制节气门。

1920 年 1 月，第一辆充电式汽车问世，如图 1.1.5 所示。它是美国新泽西州的发明家在早期混合动力汽车设计基础上的创新之作。电动机直接安装在后轮轴上，同时车辆滑行时发电机能直接为蓄电池充电。此外，安装在车前的 4 缸汽油发动机也可以在行驶途中为汽车充电。

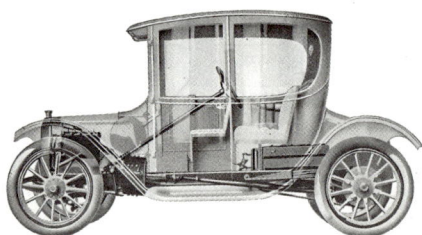

图 1.1.4　第一辆油电混合动力汽车

图 1.1.5　第一辆充电式汽车

1937 年 8 月，第一台 DIY（do it yourself，自己动手做）电动汽车亮相，如图 1.1.6 所示。它是世界上第一辆个人制造的电动汽车。它是车主利用二手车零件为 5 岁小女孩打造的，但这也为未来的电动汽车试验铺平了道路。

图 1.1.6　第一台 DIY 电动汽车

1959 年 2 月，出现分期付款的电动汽车。1959 年，一款称为 Charles Town-About 的汽车受到人们的热烈追捧，它创造了电动汽车分期付款的先河。其美观的外形、约 128.75km 的续驶里程，以及充电 7h 只需 18 美分的优势使其风靡一时。

1968 年 12 月，通用汽车公司推出斯特林混合动力发动机。当年，发展势头强劲的通用汽车公司把斯特林发动机与 14 个 12V 电池组合在一起打造了一款汽车。这款汽车引进了 48km/h 的"盈亏平衡"速度新概念，由于斯特林发动机可以不断为汽车充电，因此电力不会耗尽。不过，该款汽车的起动和关闭需要耗时 20s 以上。

由于 1973 年第一次石油危机，人们对混合动力汽车的态度发生了转变。这次石油危机造成了美国汽油价格的飙升，而在那个时期，近 85% 的美国人驾驶汽车上班。人们对油价的关注促使汽车制造商们在之后的 25 年时间里投入了大量的资金研发新能源技术，然而实际收效甚微。

我国政府在国家高技术研究发展计划（"863 计划"）中专门开列了包括混合动力汽车在内的电动汽车重大专项。1986 年，我国基本建立了常规混合动力汽车技术及产业化体系，研发了 200 款左右常规混合动力汽车产品。在常规混合动力客车方面，我国自主研发的常规混合动力客车逐步被城市公交用户认可，产品技术创新水平和产业竞争力位居世界前列。"十一五"期间，我国聚焦常规混合动力轿车动力系统技术平台，同步开展常规混合动力轿车产业化技术攻关，成功研制出多款工程化常规混合动力轿车产品。2008 年，北京奥运会期间，我国研制的混合动力汽车出现在赛场上，成为我国汽车工业的代表作。2010 年，我国政府制定了混合动力汽车产业发展规划，同时推出了一系列政策鼓励企业发展混合动力汽车。近年来，我国混合动力汽车市场进一步壮大。2023 年，我国混合动力汽车销量超过 280 万辆，同比增长 84.7%。在我国汽车市场上，混合动力汽车已经成为一个不可忽视的存在。

随着技术的发展，我国混合汽车产业的未来充满了无限可能。我国汽车工业在朝着更加环保、智能、高效的方向发展。在节能与新能源汽车相关激励政策的推动下，在越来越严格的汽车尾气排放法规的推动下，我国将逐渐形成轻度混合动力轿车先行、中度并联混合动力轿车跟进、深度混合动力轿车押后的尊重技术的自主研发常规混合动力轿车市场推进三部曲。相信在未来，我国混合动力汽车产业将继续创新、发展、壮大。

三、混合动力汽车的发展现状

1. 国内混合动力汽车发展现状

我国在新能源汽车的自主创新过程中，坚持了政府支持，以核心技术、关键部件和系统集成为重点的原则，确立了以混合电动汽车、纯电动汽车、燃料电池汽车为"三纵"，以整车控制系统、电机驱动系统、动力蓄电池/燃料电池为"三横"的研发布局，通过产学研紧密合作，我国混合动力汽车的自主创新取得了一定进展。

我国在新能源汽车的自主创新过程中，形成了具有完全自主知识产权的动力系统技术平台，建立了混合动力汽车技术开发体系。混合动力汽车的核心是电池（包括电池管理系统）技术。除此之外，还包括发动机技术、电机控制技术、整车控制技术等，发动机和电机之间动力的转换和衔接也是重点。"十三五"末期，我国已经建立起了混合动力汽车动力系统技术平台和产学研合作研发体系，取得了一系列突破性成果，为整车开发奠定了坚实的基础。

我国在新能源汽车的自主创新过程中，掌握了电动汽车整车开发关键技术，形成了各类电动汽车的开发能力。我国混合动力汽车在系统集成、可靠性、节能性能等方面进步显著，不同技术方案可实现节油 10%～40%。同时，各车企对混合动力汽车的研发和产业化投入显著增强，产业化步伐不断加快。目前，国内车企已将混合动力汽车作为未来主流竞争型产品在战略上高度重视，一汽、东风、上汽、长安、奇瑞、比亚迪等都已投入了大量的人力、物力，并有部分车型已经实现小批量上市。国内市场上具有代表性的混合动力汽车有以下品牌。

1）中国长安杰勋混合动力轿车。杰勋混合动力轿车是国内第一款自主研发设计将中度混合技术实现产业化并且投产的混合动力轿车。杰勋整车都采用自主研发的技术设计，拥有完整的自主知识产权，获得专利 80 余项，其中发明专利 18 项。长安建成了我国第一条完全自主研究开发的混合动力生产线。该车的动力系统是由长安自主研发的 1.5L 高效发动机、13kW 永磁同步无刷电机组合而成的，续驶里程和整体动力水平与 2.0L 汽油发动机车型基本相当；节油在 20%以上，排放限制达到国际领先水平。

2）一汽奔腾 B70。这款混合动力汽车的动力系统采用双电机模式，属于全混合结构。该款混合动力轿车的制造成本是同款燃油车的 2～3 倍，随着批量化生产的实现，奔腾 B70 的制造成本将逐渐降低。

3）上汽荣威 750。这款混合动力轿车具备"环保与动力性兼备"和"智能停机零排放"两大突出的优点，最大续驶里程能够达到 500km，节油率为 20%左右，而且采用的是带传动一体化起动/发电机（belt driven starter generator，BSG）系统。

4）奇瑞 A3 ISG（integrated starter generator，集成式起动/发电机）。奇瑞 A3 采用柴油双离合器并联式混合动力系统，动力系统搭载奇瑞 ACTECO 1.3L 型柴油发动机，并匹配深度混合动力系统，实现了百公里只需 3.01L 的超低油耗。

5）东风 EQ7200HEV。东风 EQ7200HEV 是东风汽车集团有限公司推出的重大战略项目，同时也是"863 计划"的重大专项。这款混合动力轿车以 EQ7200-II 为基础，采用的是电控自动变速箱和创新型并联机电耦合的模式。

6）比亚迪 F6DM 双模电动汽车。比亚迪 F6DM 双模电动汽车采用的是 EV（electric vehicle，纯电动）+HEV（hybrid electric vehicle，混合动力）的双模式，其续驶里程是纯电动模式（100km）+混合动力模式（330km）的总里程，最高速度可达 160km/h。其生产成本比同款燃油车增加 5 万元左右，量产后成本会降低 2 万元左右。

除上述介绍的车型外，国内还有多家车企正在积极研发混合动力汽车车型，吉利汽车和江淮汽车目前也已分别拥有上市的 ISG 和 BSG 混合动力车型。

2. 国外混合动力汽车发展现状

1）日本。日本是混合动力汽车的发源地之一，丰田公司是该国混合动力汽车的主导者。1997 年 12 月，第一款量产混合动力汽车丰田普锐斯推向日本市场，当年售出 18 000 辆。本田公司从 1999 年开始销售混合动力车型。根据日本汽车制造商协会的数据，2019 年日本的混合动力汽车销量为 28.4 万辆。2020 年日本混合动力汽车销量为 23.1 万辆。由于日本政府对新能源汽车支持程度较高，以及日本市场对新能源汽车的需求较大，因此日本混合动力汽车产业发展较好。丰田普锐斯、本田雅阁等混合动力汽车在日本汽车市场具有较高的知名度和市场占有率。

2）美国。根据美国汽车协会发布的数据，2019 年美国混合动力汽车销量为 22.8 万辆，市场占比为 1.9%；2020 年美国混合动力汽车销量为 20.6 万辆。由于美国政府对新能源汽车的政策支持程度相对较低，并且受到疫情等因素影响，因此美国混合动力汽车的市场增长相对较缓慢。

3）欧洲。根据欧洲汽车制造商协会发布的数据，2019 年欧洲混合动力汽车的销量为 75.8 万辆，市场占比为 7.5%；2020 年欧洲混合动力汽车的销量为 86.8 万辆，市场占比为 9.7%。欧洲混合动力汽车市场的表现因国家和地区而异。例如，挪威市场对于新能源汽车的需求非常旺盛，混合动力汽车在该市场的销售表现较好。一些知名汽车厂商如丰田、福特、沃尔沃、比亚迪等在欧洲市场推出了多款混合动力汽车。

国外混合动力汽车代表产品如下。

1）美国通用别克君威 Eco-Hybrid。别克君威 Eco-Hybrid 采用 BSG 低度混合动力模式，BSG 布置在发动机前端轮系处，36V 镍氢电池组装载在行李舱。相对普通车型，百公里油耗从 9.8L 降低到了 8.3L。

2）福特 Escape SUV（sport utility vehicle，运动型多功能车）。福特 Escape SUV 采用双 ISG+行星轮系的混合动力形式，电池能量控制单元采用 300V 镍氢电池，混合动力百公里油耗为 6.32L，燃油经济性较普通车型提高了 25% 以上。

3）凯迪拉克 Escalade。凯迪拉克 Escalade 采用双 ISG+行星轮系与发动机的双模混合模式，这款车型有两种工作模式，在两种模式下汽车均可以在纯电动、混合动力及纯燃油模式下行驶，不同的是在低速轻负荷模式下发动机只有 4 个缸在工作，而在高速大负荷模式下发动机有 8 个缸在工作。

4）通用雪佛兰 VOLT。这款车型采用串联式混合动力系统（series hybrid electric vehicle，SHEV），发动机的动力转矩通过发电机转化后再传递给驱动电机。电池采用 16kW·h 锂电池（动力电池），用 220V 电源只需 3.5h 就可将电池充满，纯电池驱动续驶里程可达到 64km，同时可在行驶中使用发动机对蓄电池充电。若使用汽油，通过能源转换后，每升汽油可驱动车辆行驶 17km，超过传统汽车的 2 倍。

5）BMW X5/X7。BMW X5 是宝马公司首款配置其 BMW ActiveHybrid 系统的混合动力车型。其混合动力模式为 ISG+AT，动力电池包装载在行李舱内，电动机则串联在变速器与发动机之间，在车顶还搭载有太阳能转化板。BMW ActiveHybrid X7 动力电池包安装在轮拱之间，保持了宝马代表性的 50∶50 质量分配特点。

6）奔驰 S400 BlueHybrid。奔驰 S400 BlueHybrid 为奔驰首款搭载锂电池的量产车型。其采用 ISG+AT（automatic transmission，自动变速器）混合动力模式，采用锂电池组，梅赛德斯公司将电池组与汽车温控系统进行整合，采用全新设计的锂电池单元组、电池管理及检测系统等。

7）丰田普锐斯（Prius）。丰田普锐斯于 1997 年 10 月底研发成功，是世界上最早实现批量投产的混合动力车型，其全球销量已经超过 100 万辆。其技术还在进一步改进，最新一代普锐斯混合动力系统采用了双 ISG+行星轮系混合动力驱动模式，电池使用 200V 镍氢电池，相对目前市场上的混合动力车型，丰田普锐斯是一款技术非常成熟的混合动力汽车。

8）本田 Civic Hybrid。本田 Civic Hybrid 车型采用 ISG+CVT（continuously variable transmission，机械无级变速器）混合方案，是本田以低油耗和低排放为研发目的推出的混合动力系统，其发动机、ISG与CVT采用串联的配置模式，横向布置在发动机舱内。

四、混合动力汽车技术与发展趋势

随着全球经济的发展，汽车保有量逐年增加，汽车尾气对空气的污染也日益加重，这对石油资源和生态环境带来极大的挑战。因此汽车行业不得不从传统的耗能模式到节能环保的耗能模式进行转型。近年来，以纯电动汽车、混合动力汽车、燃料电池汽车为代表的新能源汽车取得了重大的进展。但是现阶段作为纯电动汽车和燃料电池汽车的关键部件之一的电池存在能量密度低、寿命较短、价格较高和污染等问题，这严重制约了电动汽车的发展和产业化，电动汽车的性价比也无法与传统的内燃机汽车相抗衡。此时混合动力汽车就很好地弥补了电动汽车的缺点：混合动力汽车的混合动力装置就是将电动机与辅助动力单元组合在一起作为动力源，辅助动力单元可以是一台小型燃料发动机或动力发电机组，而且可以尽量减小燃料发动机尺寸，使一部分动力由辅助动力单元发动机提供。这种混合动力装置具有两方面的优势：一是发动机动力性好、持续工作时间长的优势，二是发挥电动机低噪声、无污染的优势。这种混合动力装置可使汽车的热效率值提高10%以上，废气排放可改善30%以上。现阶段，混合动力有很好的发展前景。

目前，世界各国政府以及各大汽车制造商都在大力研发各种混合动力汽车和混合动力客车。美国福特、日本丰田、日本本田等公司已经研发生产了许多成熟的混合动力汽车产品，并在各国批量销售。我国政府采取了一系列激励措施，以促进混合动力汽车的发展和普及。目前，我国混合动力汽车市场呈现出快速增长和良好发展的态势。我国本土汽车制造商如比亚迪、吉利、长城、广汽等都推出了具有竞争力的混合动力汽车产品。政策支持、技术创新和市场竞争都是推动混合动力汽车发展的有利因素。

1. 国内混合动力汽车技术

我国在传统燃料汽车领域的研究开发比西方发达国家较晚，技术和制造精度存在一定差距，但在混合动力汽车和电动汽车研究领域，我国是处于领先地位的。国家"863计划"中专门确定了包括混合动力汽车在内的节能与新能源环保汽车的重大专项。在有国家政策的支持、研发资金的投放、相关人才的培养这样的优越形势下，目前我国混合动力汽车的自主创新得到了重大发展。

虽然我国混合动力汽车技术起步较晚，但我国混合动力汽车市场普遍被其他国家看好，各国竞相在我国进行专利布局以开拓市场。

我国混合动力汽车技术主要集中在低、中度混合（BSG、ISG+离合器+MT）研发的车型，虽然较日本等发达国家相对落后，但也有较为先进的，如比亚迪研发的双模混合动力模式。国内也正在研发制造双ISG+行星轮系混合形式的混合动力汽车，与丰田普锐斯的成熟技术相比仍有较大差距，不过国内混合动力技术正慢慢走向成熟，未来会有越来越多的车型在新技术的支持下上市。

2. 国外混合动力汽车技术

美国、日本和德国是主要的混合动力汽车研发国家，掌握当前很多成熟先进的混合动力技术及产品。美国福特汽车公司和特斯拉公司，起步投资较大，以数十亿美元的贷款专用于混合动力和纯电动汽车的研究开发，同时又从美国政府的绿色新政获得大量的经费支持。日本政府对混合动力汽车研发的支持较其他国家起步更早，日本丰田普锐斯是世界上最早投产的混合动力车型，其全球销量已超过 100 万辆，远超世界其他混合动力汽车。当前日本混合动力汽车在全球市场中的占有率已经超过 10%。

以日本为首的发达国家，依靠扎实的传统汽车技术平台和先进的混合动力技术，混合动力车型逐渐市场化，在新能源汽车市场占得先机。美国通用汽车公司已经掌握了成熟的 BSG 和并联式混合动力（parallel hybrid electric vehicle，PHEV）技术；美国福特汽车公司主要致力于双 ISG+行星轮系混合动力车型的研发，技术也已成熟；德国大众汽车公司旗下奥迪的 ISG 和 PHEV 技术也趋于成熟；德国奔驰汽车公司的 BSG 和 ISG 应用广泛，双模（EV、HEV）混合车型正在研究应用；德国宝马 X 系列采用 ISG+AT 混合动力模式，7 系混合动力汽车已经面向市场销售；日本丰田普锐斯车型搭载的双 ISG+行星轮系混合动力技术非常成熟完善，占据了大量市场；日本本田的 ISG+CVT 混合动力技术也日趋成熟。

总体来看，美国和日本都以汽油混合动力为主，美国以中高端大排量车型的混合动力研发为主，日本以丰田和本田为代表的 ISG+行星轮系和 ISG+CVT 为主，而欧洲研发的混合动力汽车以柴油混合和少量的低排量汽油混合动力车型为主。

3. 国内外混合动力汽车的发展趋势

按照世界各国电动汽车的发展趋势，混合动力汽车只作为一个过渡产品在未来的30～40 年内拥有非常良好的市场应用前景，随着混合动力技术的发展，如混联式混合动力（series parallel hybrid electric vehicle，SPHEV）等拥有高混合度、高环保节能性能、高工况适应性的车型将占领主要的混合动力车型市场。

从电动汽车的发展现状来看，消费者在理念上认可混合动力汽车和纯电动汽车，但是愿意购买这些车型的消费者相对不多，究其原因主要是混合动力汽车在制造成本、性能和使用方便性上与传统汽车相比还有一定的差距。因此，混合动力汽车的发展应该以努力占领市场为突破口，同时加大研发力度，寻找最优方案，使其进一步发展，更要在关键技术上取得突破创新，重点从以下 3 个方面着手。

1）首先应加大对混合动力汽车电池组的研发投入，比亚迪掌握的电池组技术在性能上已经能基本满足要求，目前应着力降低电池的生产成本，尽快实现产业化。

2）继续加大力度发展应用于城市公交车的混合动力系统。由于国内混合动力技术相对落后，小型家用混合动力汽车难以在近期实现市场化，因此，先将混合动力模式应用于城市公交车系统，从混合动力客车的研发和运营中积累经验解决问题是一条很好的途径。

3）着力于动力复合装置的研发。无论是并联式混合动力（PHEV）汽车还是混联式混合动力（SPHEV）汽车，其动力复合装置都是最关键的一步。只要拥有自主开发的高效节能的动力复合装置，就可以大大削减混合动力汽车的生产制造成本，极大地推动混合动力车型产业化的进程。未来电动汽车将逐步取代燃油汽车占领汽车主要市场，在这之前，市场将被各种低油耗、高效节能、高环保性的混合动力车型占据。因此，尽快占领市场份额尤为重要，我国应加速对混合动力汽车的研发和产业化进程。

知识拓展

2023 年十大混合动力汽车品牌

2023 年十大混合动力汽车品牌如表 1.1.2 所示。

表 1.1.2　2023 年十大混合动力汽车品牌

品牌名称	品牌 Logo	品牌介绍
BYD（比亚迪）	ＢＹＤ 比亚迪汽车	比亚迪股份有限公司创立于 1995 年，是国内新能源汽车的领导者，拥有行业领先的汽车电池技术，形成了完整的电池产业链，是从事电子、汽车、新能源和轨道交通等领域的上市企业
TOYOTA（丰田）	TOYOTA	丰田汽车公司于 1937 年创立于日本，是世界 500 强公司，同时也是全球知名的汽车制造商
HONDA（本田）	HONDA	本田汽车公司于 1948 年始创于日本，是大型摩托车和汽车生产商，以生产自行车助力发动机起步，汽车安全系统拥有许多先进技术
理想	理想	理想汽车公司成立于 2015 年，是国内知名新能源汽车品牌，纳斯达克上市公司
AITO	AITO	AITO 汽车是由赛力斯汽车与华为联合设计的高端新能源汽车品牌，赛力斯成立于 2016 年，专注于新能源汽车的研制开发与生产，是掌握核心三电技术的新能源车企，拥有多项与新能源技术相关的专利
LEXUS（雷克萨斯）	LEXUS	雷克萨斯汽车公司创立于 1983 年，是日本丰田集团旗下知名豪华汽车品牌，致力于创造精致风格的汽车
吉利	吉利汽车 GEELY AUTO	吉利集团成立于 1986 年，是全球性的电动汽车和能源服务科技公司，1997 年进入汽车行业，专注于汽车、发动机、变速器和车载电子产品的研发，旗下吉利汽车在国内主要畅销的车型涵盖帝豪、星瑞、缤瑞、帝豪、博瑞等知名车型
广汽传祺	广汽传祺	广汽集团旗下汽车品牌，专注于开发适合国人驾驶习惯与道路特点的车型，是集轿车、SUV、MPV 的研发、生产、销售乘用车于一体的大型汽车制造商。广汽乘用车有限公司是世界 500 强企业广汽集团设立的全资子公司，成立于 2008 年，主要致力于生产销售具有国际先进水平的传祺品牌整车
长安	长安汽车 CHANGAN AUTO	长安汽车是国内较大的造车企业，推出了 CS 系列、逸动系列、UNI 系列等热销产品，拥有长安福特、长安马自达等合资合作企业。长安汽车是中国汽车四大集团阵营企业，拥有 100 多年历史底蕴、30 多年造车积累，30 个整车、发动机及变速器工厂
长城	长城汽车	长城汽车是全球知名的 SUV、皮卡制造商，旗下拥有哈弗、魏牌、欧拉、坦克及长城皮卡，以及面向纯电豪华市场的沙龙机甲科技品牌。长城汽车面向全球用户，致力于提供智能、绿色出行服务，加速向全球化智能科技公司转型

上述 2023 年十大混合动力汽车品牌数据由 CN10 排排榜研究部门和 CNPP 品牌数据研究部门通过资料收集整理，并基于大数据统计及人为根据市场和参数条件变化的分析研究专业测评而得出，是大数据、云计算、数据统计真实客观呈现的结果。

任务实施

小组根据该任务的学习情况，查阅相关资料和利用实训设备（工具、车辆），完成下列工作任务单。

比亚迪唐 PHEV 结构全面观摩工作任务单

任务名称	比亚迪唐 PHEV 结构全面观摩		
小组成员		任务成绩	
任务要求	1. 利用教师提供的新能源实训车辆，对比亚迪唐 PHEV 结构全面观摩，写出车辆各总成结构的名称，在实车上确认各总成部件，并记录安装位置及型号。 2. 打开机舱盖，识别车辆动力蓄电池及其特征		
安全要求	记录实训中应该注意的安全事项		
比亚迪唐 PHEV 结构记录	比亚迪唐 PHEV 结构特征： 部件与总成安装位置记录：		
车辆动力蓄电池及其特征识别			

考核评价

　　综合整个学习过程，通过学生的课堂表现、课后巩固、任务完成情况等对其知识目标、能力目标、思政要素和职业素养目标达成情况进行评价。

任务教学目标达成情况评价表

班级：_____　　姓名：_____

知识目标达成情况		
目标描述	教师评价	学生自评
是否了解混合动力汽车的发展历史		
是否认识混合动力汽车的当前形势		
评价结论：知识目标达成与否	○是	○否
能力目标达成情况		
目标描述	教师评价	学生自评
是否具备正确查阅混合动力汽车相关技术资料的能力		
评价结论：能力目标达成与否	○是	○否
思政要素和职业素养目标达成情况		
目标描述	教师评价	学生自评
小组活动展现的团队协作、沟通交流能力		
本课实训参与的积极性		
实训是否严谨、客观、科学		
评价结论：思政要素和职业素养目标达成与否	○是	○否

任务二　混合动力汽车认知与安全使用

课程引入

小王准备购买一辆新能源轿车，他从使用中的便捷性、续驶里程等方面进行了解后，想买辆混合动力汽车。你作为一名汽车销售人员能帮小王选择理想的车型并指导小王安全使用吗？

学习目标

知识目标	能力目标	思政要素和职业素养目标
1. 了解混合动力汽车的分类及结构原理。 2. 掌握各类型混合动力汽车的工作原理。 3. 掌握混合动力汽车的安全使用方法	1. 能获取混合动力汽车车辆的准确信息。 2. 能全面认知混合动力汽车的结构原理	1. 树立创新意识、安全意识、质量意识。 2. 感受汽车之美，提升审美情趣

对接 1+X 证书模块 1-2（初级）工作任务 2——智能新能源汽车结构

课前预习

根据查找的资料或在实训室观摩，完成下列课前预习（表 1.2.1）。

表 1.2.1　混合动力汽车认知与使用安全预习

1. 丰田卡罗拉混合动力汽车的整体结构包括哪些部分？

（丰田卡罗拉混合动力汽车的整体结构）

（　　）（　　）（　　）（　　）（　　）（　　）（　　）

2. 简述混合动力汽车的安全使用注意事项。

知识储备

一、混合动力汽车认知

1. 混合动力汽车的概念

混合动力汽车是新能源汽车中的一种。那么对混合动力汽车是如何定义的呢？根据国际能源组织的有关文献，能量与功率传送路线具有如下特点的车辆称为混合动力车辆：①传送到车轮推进车辆运动的能量至少来自两种不同的能量转换装置；②这些能量转换装置至少要从两种不同的能量储存装置吸取能量；③从能量储存装置流向车轮的这些通道，至少有一条是可逆的。

综上所述，混合动力汽车是由两种或两种以上不同类型的动力源作为驱动能源，其中至少由一种能量提供电能的汽车，如图 1.2.1 所示。通常所说的混合动力汽车指的是油电混合动力汽车，即燃油（汽油、柴油）和电能混合，由发动机作为电机的辅助动力驱动汽车。油电混合动力系统中的能量转换器是发动机和驱动电机，能量储存装置为燃油箱和动力蓄电池。

图 1.2.1 混合动力汽车

2. 混合动力汽车的分类

混合动力汽车有多种分类方式：按照动力系统的结构形式可分为串联式、并联式和混联式 3 种；按照混合度可分为微混合型、轻度混合型和重度混合（强混合）型 3 种；按照外接充电能力可分为外接充电型和非外接充电型两种；按照行驶模式的选择方式可分为有手动选择功能和无手动选择功能两种；按照可再充电能量储存系统的不同可分为动力蓄电池、超级电容器、机电飞轮和动力蓄电池与超级电容器组合式 3 种。此外，也可以按照其技术特征、燃料类型、功能结构和车辆用途等进行分类。

以下按照动力系统的结构形式进行分类，以便更好地了解混合动力汽车的技术特性。

（1）串联式混合动力汽车

串联式混合动力汽车（serial hybrid electric vehicle，PSHEV）运行时，内燃机带动发电机工作，发电机输出的电能通过变频器提供给驱动电机来驱动车辆，或者为车辆动力蓄电池充电。在该类型的设计中，内燃机是不能直接给车辆提供动力的，其主要应用于城市大客车，在乘用轿车中应用很少，节油率可以达到 20%左右。

如图 1.2.2 所示，串联式混合动力汽车是由发动机、发电机、动力蓄电池、电动机、驱动轮、减速器（降速齿轮）等组成的。这种汽车可以实现的工作模式有纯电驱动模式、纯内燃机驱动模式、混合驱动模式、内燃机驱动和动力蓄电池充电模式、再生制动模式、动力蓄电池充电模式。

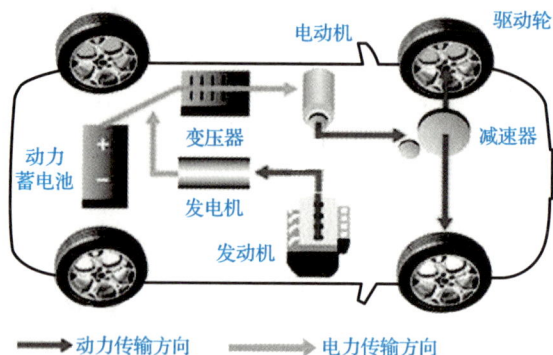

图 1.2.2　串联式混合动力汽车的基本结构

整车综合控制器、电机控制器、发动机控制器、发电机控制器、电池管理系统（battery management system，BMS）等通过通信线缆连接组成整车控制系统，依据控制系统的状态信息以及驾驶人员的操控指令、车速等整车反馈信息，由整车控制器实施预订的控制策略，并输出指令到电机控制器，实施电动机-发电机的电动、发电控制；输出指令到发动机控制器、发电机控制器，实施发动机-发电机组的开关控制及输出功率控制；输出指令到 BMS，实施动力蓄电池组的充电、放电管理。

串联式混合动力驱动系统的 3 种基本控制模式如下。

1）主要利用电池来驱动车辆，仅当电池荷电状态（state of charge，SoC）降低到最小限值时，发动机才起动，发动机在最高效率区以输出恒定功率的方式工作，当 SoC 回升到最大限值时发动机关机。

2）"负荷跟随"控制模式。在此模式下，车辆能够自动调整其输出功率，以满足当前负荷需求，并保持稳定的电压和频率。这种模式可大大提高车辆的效率和稳定性。

3）上述两种控制模式的一个折中方案。

串联式混合动力汽车的特点如下。

1）内燃机不直接参与驱动车辆，仅用于为动力蓄电池充电。

2）动力蓄电池获取电能的主要途径有发电机输出的电能和制动能量回收的电能。

3）内燃机能够在最佳的速度和负荷状态下运行，同时车辆也取消了离合器等部件。

4）车辆仅通过电机驱动，因此必须设计较大功率的电机来满足车辆爬坡、急加速等大负荷运行工况，这也导致内燃机和动力蓄电池的质量增大，从而导致整车质量增大。

串联式混合动力汽车的代表车型有通用汽车公司的混合动力汽车，其结构如图 1.2.3 所示。

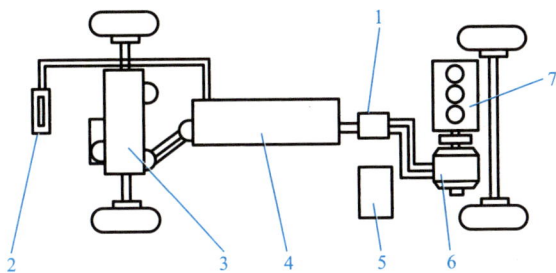

1—电流转换器；2—车载充电机；3—电动机；4—动力蓄电池；5—中央控制器；6—发电机；7—发动机。

图1.2.3　通用汽车公司混合动力汽车的结构

（2）并联式混合动力汽车

并联式混合动力汽车（parrallel hybrid electric vehicle，PHEV）的单个动力传动系间的联合是汽车动力或传动系环节的联合，能够对不同动力装置输出的驱动动能进行联合或耦合。并联式混合动力汽车的驱动是由内燃机和驱动电机共同作用下完成的，系统支持仅靠其中的一种能量驱动车辆，也支持内燃机和电动机同时驱动车辆。在这种设计中，动力蓄电池和内燃机都是与变速单元相连接的。

汽车的行驶动力由发动机、电机（电动机-发电机）通过机电耦合装置单独或联合提供。整车综合控制器、电机控制器、发动机控制器、BMS等通过通信线缆连接组成整车控制系统，依据控制系统的状态信息以及驾驶人员的操控信号、车速等整车反馈信息，由整车控制器实施既定的控制策略，并输出指令到电机控制器，实施电动机-发电机的电动、发电控制；输出指令到发动机控制器，实施发动机的开关控制及输出功率控制；输出指令到BMS，实施动力蓄电池组的充电、放电管理。并联式混合动力汽车可以在比较复杂的工况下行驶，应用范围比较广，其基本结构如图1.2.4所示。

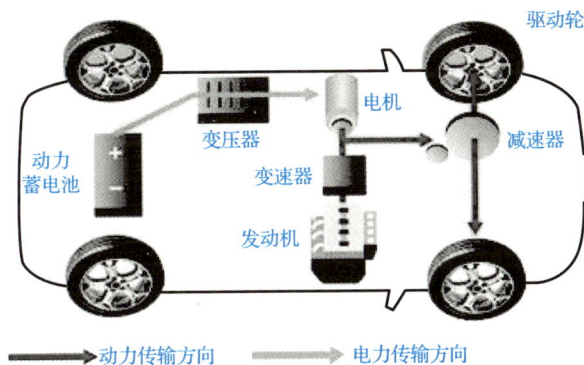

图1.2.4　并联式混合动力汽车的基本结构

并联式混合动力驱动系统的控制工作模式如下。

1）车辆起动、低速及轻载行驶时，发动机关闭，车辆由电机驱动，为纯电动工况。

2）车辆中、高速及中载行驶时，电机停止工作，车辆由发动机驱动，为纯发动机工况。

3）车辆加速及重载（爬坡）行驶时，电机和发动机同时工作，车辆由发动机和电机联合驱动，为混动工况。

4）在车辆行驶过程中，当车载电池组电量过低时，发动机在驱动车辆行驶的同时向电池组补充充电。

5）车辆减速及制动时，电机以发电机模式工作，回收车辆制动能量向电池充电。

并联式混合动力汽车的特点如下。

1）发动机通过机械传动机构直接驱动汽车，无机械能-电能的转换损失，因此发动机输出能量的利用率相对较高。

2）内燃机和电机共同驱动车辆行驶。

3）每个动力装置都有其单独的车载能量源。

4）采用了一个或多个电机辅助内燃机，内燃机可以设计得更小。

5）需要用复杂的软件来优化电机和内燃机同时输向驱动轴的转矩。

并联式混合动力汽车的代表车型有日产风雅混合动力汽车，其结构如图 1.2.5 所示。

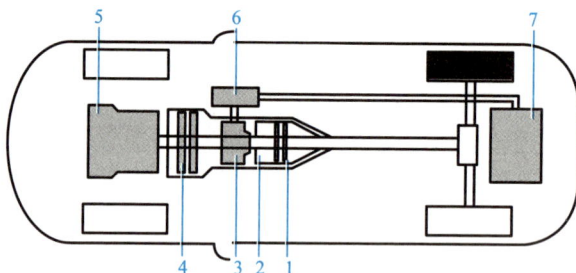

1、4—离合器；2—电子控制式7挡自动变速器；3—电机；5—发动机；6—变频器；7—锂离子蓄电池。

图 1.2.5　日产风雅混合动力汽车的结构

（3）混联式混合动力汽车

混联式混合动力汽车（parallel-serial hybrid electric vehicle，PSHEV）也称串并联式混合动力汽车，因为它是集合了串联式和并联式的优点而设计的，所以它可以最大限度地发挥串联式与并联式的优点。混联式混合动力汽车动力传动系具有两个电机系统，即发电机系统和电机驱动系统，兼备了串联式混合动力车载能量源的混合及并联式混合动力机械动能的混合。在车辆行驶中，系统可以通过动力分配装置，一方面由电机单独驱动车辆，另一方面由内燃机自主发电。目前市场上合资品牌的混合动力汽车大多数采用这种设计类型，其基本结构如图 1.2.6 所示。

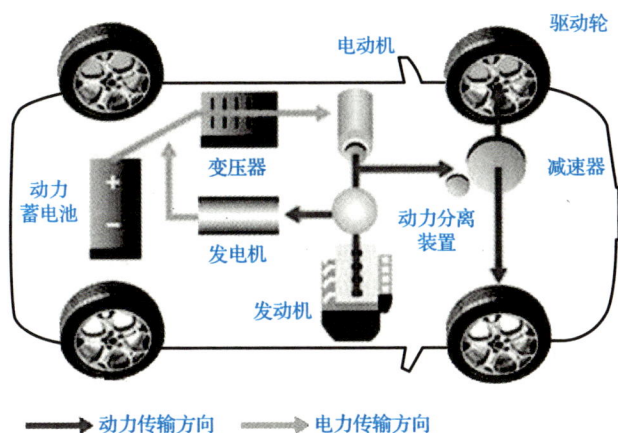

图 1.2.6 混联式混合动力汽车基本结构

整车综合控制器、电机控制器、发动机控制器、发电机控制器、BMS 等通过通信线缆连接组成整车控制系统，依据控制系统的状态信息以及驾驶人员的操控信号、车速等整车反馈信息，由整车控制器实施既定的控制策略，并输出指令到电机控制器，实施电动机-发电机的电动、发电控制；输出指令到发动机控制器，实施发动机的开关控制及输出功率控制；输出指令到发电机控制器，实施发电机的工作状态控制；输出指令到 BMS，实施动力蓄电池组的充电、放电管理。

混联式混合动力驱动系统的控制工作模式如下。

1）当动力蓄电池组具有较高的电量且动力蓄电池组的输出功率满足整车行驶功率需求或整车需求功率较小时，为避免发动机工作于低负荷和低效率区，混联式混合动力汽车以纯电动机驱动模式工作，此时发动机处于关机状态。

2）当车辆以纯电动机驱动行驶时，若汽车减速制动，则电动机-发电机工作于再生制动状态，汽车制动能量通过再生发电回收到动力蓄电池组中，即工作于再生制动充电模式。

3）当车辆需求功率增加或动力蓄电池组电量偏低时，发动机起动工作，若发动机输出功率满足汽车行驶功率且动力蓄电池组不需要充电时，整车以纯发动机驱动模式工作，此时动力蓄电池组既不充电也不放电，发动机输出的功率分成两部分，一部分直接输出到驱动轮，另一部分经过发电机、电动机转化后输出到驱动轮。

4）当车辆急加速需要更大的功率输出时，整车以混合动力驱动模式工作，此时发动机工作，动力蓄电池组放电，发动机输出的功率分成两部分，一部分直接输出到驱动轮，另一部分经过发电机、电动机转化后输出到驱动轮。另外，动力蓄电池组放电输出额外的电功率到电机控制器，使电动机输出更大的功率，以满足汽车的总功率需求。

5）当动力蓄电池组的电量不足且发动机输出功率在驱动汽车的同时有盈余时，实施动力蓄电池组强制补充充电工作模式。此时，发动机工作，发动机输出的功率分成 3 个部分，一部分直接输出到驱动轮，另一部分经过发电机、电动机转化后输出到驱动轮，还有一部分经过发电机后为动力蓄电池组进行充电。

混联式混合动力汽车的特点如下。

1）系统可以实现电动机单独驱动车辆，发动机自动停机或起动为系统充电，也可以实现内燃机和电动机共同驱动车辆。

2）动力分配装置内部设计和管理系统较为复杂，需要较为深厚的技术积累和较大的研发投入。

混联式混合动力汽车的代表车型有丰田普锐斯混合动力汽车，其结构如图 1.2.7 所示。

图 1.2.7　丰田普锐斯混合动力汽车的结构

3. 丰田混合动力系统及车型介绍

丰田混合动力系统由汽油发动机和电机组成。

（1）丰田卡罗拉混合动力汽车

丰田卡罗拉混合动力汽车采用丰田第二代混合动力系统，使用两种动力源（发动机和动力蓄电池），以利用各动力源的优势并弥补各自的劣势。丰田卡罗拉混合动力汽车的高压部件主要有动力蓄电池、变频器总成、混合动力驱动桥及高压电缆等，如图 1.2.8 所示。

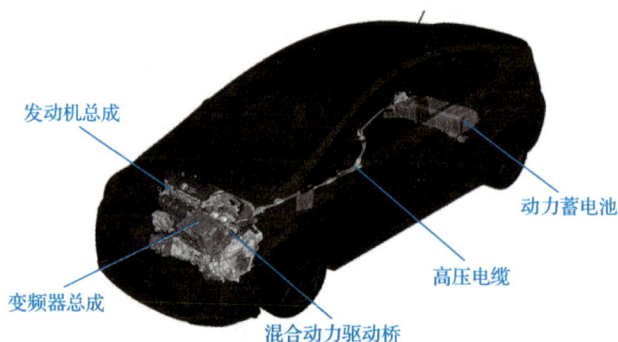

图 1.2.8　丰田卡罗拉混合动力汽车的整体结构

（2）丰田普锐斯混合动力汽车

丰田普锐斯混合动力汽车首先应用了丰田混合动力系统，并被大批批量生产销售。普锐斯混合动力系统包括发动机总成、变频器总成、变速器总成、动力蓄电池等，如图 1.2.9 所示。

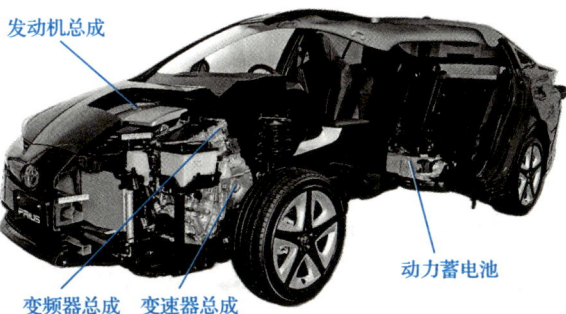

图 1.2.9　丰田普锐斯混合动力汽车的整体结构

下面对丰田普锐斯混合动力系统的主要组成部件进行简要介绍。

1）阿特金森（Atkinson）循环发动机。丰田普锐斯汽车采用 1.8L 或 2.5L 汽油循环发动机，最大输出功率为 57 kW。工作循环为具有高膨胀比的 Atkinson 循环，从而提高了发动机效率。Atkinson 循环发动机是在传统奥托（Otto）循环发动机的基础上增加了一个回流过程，包括进气、回流、压缩、膨胀和排气 5 个分过程。在 Atkinson 循环中，将进气门开启的时间延长到压缩行程开始之后，使气缸中一部分混合气在活塞开始上升时被压回到进气管中，即延迟了实际压缩行程开始的时间，其结果是在没有提高实际压缩比的情况下提高了膨胀比和发动机的能量转换效率，这就使得丰田普锐斯混合动力系统的燃料消耗率可以达到 3.6L/100km 的高水平。另外，进气门晚关使实际压缩比降低，从而使汽缸内燃烧温度降低，有利于改善 NO_x 排放。8ZR-FXE Atkinson 循环发动机剖视图如图 1.2.10 所示。

（a）1.8L 的 Atkinson 循环发动机　　（b）2.5L 的 Atkinson 循环发动机

图 1.2.10　8ZR-FXE Atkinson 循环发动机剖视图

2）电控无级变速驱动桥。普锐斯混合动力汽车无级变速驱动桥如图 1.2.11 所示。普锐斯混合动力系统采用内置两个电机（发电机 MG1 和电动机 MG2）的无级变速驱动桥。MG1、MG2 的额定电压均为 AC（alternating current，交流电）650V。此外，该变速器还使用了电子变速杆，挡位切换通过安装在变速器内的换挡控制执行器控制。

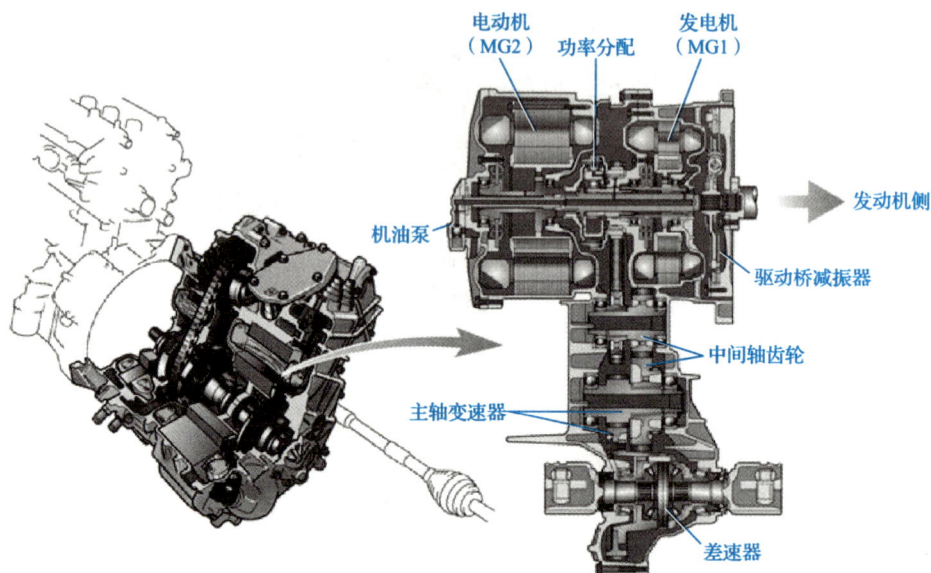

图 1.2.11　普锐斯混合动力汽车无级变速驱动桥

3）电子变速杆。电子变速杆安装在仪表盘上，使用时比传统的变速杆更加方便、灵活，甚至可以用指尖点动。电子变速杆每次动作后，总能回到原来的位置，并且配有照明灯，方便夜间使用。电子变速杆有 4 个位置：N（空挡）、D（驱动）、R（倒挡）、B（发动机制动）。驻车开关安装在电子变速杆的上方，其与传统自动变速器 P 挡位的作用相同。电子变速杆的安装位置及其工作原理如图 1.2.12 所示。

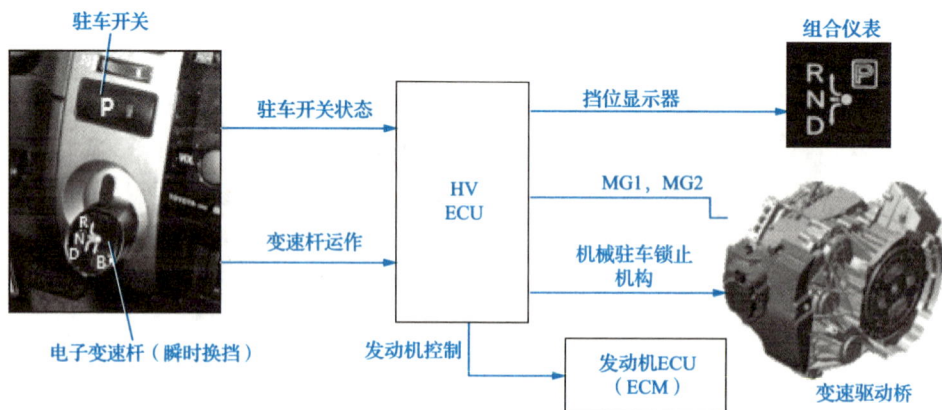

图 1.2.12　电子变速杆的安装位置及其工作原理

4）使用线控技术的操纵机构。线控（by-wire）技术起源于航空工业，是指操纵机构采用电子控制、电动执行取代机械或液力控制，具有响应快、质量小、体积小的特点。普锐斯混合动力汽车的节气门、制动、变速杆、牵引力控制和车辆稳定性控制（VSC+）都采用了线控技术，提高了操纵性。

5）动力蓄电池总成。普锐斯混合动力汽车的动力蓄电池采用全密封镍混合动力（Ni-MH）蓄电池，如图 1.2.13 所示，冷却风扇、电源电缆、服务插销插接器、高压（high voltage, HV）接线盒总成、动力蓄电池、蓄电池电子控制单元（electronic control unit, ECU）和 SMR（system main relay，系统主继电器）集中在一个信号箱内，位于行李舱中，这样可更有效地利用车内空间。此外，在信号箱中还包含一个检修塞，用于在必要时切断电源，维修高压电路的任何部分时，切记将此塞拔下，充电/放电时，动力蓄电池会散发热量，为保护蓄电池的性能，利用蓄电池 ECU 控制冷却风扇工作，辅助散热。这种动力蓄电池能量高、质量小，配合丰田混合动力系统可使用较长时间，车辆正常工作时，由于丰田混合动力系统通过充电/放电来保持动力蓄电池 SoC 为恒定数值，因此，车辆可不依赖外部设备充电。

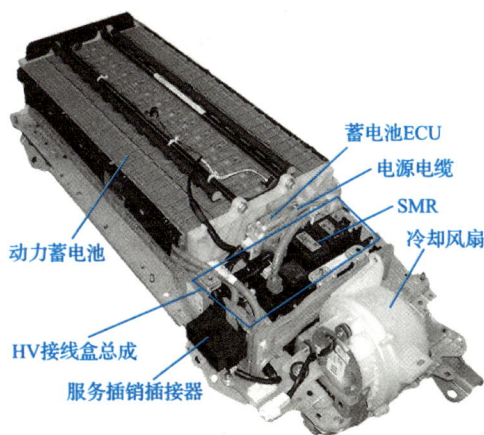

图 1.2.13　普锐斯的动力蓄电池

6）变频器总成。变频器总成如图 1.2.14 所示，安装在发动机舱内。动力蓄电池的高压直流电由变频器转换为三相交流电，以此来驱动两电机 MG1 和 MG2，功率晶体管的启动由混合动力汽车电子控制单元（hybrid vehicle electronic control unit, HV ECU）控制。此外，变频器将用于电流控制（如输出电流或电压）的信息传输到 HV ECU。变频器和 MG1、MG2 都是由与发动机冷却系统分离的专用冷却系统冷却的。变频器总成中采用了增压转换器，可将动力蓄电池 DC（direct current，直流电）201.6V 的额定电压升压到 DC 650V。电压提升后，变频器将直流电转换为交流电。MG1、MG2 桥电路（每个桥电路包含 6 个功率晶体管）和信号处理/保护功能处理器已集成在智能功率模块（intelligent power module, IPM）中，以提高车辆性能。变频器总成中的空调变频器为空调系统中的电动变频压缩机供电，变频器散热器和发动机散热器集成为一体，合理地利用了发动机舱内的空间。

图 1.2.14　变频器总成

7）冷却系统（用于变频器、MG1 和 MG2）。普锐斯混合动力汽车采用了装备有水泵的 MG1 和 MG2 冷却系统，而且该冷却系统与发动机冷却系统是分开的，它有独立的储液罐、水泵和冷却液循环液压管路，如图 1.2.15 所示。该冷却系统的散热器集成在发动机的散热器中，这样散热器的结构得到简化，空间也得到有效利用。

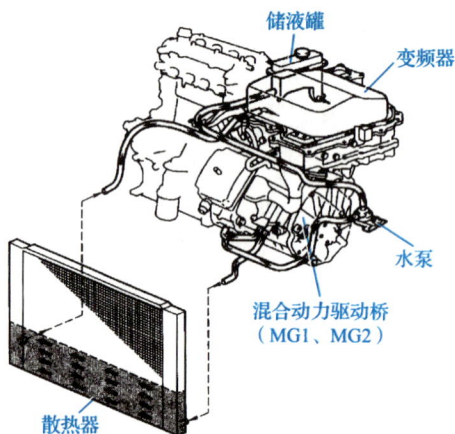

图 1.2.15　变频器、发电机（MG1）和电动机（MG2）的冷却系统

8）电子控制制动系统。普锐斯混合动力汽车采用独特的电子控制制动（electronic controlled braking，ECB）系统，如图 1.2.16 所示。踩下制动踏板会触动驻车的控制电路，ECB 系统迅速做出响应，可实现与其他主动安全系统（如 VSC+）的互相配合。ECB 系统也用于提高再生制动系统的效率，将车辆制动时的动能回收。ECB 系统具有备用电源，可在一定程度上防止车辆电源系统发生故障时的影响。

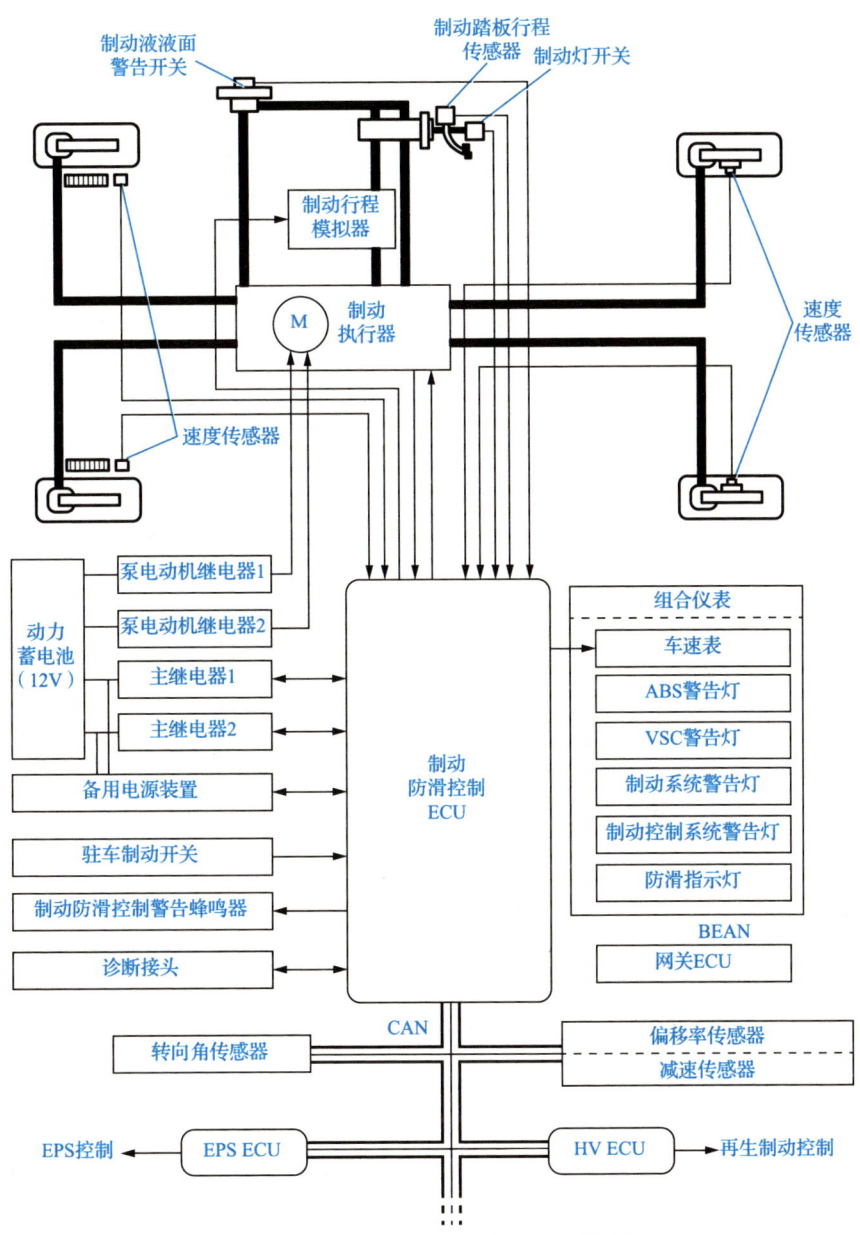

制动液液面警告开关

制动踏板行程传感器 制动灯开关

制动行程模拟器

制动执行器

M

速度传感器

速度传感器

泵电动机继电器1

泵电动机继电器2

动力蓄电池（12V）

主继电器1

主继电器2

备用电源装置

驻车制动开关

制动防滑控制警告蜂鸣器

诊断接头

制动防滑控制ECU

组合仪表

车速表

ABS警告灯

VSC警告灯

制动系统警告灯

制动控制系统警告灯

防滑指示灯

BEAN

网关ECU

CAN

转向角传感器

偏移率传感器

减速传感器

EPS控制 EPS ECU

HV ECU 再生制动控制

CAN（controller area network）是指控制器局域网络；

BEAN（body electronic area network）是指车身电子局域网络。

图 1.2.16 电子控制制动系统

9）全电动空调系统。传统空调系统的压缩机由发动机通过传动带驱动，而普锐斯混合动力汽车的空调压缩机由空调变频器驱动，也就是说，普锐斯混合动力汽车空调系统的运行不依靠发动机的运转。该空调系统具有下列优点：①即使在发动机熄火时，汽车空调也能发挥最大效率；②空调系统与发动机的运转各自独立，空调的运转不会降低汽车的行驶性能；③电动水泵可以在发电机熄火时向加热器供热。

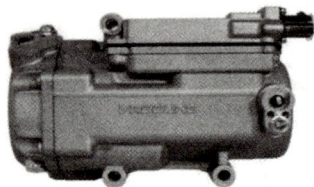

图1.2.17　涡管式压缩机

普锐斯混合动力汽车的电动压缩机采用紧凑型、高性能涡管式压缩机，如图1.2.17所示，比传统的压缩机体积小40%，质量小50%，可直接安装到发动机上。

10）智能钥匙与起动系统。该系统能携带钥匙开门/锁门或起动混合动力系统。

普锐斯混合动力汽车采用具有双向通信功能的智能钥匙，在汽车周围一定范围内，智能钥匙系统的ECU能够判别是否存在智能钥匙，只要驾驶人员随身携带智能钥匙，不用钥匙也能开门/锁门；同样，只要随身携带钥匙，驾驶人员可按动按钮起动车辆。

普锐斯混合动力汽车的前门和后舱门装有振荡器、触摸传感器和天线。振荡器若接收到智能钥匙的命令，会发射信号，检测汽车周围是否有智能钥匙。若有人触摸传感器（智能钥匙在探测范围内），则对应的车门锁会打开。若需要随身携带钥匙离开汽车，则可以按下门手柄上锁开关将所有车门锁上。若在车内携带钥匙（如钥匙放在手提包内），则只需按动仪表盘上的起动按钮就能起动汽车。

二、混合动力汽车的安全使用

具有高压电气系统是混合动力汽车与传统汽车的最大区别。混合动力汽车高压系统的电压高达650V，如丰田普锐斯混合动力汽车的动力蓄电池额定电压可达244.8V，卡罗拉混合动力汽车的动力蓄电池额定电压为201.6V，经增压转换器升压后电压可达650V。如此高的电压，在带电作业（驾驶运行或故障检修）时如果防护不当，将会引起触电事故。

国家标准《电动汽车安全要求》（GB 18384—2020）中要求，车辆电压直流在60V以上、交流在30V以上时，必须提高人员触电防护要求。在车辆系统中，高压电气系统线束和插头颜色均为橙色，在带电作业时必须采取防护措施。

1. 个人防护用具

对混合动力汽车高压电气系统进行检修作业时，必须按照厂家检修手册的要求进行。为防止作业时维修作业人员的身体触碰到高压电，检修混合动力汽车高压电气系统时需要穿戴个人防护用具。常用的个人防护用具主要有绝缘手套、绝缘安全帽、绝缘鞋、防护眼镜、绝缘靴、绝缘防护服等，如图1.2.18所示。在进行电气作业时，应使用绝缘胶带包裹所有的高压电线或端子。在维修开关被拔出后，应使用绝缘胶带包住维修开关槽。

（a）绝缘手套　　　　　　（b）绝缘安全帽　　　　　　（c）绝缘鞋

（d）防护眼镜　　　　　　（e）绝缘靴　　　　　　（f）绝缘防护服

图 1.2.18　个人防护用具

2. 车间防护设备

混合动力汽车常用的车间防护设备主要有防静电工作台、绝缘胶垫、灭火器、隔离带、防护栏、车间警示标志等，如图 1.2.19 所示。

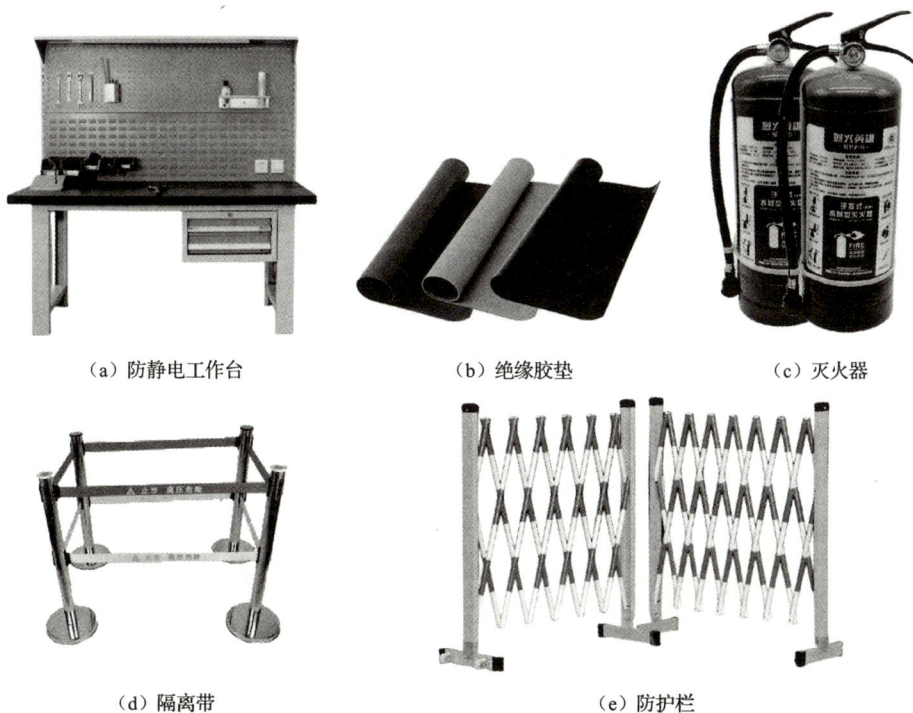

（a）防静电工作台　　　　　（b）绝缘胶垫　　　　　　（c）灭火器

（d）隔离带　　　　　　　　（e）防护栏

图 1.2.19　车间防护设备

| 禁止酒后上岗 | 严禁触摸 | 禁用手机 | 禁止吸烟 |
| 必须穿防护鞋 | 必须戴防护眼镜 | 必须穿防护服 | 必须戴防护手套 |

（f）车间警示标志

图 1.2.19（续）

在对混合动力汽车的电力电子部件或总成进行检修时，防静电工作台可防静电击穿电力电子部件；绝缘胶垫具有较大体积电阻率，耐电击穿，可起到绝缘作用；灭火器用于扑救各种易燃、可燃液体和易燃、可燃气体火灾，当混合动力汽车有火灾出现时应及时使用灭火器灭火压制火势；隔离带、防护栏用于将车辆高压电气系统的作业场地隔离，防止其他人员随意进入，起到隔离和警告的作用；车间警示标志用于提醒人员电气设备高压危险。

3. 绝缘工具

混合动力汽车涉及高压的部分零部件拆装必须使用绝缘工具。绝缘工具必须装有耐压1000V 以上的绝缘柄。在维修高压电气系统时必须正确使用电工专用绝缘工具，这些工具包括常用的套筒、呆扳手、螺钉旋具、钳子、电工刀等，也包括专用的检测仪表，如数字万用表。

（1）常用绝缘工具

混合动力汽车存在高压电，因此在对高压电气系统部件进行维修时必须使用绝缘工具，常用绝缘工具如图 1.2.20 所示。绝缘工具是采用绝缘材料进行加工并适用于电气系统拆装等操作的工具。

（2）绝缘万用表

绝缘万用表 FLUKE（福禄克）-1587 如图 1.2.21 所示，可用于测量交流电压、直流电压（包括微电压）、交流或直流电流、电阻、绝缘性、连通性、温度、频率等。

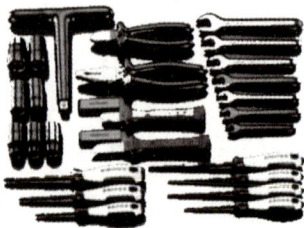

图 1.2.20　常用绝缘工具

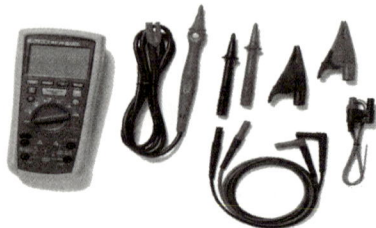

图 1.2.21　绝缘万用表 FLUKE-1587

绝缘工具的使用方法与普通工具相同，但应特别注意如下事项。

1）应设专门的工具室存放，室内应通风良好、清洁、干燥。

2）在使用前应检查绝缘工具是否有破损、老化、砂眼等。

3）如果发现绝缘工具损伤或受潮，则应及时进行检修和干燥处理，检查合格后方可使用。

4）绝缘工具必须按规定定期进行绝缘性能的试验，不符合试验要求的禁止使用。

5）绝缘万用表是多功能数字式电量测量仪表，通过功能开关的转换，可以测量电压、电流、电阻、电容、温度等物理量。

4. 混合动力汽车使用安全

（1）混合动力汽车的操作注意事项

1）混合动力汽车安装了 200～650V 的高压动力蓄电池，电动机的工作电压也是高压。对于所有的高压线束和插接头，车厂商在设计、制造和装配工作中已经严格按照相关国家标准和行业标准执行，除进行用户手册中允许的必要操作外，不要触摸高压线束（这些高压线束表面颜色为橙色）及插接件，也不要拆卸或更换电动机、动力蓄电池、高压线束等零部件，以防触电。

微课：新能源汽车使用注意事项

2）遵循车上零部件所附的所有警告标签。

3）对混合动力汽车部件的任何变更，都可能影响车辆性能和高压安全，从而导致触电等危险，因此任何涉及拆卸电气系统或更换继电器的工作都要由专业人员进行操作，严禁自行拆卸或更换。

4）极端天气下混合动力汽车使用建议：夏季天气炎热，气温高，为保证车辆及驾驶人员的安全，不要将车辆长期停放在烈日下暴晒，应选择停放在通风良好的阴凉地；雨天时，若地面积水没过电池包底部，严禁起动车辆，应及时与混合动力汽车厂商特约店取得联系进行处理；冬季时，动力蓄电池的效率较低，应随用随充，以提高充电效率。

5）打开混合动力汽车机舱盖前，须将点火开关置于 OFF 挡；机舱内部标有高压危险警示标识的器件，严禁用手直接触摸；机舱内严禁喷水、冲洗；不要在雨中打开前机舱盖，以防漏电。用户不得私自开启高压电器盒。如果高压熔丝熔断，则表示车辆电气系统存在较严重的故障。

6）车门无法打开可能是辅助蓄电池电量不足。

7）车辆无法起动时的操作：检查 SoC 电量表，读取剩余电量，当电池电量低时，应进行充电；检查充电口盖是否关闭好；检查辅助蓄电池电量是否不足。对混合动力汽车充电时应严格遵循车辆厂商的技术要求操作。

8）在前机舱进行作业之前，必须关闭起动开关。车内空调温度不要调得过高或过低，使用空调或暖风会使车辆行驶里程缩短 10%～20%。

9）动力蓄电池为锂离子电池，安装于车辆底盘位置，随意处理可能对环境造成污染和危害，应按要求进行专业化处理。

10）轻踩加速踏板既安全又节能。混合动力汽车具有能量回收系统，当使用 D 挡或 B 挡进行滑行或者踩制动踏板减速时，能量回收系统即可启动运行。

（2）混合动力汽车高压电器维修注意事项

1）混合动力汽车维修前的安全防护措施。

① 混合动力汽车的每个高压回路均有熔丝进行过电流保护。

② 电磁防护：通过连续的屏蔽构件将高压电源部分完整地封闭，包括高压电缆屏蔽、动力蓄电池壳体屏蔽、机壳屏蔽、屏蔽接头。

2）混合动力汽车高压维修时的安全防护注意事项。

① 熟悉电路。熟悉高压回路和高压用电器，高压设备工作电压为 200～650V，使用、维修、保养时一定要按照车辆厂商的规定要求操作，注意安全。

② 有效防护。正确使用防护设备，包括绝缘手套和绝缘鞋等绝缘装备。

③ 小心谨慎。做到防水、不对地、灭火用干粉灭火器。

④ 标准操作。断开关、拉电闸、正负分别拆。

3）标准操作的维修步骤及注意事项。

① 切断车辆电源（将点火开关置于 OFF 挡），等待 5min 左右。

② 穿戴好绝缘手套、绝缘鞋等防护用具。

③ 拔下维修开关并存放在规定的地方。

④ 对高压电气系统进行检查并记录相关数据，在车辆加电时应通知正在检查、维修高压电气系统的人员。在检修时做好高压电气系统的绝缘防护处理。

⑤ 对高压电气系统检修后一定要检查拆卸或更换过的零部件，避免因检修后忘记恢复造成其他不良影响。

（3）混合动力汽车维修操作"十诫"

1）在车体高电压或高温处均有警示标识，严格按标识要求操作。

2）洗车时切勿将高压水枪向充电口部位喷射，以免充电口进水，发生触电危险。

3）应使用指定的充电插座及充电线，切勿自行选择充电设备。

4）混合动力汽车消防灭火时，禁止使用"水浇法"，应采用干粉灭火器。

5）维修车辆时，不可使车体湿润或带水操作。

6）更换动力蓄电池时，注意防酸碱，应佩戴高压绝缘手套及防护眼镜。

7）拆装车辆时，不可同时操作正负极。

8）禁止正负极对接，避免正极或负极经人体对地。

9）拆开的高压线接口要进行绝缘处理。

10）双人操作，一人监护，另一人操作。

知识拓展

绝缘电阻表的使用

以下主要以手摇绝缘电阻表为例，介绍绝缘电阻表的使用方法。

1. **绝缘电阻表接线柱的功能说明**

如图 1.2.22 所示，绝缘电阻表有 3 个接线柱，2 个较大的接线柱上分别标有"搭铁"（E）和"线路"（L），在较小的 1 个接线柱上标有"保护环"（或"屏蔽"）（G）。

1）E 接线柱：搭铁端，接被测设备的接地部分或外壳。

2）L 接线柱：接线端，接被测设备的导体部分。

3）G 接线柱：保护环，主要用于电力电缆绝缘电阻的测量。

图 1.2.22 绝缘电阻表

2. **绝缘电阻的测量方法**

1）测量线路对地的绝缘电阻。将绝缘电阻表的"搭铁"接线柱（E 接线柱）可靠地搭铁（一般接到某一接地体上），将"线路"接线柱（L 接线柱）接到被测线路上，如图 1.2.23（a）所示。连接好后，顺时针摇动绝缘电阻表，转速逐渐加快，达到约 120r/min 后匀速摇动，当转速稳定且表的指针也稳定后，指针所指示的数值即为被测物的绝缘电阻值。在实际使用中，E、L 两个接线柱也可以任意连接，即 E 接线柱可以与被测物连接，L 接线柱可以与接地体连接（即搭铁），但 G 接线柱绝对不能接错。

2）测量电动机的绝缘电阻。将绝缘电阻表 E 接线柱接机壳（即搭铁），L 接线柱接到电动机某一相的绕组上，如图 1.2.23（b）所示，测出的绝缘电阻值就是某一相的对地绝缘电阻值。

3）测量电缆的绝缘电阻。测量电缆的导电线芯与电缆外壳的绝缘电阻时，将 E 接线柱与电缆外壳连接，L 接线柱与线芯连接，同时将 G 接线柱与电缆外壳、导电线芯之间的绝缘层连接，如图 1.2.23（c）所示。

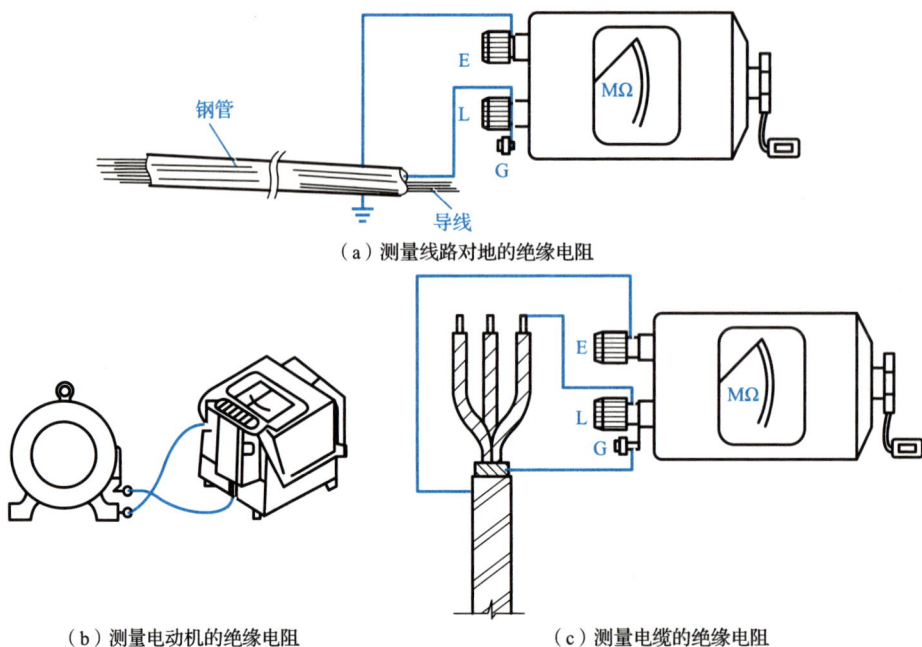

（a）测量线路对地的绝缘电阻

（b）测量电动机的绝缘电阻　　　　　　　　（c）测量电缆的绝缘电阻

图 1.2.23　手摇绝缘电阻表的接线方法

3. 手摇绝缘电阻表的使用注意事项

1）使用前应做开路和短路试验。使 L、E 两接线柱处于断开状态，摇动手摇绝缘电阻表的手摇柄，指针应指向"∞"；将 L、E 两个接线柱短接，慢慢地摇动手摇柄，指针应指在"0"处。若这两项都满足要求，则说明手摇绝缘电阻表是没有故障的。

2）测量电气设备的绝缘电阻时，必须先切断电源，然后将设备进行放电，以保证人身安全和测量准确。

3）使用手摇绝缘电阻表测量时，应将其放在水平位置并用力将其按住，防止其在摇动手摇柄时晃动，摇动的转速约为 120r/min。

4）引接线应采用多股软线且要有良好的绝缘性能，两根引线切忌绞在一起，以免造成测量数据的不准确。

5）测量完后应立即对被测物放电，在手摇绝缘电阻表的手摇柄未停止转动和被测物未放电前，不可用手触及被测物的测量部分或拆除导线，以防触电（不能将手摇绝缘电阻表的 L 接线柱和 E 接线柱直接短接放电）。

任务实施

小组根据该任务的学习情况，查阅相关资料和利用实训设备（工具、车辆），完成下列工作任务单。

混合动力汽车（以丰田卡罗拉为例）高压部件认知工作任务单

任务名称	混合动力汽车（以丰田卡罗拉为例）高压部件认知		
小组成员		任务成绩	
任务要求	利用教师提供的新能源实训车辆，写出车辆的高压部件总成结构名称，在实车上确认高压部件的各总成部件，并记录安装位置及型号		
安全要求	记录实训中应该注意的安全事项		
混合动力汽车（以丰田卡罗拉为例）高压部件认知	混合动力汽车变频器总成结构： 部件与总成安装位置记录：		

🚗 考核评价

综合整个学习过程，通过学生的课堂表现、课后巩固、任务完成情况等对学生的知识目标、能力目标、思政要素和职业素养目标达成情况进行评价。

任务教学目标达成情况评价表

班级：_____ 姓名：_____

知识目标达成情况		
目标描述	教师评价	学生自评
能否了解混合动力汽车的分类及结构原理		
能否掌握各类型混合动力汽车的工作原理		
能否掌握混合动力汽车的安全使用方法		
评价结论：知识目标达成与否	○是	○否
能力目标达成情况		
目标描述	教师评价	学生自评
是否具备获取混合动力汽车车辆准确信息的能力		
能否安全使用混合动力汽车		
评价结论：能力目标达成与否	○是	○否
思政要素和职业素养目标达成情况		
目标描述	教师评价	学生自评
小组活动展现的团队协作、沟通交流能力		
本课实训参与的积极性		
实训是否严谨、客观、科学		
评价结论：思政要素和职业素养目标达成与否	○是	○否

项目二
混合动力汽车维护与保养准备

任务　混合动力汽车维护与保养作业前的准备

课程引入

李先生的丰田卡罗拉混合动力汽车已行驶 20 000km，现需送到汽车维修厂做维护与保养。你所工作的汽车维修厂具备对混合动力汽车做全面维护与保养作业的条件吗？

学习目标

知识目标	能力目标	思政要素和职业素养目标
1. 了解汽车维修企业对混合动力汽车进行维护与保养的必备条件。 2. 熟知混合动力汽车维护与保养所需工具及设施设备。 3. 掌握混合动力汽车维护与保养作业人员所应具有的职业素养	1. 能查阅混合动力汽车维护与保养相关技术资料。 2. 能熟练操作混合动力汽车维护与保养的设施设备。 3. 掌握混合动力汽车各类维护与保养的流程	1. 树立规范意识、环保意识、安全意识，自觉遵守职业道德规范。 2. 培养团结协作的团队精神

对接 1+X 证书模块 2-1（初级）工作任务 1——智能新能源汽车基础

课前预习

根据查找的资料或在实训室观摩，完成下列课前预习（表 2.1.1）。

表 2.1.1　混合动力汽车维护与保养准备预习

1. 混合动力汽车维修厂的开业条件有哪些？

（混合动力汽车维修厂的开业条件）

（　　）（　　）（　　）（　　）（　　）（　　）（　　）

续表

2. 说明维护与保养混合动力汽车高压动力系统时需要哪些工具及设施设备。

知识储备

　　混合动力汽车在结构原理上与纯电动汽车和传统燃料汽车的最大不同之处是动力系统结构差别较大，而其他结构（底盘、车身、低压电器）组成大同小异。混合动力汽车的动力是油电混合动力，即由燃料发动机与电动机相结合来驱动汽车；纯电动汽车是指以车载电源为动力，用电动机驱动车轮行驶；传统燃料汽车用以汽油和柴油为燃料的内燃机驱动汽车。

　　混合动力汽车的关键系统是混合动力系统，它的性能直接关系到混合动力汽车整车的性能。那么对混合动力汽车进行维护与保养时，首先要具备对混合动力系统进行维护与保养的能力，同时也要具备对混合动力汽车动力系统外的其他系统进行维护与保养的能力。

一、混合动力汽车维护与保养作业前的场地准备

1. 混合动力汽车维修站（或厂）的开业要求

（1）选址和布置要求

　　混合动力汽车维修站（或厂）的选址应考虑区域内混合动力车辆的分布，宜在区域内混合动力汽车集中运营或停放的地方建站（或厂），优先在混合动力汽车充电站和加油站附近建站（或厂），也可以对原传统汽车维修站（或厂）进行升级和改造。维修站（或厂）的选址应以节约用地、合理使用土地为原则，综合考虑城乡规划、给排水设施、防排洪设施、进出站口周边道路等因素，通过技术经济比较和经济效益分析，选择最佳的站（或厂）址方案。混合动力汽车维修站（或厂）应包括检测和维修作业区、备件室、故障车辆停放场地，具备条件的维修站可以设立业务接待室、人员培训室、安全防护设备和劳动保护用品储存室、员工休息室和卫生间等辅助设施，其区域划分可参考图2.1.1。

（2）环保要求

　　混合动力汽车维修站（或厂）的建设应符合国家环境保护、水土保持和生态环境保护等有关法律法规的要求。维修站（或厂）内雨水、生活排水、生产废水宜采用分流制。维修站（或厂）内生活排水、生产废水经处理达标后排至市政管网或用于站内绿化。维修站（或厂）因维修产生的废弃物应按国家环境保护法的要求进行处理。废弃物是指废弃的机油、齿轮油、制动液、冷却液、制冷剂、电解液等液体废弃物，以及报废零部件等固体废弃物。

（3）功能要求

　　混合动力汽车维修站（或厂）应具备对混合动力汽车服务车型进行检测、维护和修理的功能。维修站（或厂）宜具备对服务车型、整车、各个总成及主要部件进行检测、维护和修理的功能，不具备上述全部功能的维修站（或厂）应标明具体服务内容。混合动力汽车维修站（或厂）应具备监控功能，监控区域包括（但不限于）检测和维修作业区、备件

室和故障车辆停放场地。混合动力汽车维修站（或厂）应具备充放电、标定有效容量和修正 SoC 等功能。

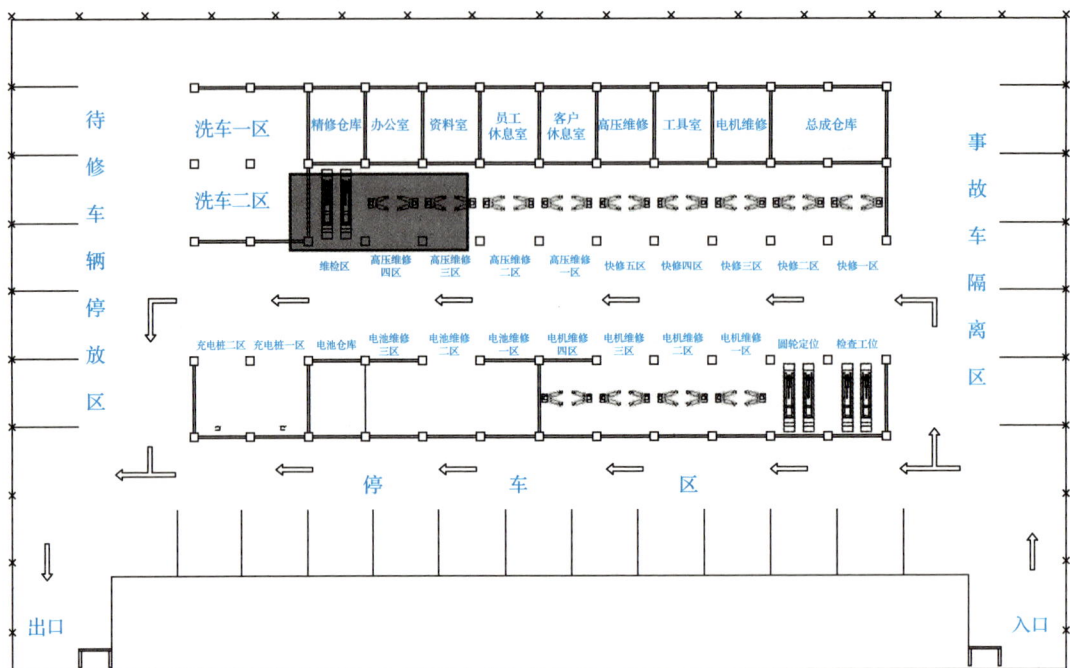

图 2.1.1　混合动力汽车维修站布置图

（4）供配电要求

供配电系统设计应符合《供配电系统设计规范》（GB 50052—2009）、《低压配电设计规范》（GB 50054—2011）的相关规定。应根据混合动力汽车维修站（或厂）的规模、容量和重要性选择外电源电压等级和供电方式。维修站（或厂）向公共电网所注入的谐波电流和引起公共连接点电压的总谐波畸变率应符合《电能质量　公用电网谐波》（GB/T 14549—1993）的规定。供配电系统容量要满足检测和维修设备、监控、照明办公用电等用电需求，并留有一定裕度。

（5）场地和设施要求

混合动力汽车维修站（或厂）检测和维修作业区：空间应满足服务车辆的需要，并适当留出车辆进出的空间；应统筹规划，各部分设施间应留出足够的安全距离；根据检测维修作业的不同要求划分相应的功能区。例如，划分高低压操作区域，各功能区之间要有标示线，各区域间设置隔离设施。高压检测和维修作业区须铺设高压绝缘毯或高压绝缘胶垫，并对检测和维修作业应配备的检测、维护和故障修理的相关设备做好标识并放置于相应的功能区。混合动力汽车维修站（或厂）检测和维修作业区应设立废油、废液、废电解液、报废零部件的集中收集点。

（6）安全防护要求

高压部件检测维修时的防护用品安全要求：检测维修作业须配备安全防护用品，如带电检测和维修混合动力汽车高压部件时应根据需要选择使用相应耐压等级的绝缘手套、绝缘鞋和绝缘胶垫，使用前应检查其是否有破损、破洞或裂纹等，应完好无损，确保安全。检测和维修 BMS 和控制器等对静电敏感的元器件时，必须配备防静电设备。

操作安全要求：维修人员不应佩戴戒指、手链和项链等金属饰品，身体内无心脏起搏器，维修人员衣服上不应带有金属饰品。带电检测和维修混合动力汽车高压部件时不允许单人作业。

（7）防火与消防要求

混合动力汽车维修站（或厂）的消防设计应能防治和减少火灾危害，保障运行人员、站内设备、车辆和电池的安全。混合动力汽车维修站（或厂）应符合《建筑设计防火规范（2018 年版）》（GB 50016—2014）、《建筑灭火器配置设计规范》（GB 50140—2005）、《电力设备典型消防规程》（DL 5027—2015）的消防要求。混合动力汽车维修站（或厂）内应设置事故易燃品隔离设施，如干砂等。混合动力汽车维修站（或厂）内应设置专门的故障车辆停放区域，此区域应和周围区域设置安全距离。安全距离根据混合动力汽车配备的电池容量可以在 5～10m 范围内变动，并在车辆停放区域设置消防设施。对于严重故障车辆，应进行强制放电或放置 72h 以上，确保无爆炸和起火风险后再进行检测和修理。

（8）标志要求

混合动力汽车维修站（或厂）应设置功能区标志、设备标志、安全导向标志、安全警告标志、消防安全标志等，其要符合《安全标志及其使用导则》（GB 2894—2008）、《道路交通标志和标线　第 3 部分：道路交通标线》（GB 5768.3—2009）、《消防安全标志设置要求》（GB 15630—1995）和《建筑设计防火规范（2018 年版）》（GB 50016—2014）中的相关规定。在维修充放电设备和混合动力汽车电池及高压动力线束时应设置操作警示牌。混合动力汽车维修区域和故障车辆停放区域应设置警示线。

2. 混合动力汽车维护与保养作业前的准备

与传统燃油汽车只有一套动力装置不同，混合动力汽车具有两套动力装置，即高压电力系统和燃料发动机，由此带来的高压安全隐患问题和高压电伤害问题远远高于传统燃油汽车。为了保证安全，应贯彻一个方针——"安全第一，预防为主"。因此，在对混合动力汽车高压部件进行维护与保养前，要正确准备绝缘安全工具和辅助安全绝缘工具。当对混合动力汽车高压电气部件进行维修时，一般需要对高压电气系统进行断电，然后进行维修作业，而需要采取的安全防护措施如下。

（1）监护人和操作人持证上岗

高压电气部件的维护和检修作业，应设立专职监护人。由监护人监工检查量具设备、劳保用品等是否符合要求，也监督作业全过程，并对作业结果进行检查，指挥供电。监护人和操作人要持证上岗，持有特种作业操作证。

（2）严格检查作业前的场地

1）检查场地环境。设置隔离，设立警示标志，放置高压警示牌（图 2.1.2）。检查现场操作环境，周边不得有易燃物品及与工作无关的金属物品，并在维修车辆周围设置隔离，无关人员不得进入现场。应在场地上放置绝缘胶垫，如图 2.1.3 所示。绝缘胶垫是一种对地绝缘以保障作业人员安全的安全防护类产品，可以有效避免因漏电或误操作等对室内带电

微课：新能源汽车维护
与保养前的准备

作业人员的人身伤害，把伤害减到最低。使用前应检查绝缘胶垫上有无破裂（肉眼观察）、砂眼、老化等缺陷，检查合格后放置绝缘胶垫并用绝缘电阻表检测其绝缘性能，绝缘电阻值应大于 500MΩ。绝缘胶垫应储存在干燥通风的环境中，远离热源，离开地面和墙壁 20cm 以上，避免受酸碱和油的污染，不要露天放置，避免阳光直射。

图 2.1.2　高压警示牌

图 2.1.3　放置了绝缘胶垫的场地

　　混合动力汽车维护与保养场地（车间）除对高压防护安全有要求外，维修场地面积也应符合国家相关规定，采光应符合《建筑采光设计标准》（GB 50033—2013）的有关规定，照明应符合《建筑照明设计标准》（GB 50034—2013）的有关规定。为了降低维护区域人员的触电风险，要保持干燥、通风，应符合《建筑设计防火规范（2018 年版）》（GB 50016—2014）和工业企业通风的有关要求，防火应符合《建筑设计防火规范（2018 年版）》（GB 50016—2014）中有关厂房、仓库防火的规定和《汽车库、修车库、停车场设计防火规范》（GB 50067—2014）的有关规定，卫生应符合《生产过程安全卫生要求总则》（GB/T 12801—2008）的有关要求。混合动力汽车维护与保养场地（车间）环境如图 2.1.4 所示。

微课：车间
5S 管理

图 2.1.4　混合动力汽车维护与保养场地（车间）环境

　　2）检查作业人员的防护装置。

　　① 绝缘手套如图 1.2.18（a）所示。绝缘手套应具备抗酸、碱性，在作业时应选择正确电压等级的绝缘手套（绝缘等级为 1000V/300A 以上）。观察绝缘手套的表面是否平滑，有无针孔、裂纹、砂眼、杂质等各种明显的缺陷和明显的波纹。

② 绝缘安全帽如图 1.2.18（b）所示。在作业时应选择正确电压等级的绝缘安全帽，观察绝缘表面有无破损，监护人和操作人应戴好绝缘安全帽。

③ 绝缘鞋（靴）如图 1.2.18（c）和（e）所示。在作业时应选择正确电压等级的绝缘鞋（靴），检查绝缘鞋（靴）的表面及鞋底有无破损，监护人和操作人应穿好绝缘鞋（靴）。

④ 防护眼镜如图 1.2.18（d）所示。选用的防护眼镜要经过国家级检测并达到其标准，并且大小及型号要尽量适合佩戴者的脸型。防护眼镜的镜片应专人专用，禁止交换使用，防止因防护眼镜大小不合适而产生意外情况。

⑤ 绝缘防护服如图 1.2.18（f）所示。选用的绝缘防护服应可防 10 000V 以下电压，阻燃、耐热、耐压、耐老化，以保护操作人员人身安全。绝缘防护服使用前应进行全面检查，发现损坏不得使用。绝缘防护服存放时勿接触明火、尖锐、酸、油、碱及腐蚀性物质，应保存在通风、透气、干燥、清洁的库房内，相对湿度不大于 80%，水洗后必须在阴处晾干，折叠整齐，放入专门保管袋内。

（3）仪器仪表（万用表、绝缘电阻表等）的检查

确保仪器仪表（万用表、绝缘电阻表等）表面清洁、无破损，各插孔无脏污、堵塞，挡位开关扭动灵活，连线无破损，确认合格后进行校零。

（4）维护与保养作业前的检查与准备

1）关闭车辆电源开关，钥匙放在安全处。车轮挡块、三件套、翼子板保护套等基本维护作业材料准备就绪。

2）断开低压蓄电池负极线，负极电缆接头用绝缘胶布包好。蓄电池负极柱头用盖子盖好或用绝缘胶布包好。

3）拆掉维修开关并妥善保管，放置车辆 5～10min（不同厂家有不同要求），对混合动力汽车的高压电器进行放电。混合动力汽车设有维修开关，断开维修开关才可对混合动力汽车进行维修。断开维修开关时需要穿戴好绝缘防护用品，并用盖子将接口封好或用绝缘胶布将维修开关接口封好。

4）断开动力蓄电池高低压线束时，穿戴好绝缘防护用品，先断开动力蓄电池低压线束，再断开高压线束（母线）。

5）验电、放电。断开动力蓄电池母线后，需要对动力蓄电池的母线进行验电，如果母线有残余电荷，则须用放电设备进行放电，确保动力蓄电池母线无电。

在维修混合动力汽车之前一定要采取正确的安全防护措施。完成以上几个步骤后，才可以对混合动力汽车的高压电气系统进行维修。

二、混合动力汽车维护与保养工具及其使用

1. 高压电力系统的维护保养绝缘类工具使用

拆装和检测混合动力汽车高压动力系统的零部件时必须使用绝缘类工具。绝缘类工具必须装有耐压 1000V 以上的绝缘柄。在维修高压电气系统时必须正确使用电工专用绝缘工具，这些工具包括常用的套筒、呆扳手、螺钉旋具、钳子、电工刀等，也包括专用的检测仪器仪表，如数字万用表。

（1）常用绝缘工具

混合动力汽车存在高压电，因此在对高压电气系统部件进行维修时必须使用绝缘工具，如图2.1.5所示。绝缘工具是采用绝缘材料进行加工并适用于电气系统拆装等操作的工具。

（a）绝缘梅花扳手、螺钉旋具　　（b）绝缘呆扳手、套筒扳手、　　（c）绝缘快速扳手及套筒
　　　　　　　　　　　　　　　　　　　活扳手、尖嘴钳

图2.1.5　常用绝缘工具

（2）绝缘万用表

混合动力汽车维修使用的绝缘万用表是多功能数字式电量测量仪表，通过转换功能开关，可以测量电压、电流、电阻、电容、温度等物理量。

下面以绝缘万用表FLUKE-1587为例讲解其使用方法。

1）测量交流电压：把旋钮旋至交流电压挡位，按照图2.1.6（a）所示的方法连接。

2）测量直流电压：把旋钮旋至直流电压挡位，按照图2.1.6（b）所示的方法连接。

3）测量直流微电压：把旋钮旋至直流微电压挡位，按照图2.1.6（c）所示的方法连接。

（a）测量交流电压　　　　　　（b）测量直流电压　　　　　　（c）测量直流微电压

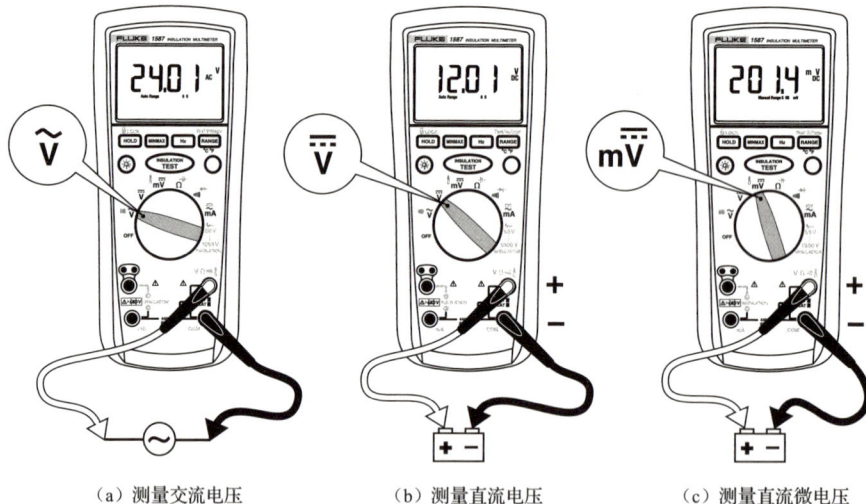

图2.1.6　测量交流电压、直流电压和直流微电压

4）测量温度：仪表可以测量设备随附的K型热电偶的温度。按RANGE键可在摄氏度（℃）或华氏度（℉）之间切换。测量方法：把热电偶插入右下方的测试槽中，把旋钮旋至微电压挡位，按图2.1.7中RANGE键下方的圆形按钮，从微电压测试切换至温度测试，即可测量温度。为了避免损坏仪表或其他设备，应谨记仪表额定值为-40～+537℃（-400～+998.0℉）。

5）测量电阻：将红表笔插入电压/电阻插孔，黑表笔插入 COM 插孔，旋钮旋转至电阻挡，测试方法如图 2.1.8 所示。

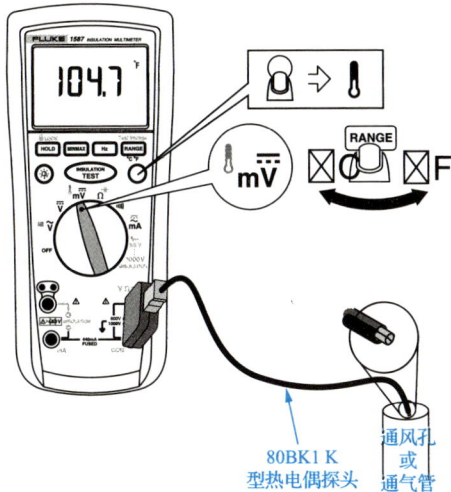

图 2.1.7 测量温度

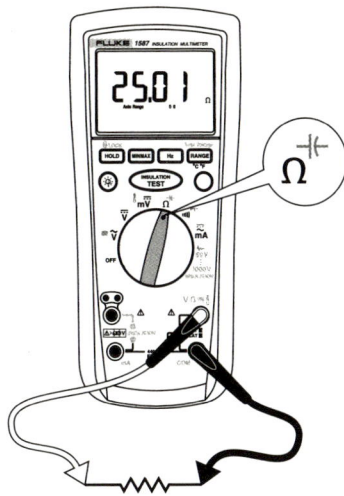

图 2.1.8 测量电阻

6）绝缘性测试步骤如下。

① 将测试探头分别插入"＋"和"－"输入端子，如图 2.1.9 所示。

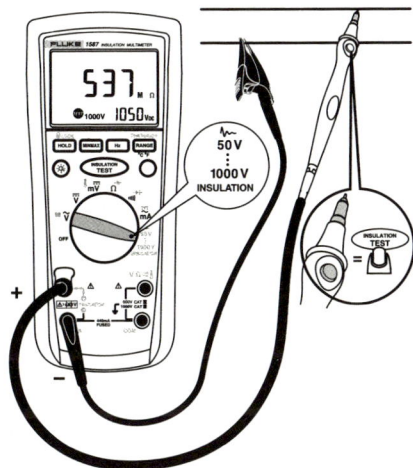

图 2.1.9 绝缘性测试

② 将旋钮旋至"INSULATION"（绝缘）位置，仪表将启动电池负载检查。如果电池未通过测试，显示屏下部将出现电池图标和"bat"符号，提醒用户必须更换万用表电池。

③ 按"RANGE"键选择电压。

④ 将探头与待测电路连接。仪表会自动检测电路是否通电。

⑤ 按住探头上的"TEST"键开始测试。显示屏的下端出现"TEST"图标，显示屏上会显示被测电路上所施加的测试电压，主显示位置上显示高压符号，并以 MΩ 或 GΩ 为单位显示绝缘电阻值。

7）连通性测试：利用蜂鸣器发出的声音能够快速地判断电路的通断，无须观察仪表。连通性测试的操作方法如图 2.1.10 所示。当检测短路（小于 25Ω）时，蜂鸣器就会发出蜂鸣声。为了避免仪表和被测设备损坏，测试连通性前，必须把电路的电源断开，并将高压电容放电。

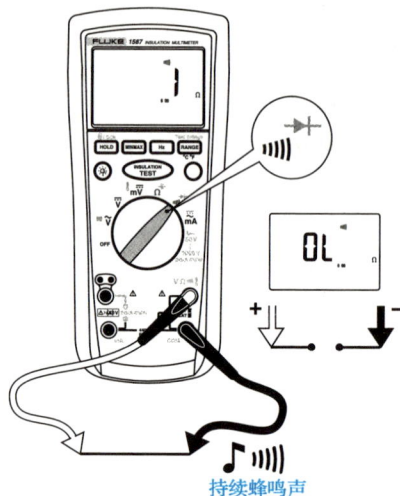

图 2.1.10　连通性测试

8）测量频率：绝缘万用表通过计算信号每秒通过阈值电平的次数来测量电压、电流信号的频率。要测量频率，应按照图 2.1.11 所示设定仪表并按照以下步骤操作。

① 把绝缘万用表接到信号源。

② 把旋钮旋到交流电压、微电压或毫安挡位。

③ 如果需要，可在毫安挡位上按 RANGE 键下方的圆形按钮选择直流（DC）。

④ 按 Hz 按钮。

⑤ 按 RANGE 键下方的圆形按钮、Hz 按钮，或者调整旋钮的位置结束该频率测量。

（a）测量交流/直流电压频率　　　　　　（b）测量交流/直流电流频率

图 2.1.11　测量频率

（3）钳形电流表

钳形电流表又称电流钳，是利用电流互感器原理制成的，分为指针式和数字式两种。在进行混合动力汽车的维修与诊断时，经常需要测量导线中的电流。由于驱动系统的导线（如变频器与电动机之间）存在较大的交变电流，因此必须使用钳形电流表进行间接测量。下面以 FLUKE317/319 为例讲解其使用方法。

FLUKE317/319 可测量交流电压、直流电压、交流电流、直流电流、电阻、频率。钳形电流表的特性位置和旋钮各挡位的功能介绍如图 2.1.12 和表 2.1.2 所示。

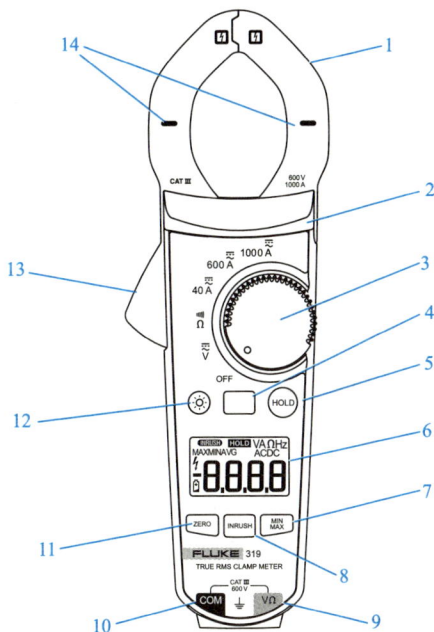

1—电流感测钳；2—触摸挡板；3—旋钮；4—模式选择（AC/DC）按钮；5—保持按钮；6—液晶显示屏；
7—最大值、最小值按钮；8—启动电流按键；9—电阻、电压输入端子；10—公共端子；11—归零按钮；
12—背光灯按钮；13—钳口开关；14—对准标记。

图 2.1.12　特性位置

表 2.1.2　旋钮各挡位的说明

挡位	说明
OFF	钳形电流表关机
$\overline{\underline{\overline{V}}}$	直流与交流电压
Ω	电阻与连通性
40 A	40A 电流量程
600 A	600A 电流量程
1000 A	1000A 电流量程（仅 319 型）
Hz	频率（仅 319 型）

在测试直流电流之前，须将钳形电流表校零，确保读数正确。校零可消除度数中的直流漂移。校零前确保钳形电流表钳口已闭合且钳口中没有导线。按 ZERO 按钮校零。

1）测量交流电流或直流电流的操作步骤如下。

① 将旋钮旋至合适的电流量程。

② 按 AC/DC 按钮切换交流电流或直流电流，默认为交流电流。

③ 测量直流电流时，待显示稳定后，按 ZERO 按钮校零。

④ 按住钳口开关张开夹钳并将被测导线放入钳中，如图 2.1.13（b）所示。

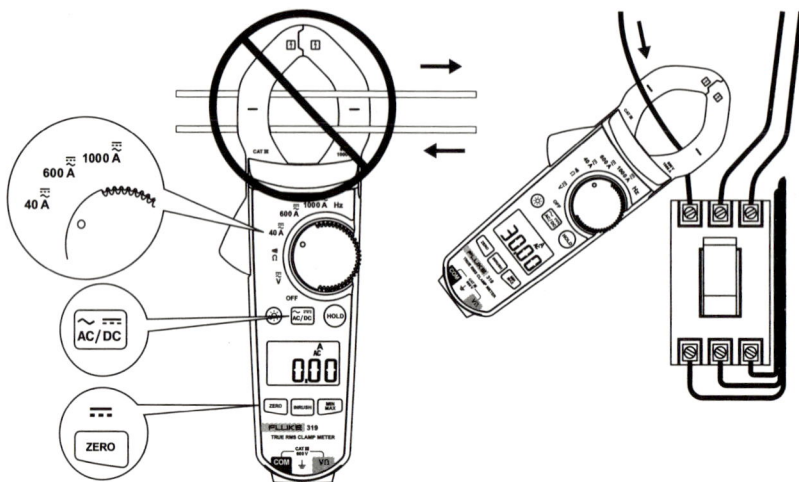

（a）错误　　　　　　　　　　　　　　　（b）正确

图 2.1.13　钳形电流表的使用方法

⑤ 闭合夹钳并用钳口上的对准标记使被测导线居中。

⑥ 在液晶显示屏上读出电流。

2）钳形电流表同样可以测量交流电压、直流电压、电阻、连通性、电流频率、启动电流等。具体测试步骤参照钳形电流表说明书，此处不再赘述。

3）钳形电流表的使用注意事项如下。

① 在裸露的导线和母线附近检测时，要注意人身安全和设备安全。对 30V 交流（有效值）、42V 交流（峰值）或 60V 直流以上的电压，应注意安全，因为有触电危险。

② 禁止在测试导线插入输入孔时测量电流，在潮湿、肮脏或危险环境中不能使用钳形电流表。

③ 如果钳形电流表或测试导线已损坏，则禁止使用。在使用前应检查钳形电流表和测试导线是否有裂纹，塑料件是否老化破损。若绝缘损坏或金属裸露，则严禁使用。

④ 检查测试导线是否导通，如果导线开路，则禁止使用。使用探针时，手指应握在护指装置后面。

⑤ 为了避免伤害，严禁触摸钳形电流表挡板以上任何位置，在测试电阻、连通性或二极管之前，应切断电路电源，并把所有高压电容放电。

⑥ 在使用前后都应该在已知电源上运行，在测量时要正确使用端子、功能挡和量程。

⑦ 端子和任何一个端子与接地之间施加的电压均不能超过额定值。

2. 混合动力汽车智能测试仪及其使用方法

丰田 IT2 智能测试仪如图 2.1.14 所示，它既有读取故障码、清除故障码、读取数据流、系统设定、控制单元编程、自检、记录和回放等功用，又有示波器、万用表等功能。

HV ECU 具有自我诊断系统。如果不正当操作混合动力车辆控制系统或其他组件，ECU 会检测出故障，使组合仪表上的主警告灯点亮或使复式信息显示器上的其他灯（如 HV 系统警告灯、蓄电池警告灯或放电警告灯）点亮。

（1）检查数字链路连接器（DLC3）

HV ECU 使用 ISO 9141-2（Euro-OBD）/ISO 14230（M-OBD）作为通信协议。DLC3 的端子排列顺序符合 ISO 15031-03 标准并与 ISO 91412/ISO 14230 格式相匹配，如图 2.1.15 所示。DLC3 的含义如表 2.1.3 所示。

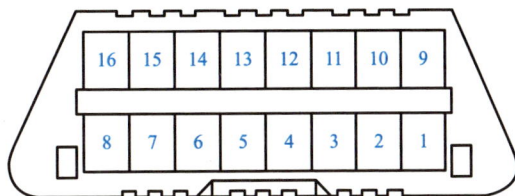

图 2.1.14　丰田 IT2 智能测试仪　　　图 2.1.15　DLC3 端子排列顺序

表 2.1.3　DLC3 的含义

符号	端子号	名称	参考端子	结果	条件
SIL	7	总线"+"连线	5—信号接地	产生脉冲	通信过程中
CG	4	底盘接线	车身接地	接地电阻为 1Ω 或更小	始终
SG	5	信号接地	车身接地	接地电阻为 1Ω 或更小	始终
BAT	16	蓄电池正极	车身接地	11～14V	始终

（2）检查辅助蓄电池

1）测量辅助蓄电池电压是否为 11～14V。

2）检查熔丝、线束、插接器和接地是否良好。

（3）检查"CHK ENG"灯

1）检查电源开关打开和"READY"灯关闭时，"CHK ENG"灯是否点亮。

2）"READY"灯点亮时，"CHK ENG"灯应熄灭。如果"CHK ENG"灯点亮，则说明诊断系统已在系统中检测到异常。

（4）DTC 检查/清除

下面以丰田车型为例介绍 DTC 检查/清除。

1）检查 DTC（diagnostic trouble code，诊断故障码）。

① 将丰田 IT2 智能测试仪连接到主 DLC3。

② 打开电源开关（IG 位置）。

③ 在系统选择画面中，进入 Powertrain→Hybrid Control→DTC 菜单。读取控制系统的 DTC，如图 2.1.16 所示。

Function	View	System	Bar	Help
Hybrid Control/Freeze Frame Data				

Parameter	Value	Unit	▲
Information 2	349		
Generator(MG1)Revolution	0	rpm	
Motor(MG2)Revolution	0	rpm	
Generator(MG1)Torq	0	Nm	
Motor(MG2)Torq	0	Nm	
Request Power	0	kw	
Engine SPD	0	rpm	
Master Cylinder Control To	0	Nm	
SOC	43,512	%	
Wout Control Power	20800	W	
Win Control Power	0	W	▼

			Exit	
DTC	Data List	View	Active Test	Utility

图 2.1.16　控制系统的 DTC

2）清除 DTC。按返回键，单击清除 DTC，再次检查是否存在 DTC。

使用丰田 IT2 智能测试仪测试完毕后，逐步按返回键到初始屏幕，关闭 IT2 智能测试仪的电源，并拆除主 DLC3，将全套 IT2 智能测试仪装置回收存放。

3. 混合动力汽车维护与保养的常规工具及设施设备

混合动力汽车维护与保养作业中用到的工具及设备除了高压动力系统中的绝缘类工具及设施设备，还有非高压绝缘类工具及设施设备，具体如下。

1）常规维修工具，用于汽车机械零部件的维修，如图 2.1.17 所示。

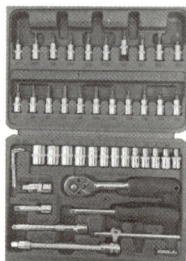

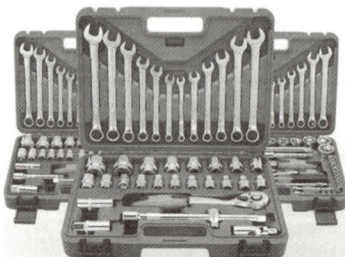

（a）接套筒快速扳手　　　　（b）开口及梅花扳手　　　　（c）128 件套装维修工具

（d）钢锯、剪刀等组合工具　　　　（e）压具　　　　（f）丁字形扳手、冲具等组合工具

图 2.1.17　常规维修工具

2）量器具，用于测量机械部件的磨损程度，并判断其是否需要调整或更换，如图 2.1.18 所示。

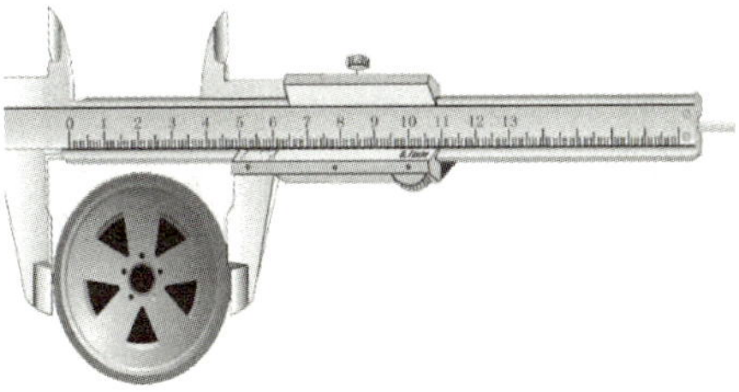

（a）游标卡尺

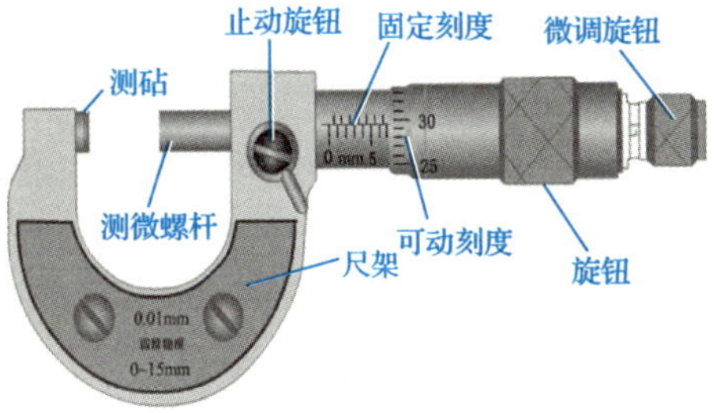

止动旋钮　固定刻度　微调旋钮
测砧
0 mm 5　30
25
测微螺杆
可动刻度　旋钮
尺架
0.01mm
0～15mm

（b）千分尺

（c）百分表及支架

（d）量缸表

图 2.1.18　量器具

3）发动机维护与保养专用工具及设施设备，用于发动机的缸压、油压的测试，活塞环的拆装，免拆积炭查看，免拆清洗等，如图 2.1.19 所示。

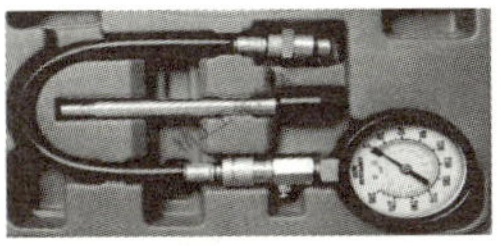

（a）气缸压力表

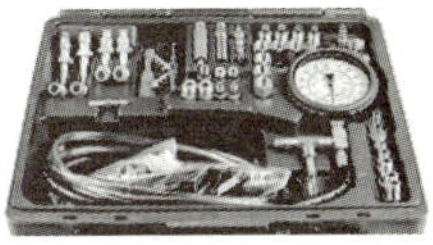

（b）燃油压力表

（c）机油压力表

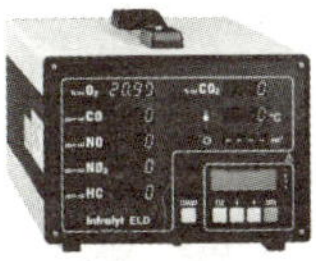

（d）尾气分析仪

（e）活塞环及活塞拆装工具

（f）积炭探测仪

（g）燃油供给系统免拆清洗机

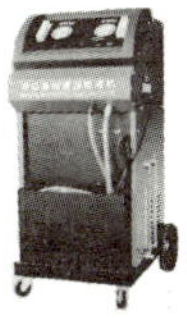

（h）冷却系统免拆清洗机

（i）润滑系统免拆清洗机

（j）机油回收装置

图 2.1.19　发动机维护与保养专用工具及设施设备

4）空调系统维护与保养工具及设施设备。为了保证空调系统工作正常，必须对空调系统定期进行维护与保养，作业时要用专业工具及设施设备，如图 2.1.20 所示。

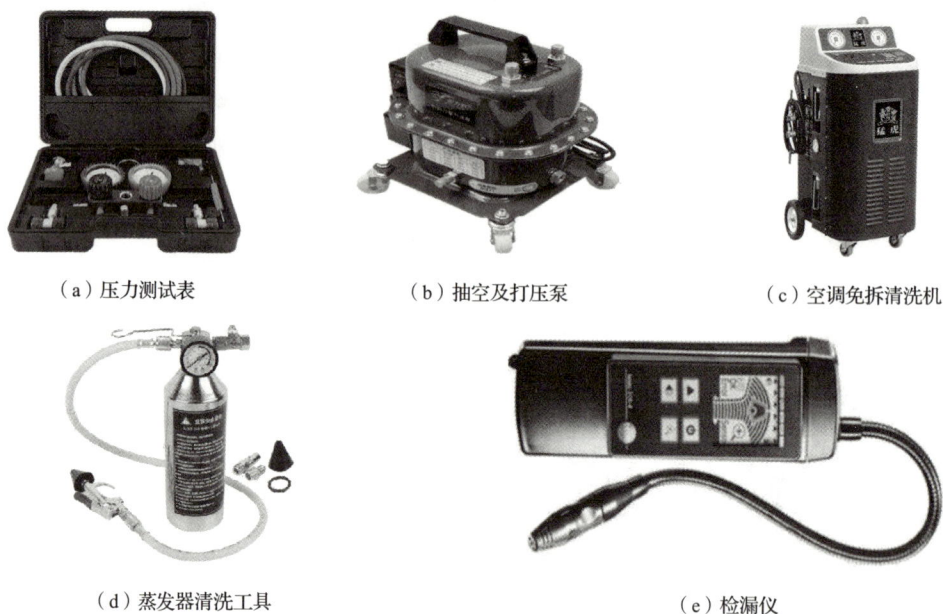

（a）压力测试表　　　　　　　（b）抽空及打压泵　　　　　　　（c）空调免拆清洗机

（d）蒸发器清洗工具　　　　　　　　　　　　　　（e）检漏仪

图 2.1.20　空调系统维护与保养工具及设施设备

5）车轮维护与保养工具及设备。为保证车辆行驶的安全性，要定期对行驶系统进行维护与保养，首先是车轮的维护与保养。车轮维护与保养工具及设备如图 2.1.21 所示。

（a）车轮动平衡机　　　　　　　　　　　（b）电控轮胎拆装机

图 2.1.21　车轮维护与保养工具及设备

拔气门嘴
攻丝嘴
气门芯拆卸
放气针

（c）铲刀　　　　　　　（d）清洗工具　　　　　　　（e）轮胎放气阀

（f）胎压表　　　　　　（g）手摇千斤顶　　　　　　　（h）电风炮

（i）十字形套筒　　　　　　　　　　（j）毛刷

图 2.1.21（续）

6）车辆举升及四轮定位设备。车辆在进行底盘维护与保养作业时需要升降，为便于操作，这就要求有专业的举升机［图 2.1.22（a）］或千斤顶设备。车辆行驶一定里程，为保证驾驶安全性和延长轮胎的使用寿命，需要用四轮定位仪［图 2.1.22（b）］对车辆进行四轮定位参数检测。

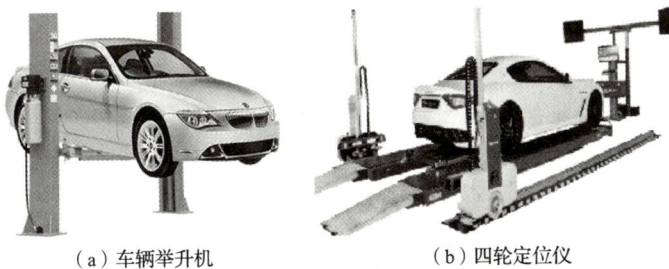

（a）车辆举升机　　　　　　　　　（b）四轮定位仪

图 2.1.22　车辆举升机和四轮定位仪

视频：如何正确
使用双柱举升机

三、混合动力汽车从业人员必备素养

中国特色社会主义进入新时代，坚持以习近平新时代中国特色社会主义思想为指导，建设具有中国特色、国际水平的汽车工业强国。近年来，我国混合动力汽车产业在行业标准、产业联盟、企业布局、技术研发等方面取得了明显进展，有望肩负起中国汽车工业"弯道超车"的历史重任。

随着混合动力汽车的快速发展，相应的混合动力汽车各行业从业人才也出现了较大的需求，目前市场上出现了人才和需求不相匹配的状况，人才难以满足当前的行业发展。时代在发展，新型人才的培养也应当引起国家的重视和发展，应给予更多的支持。那么，混合动力汽车维修企业需要什么类型的人才？人才应具备哪些能力与素养呢？

1. 混合动力汽车维修人才的专业能力

（1）专业基础能力

用人单位需要混合动力汽车维修技能人才掌握以电学知识为基础、传统汽车专业知识为依托的混合动力汽车专业基础知识。由于混合动力汽车是依托传统燃油汽车发展起来的，因此需要维修技能人才具备机械基础知识、电学知识和计算机应用基础知识；具备机械基础知识的分析应用能力；具有简单电子产品的制作和检修能力；具备计算机操作能力。

（2）专业核心能力

企业认为混合动力汽车的发展离不开传统汽车，因此，维修技能人才需要掌握传统汽车构造知识，在此基础上全面掌握混合动力汽车的结构、维护、保养与检修，以及整车电气系统、车联网系统的知识。通过对专业核心课程的学习，学生应具备混合动力汽车各系统维护保养与检修能力；具备混合动力汽车高压电气设备的维护保养与检修能力；能正确规范使用高压绝缘工具、量具及诊断设备；会对混合动力汽车进行日常及其他规格的维护与保养；具备混合动力汽车常见故障的诊断和处理能力。几乎所有新能源汽车维修企业认为在新能源汽车维修专业中开设传统汽车构造、新能源汽车电子控制技术、新能源汽车电池管理技术、新能源汽车使用与维护、新能源汽车检测与维修等课程是非常必要的，其中以新能源汽车电子控制技术、新能源汽车电池管理技术、新能源汽车使用与维护这3门课程的关注度最高。

（3）专业拓展能力

从事混合动力汽车维修专业的人员除了具备专业的知识和技能，还要学习一定的拓展技能。专业拓展知识应注重培养学生在生产、服务一线从事混合动力汽车维修、检测与管理等技能以外的知识和技能，主要包括混合动力汽车市场推广、混合动力汽车租赁运营管理、充电设施的管理与维护等。

（4）专业创新能力

混合动力汽车维修是一项高压危险作业，也是体力劳动与智力劳动相结合的作业，维修人员只有具备专业创新能力才能做好高压防护工作与解脱体力型工作使之转化为智力型工作。面对繁重而复杂的高、低压维修项目，要善于动脑筋，禁止采取粗暴操作行为和不规范的作业方式来维修，要有逻辑思维、推理判断能力。在判断混合动力汽车故障时，要根据故障现象系统地进行问题分析，禁止盲目拆检。要能根据所积累的经验，设计、制作简单实用的维修工具，帮助解决和克服在维修过程中出现的问题。要能合理安排维修作业流程，提出维修方案，改进修理技术，并能将工作中积累的经验和技术知识，逐步条理化、理论化，进一步提高自身素质。富有创造性是一个优秀维修人员所必须具备的条件。

2. 混合动力汽车维修人才的专业素养

一名称职的混合动力汽车维修人才除了应具备扎实的实践操作能力，还必须具备一定的专业素养，具体如下。

1）应拥有正确的社会观、价值观、人生观。

2）具有健康的体魄和良好的心理，能胜任复杂多变的维修工作，在工作中有团队合作精神。

3）具有足够的心理承受能力，能在艰巨的工作中不怕苦、不怕累，奋力进取，不断激发创造热情。

4）具有热爱劳动的观念，善于和客户、同事进行情感沟通，了解劳动知识，掌握劳动本领，有从事艰苦工作的思想准备。

5）具备良好的职业道德，增强法治观念和爱国主义情操。

6）具有创新意识及勇于开拓的精神。

7）具有质量管理意识及追求卓越的精神。

8）具备强烈的安全责任意识，同时遵循高压电安全操作规范。高压电安全操作规范要求如下。

① 对于车辆维修过程中的高压配件，必须严格按照要求标识明显的高压勿动警示，并禁止将带有高压电的部件放置在无人看管的环境中。

② 在高压电维修与维护过程中，维护人员禁止携带手表、金属笔等金属物品。

③ 严禁非专业人员对高压部件进行移除及安装。

④ 未经高压安全培训及未取得许可证的维修人员，不允许对高压部件进行维修等操作。

⑤ 在车辆充电过程中不允许对高压部件进行拆装、维修等工作。

⑥ 维修前必须进行高压电禁用操作。

⑦ 维修完毕后，在加电前，应确认车辆无人操作。

⑧ 更换高压部件后，应测量搭铁是否良好。

⑨ 电缆接口必须按照标准转矩拧紧。

⑩ 在执行车辆维护与维修期间，必须同时有两名持有上岗证的人员进行工作，其中一名人员作为工作的监护人，工作职责为监督维修的全过程。当发生触电事故时，监护人应该立即采取有效措施对发生事故人员进行急救。

知识拓展

3D 汽车四轮定位仪

汽车四轮定位仪用于测试汽车的车轮定位参数，并与原厂的设计参数进行对比，指导使用者对车轮定位参数进行相应的调整，使其符合原设计要求，以达到理想的汽车行驶性能，即操纵轻便，行驶稳定可靠，并减少轮胎的偏磨损。可对汽车的主要四轮定位参数［包括外倾角（camber）、后倾角（caster）、前束（toe-in）、内倾角等］进行测量和调整。

汽车维修需要对四轮定位参数进行检测，可选用的检测设备既有简易的前束尺，也有复杂的光学计算机四轮定位仪。目前市面上的主要检测设备还是以电荷耦合元件（charge coupled device，CCD）为核心技术的产品，到了 2013 年，圳天元科技开发有限责任公司在国内首次开发了全自动自适应的移动式 3D 汽车四轮定位仪。

3D 汽车四轮定位仪进入我国以来，仅用两三年的时间就已风靡全国。该类产品以测量效率高、故障率低和高科技元素等优势得到用户的广泛认可，在我国汽车维修行业中被越来越多的用户采用，大有取代传统的激光和 CCD 四轮定位仪之势。通过近 10 年的发展，3D 汽车四轮定位仪进化成无须横梁、可移动的 3 camera 的功能更全面的定位仪。其特点是有两个分离式的摄像模组，在店面中占空间少，人、车可通过。3D 汽车四轮定位仪是 3D 四轮定位仪中的高端产品。

3D 汽车四轮定位仪主要由定位仪主机及必要附件组成，如图 2.1.23 所示。

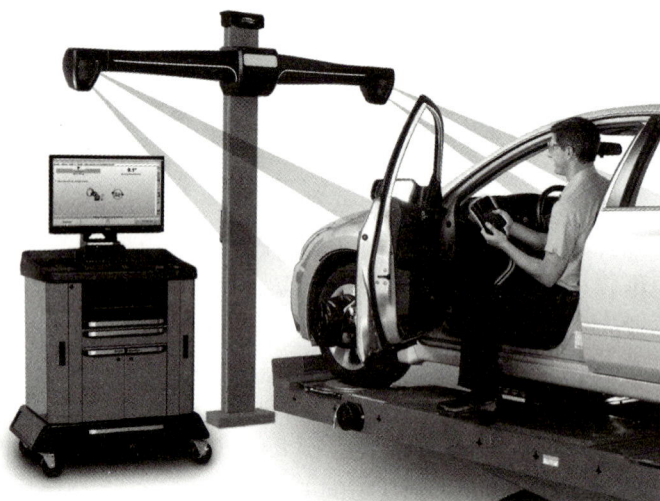

图 2.1.23　3D 汽车四轮定位仪

3D 汽车四轮定位仪的主机由机箱（大机箱带后视镜）、计算机主机（含显示器、打印机）、4 个机头（定位传感器）、通信系统、充电系统和总供电系统组成，必要的附件由转向盘固定器、制动固定器、转角盘及夹具组成。

三维测量方式是采用数字图像识别技术，用数字 CCD 相机采集装在车轮采像板上的图像信息，以测量出车轮的相对数值。通过前后移动车辆，由 CCD 相机同时采集采像板信息，利用计算机计算出其坐标和角度，再通过三维软件重建，就能实时显示四轮的三维状态。

3D 汽车四轮定位仪的优点如下。

1）拥有颠覆传统技术的全新测量体系，功能更全面。

2）无须定期标定，安装即可使用。

3）仅需推动汽车或滚动车轮，即可完成测量。

4）对传统参数（如前束、外倾角）可进行精准测量，精度更高。

5）可实现 CCD 产品所不能完成的轴偏距和轮偏距等距离的精确测量和显示。

6）动画演示，辅助测量更方便。

7）既可进行四轮定位测量，也可进行两轮定位测量。

8）可实现定位平台水平度检测功能。

9）采用异步式转向盘校正技术，保证调整后转向盘不歪。

任务实施

小组根据该任务的学习情况，查阅相关资料和利用实训设备（工具、车辆），完成下列工作任务单。

混合动力汽车维护与保养准备工作任务单

任务名称	混合动力汽车维护与保养准备		
小组成员		任务成绩	
任务要求	1. 利用教师提供的混合动力实训车辆、实训工具和场地，写出混合动力汽车维护与保养时应具有的场地环境条件，在维护与保养时规范、精准、科学地使用工具。 2. 通过线上、线下收集信息，写出混合动力汽车维护与保养工作岗位所需的职业素养		
安全要求	记录实训中应该注意的安全事项		
混合动力汽车维护与保养场地认知			
混合动力汽车维护与保养设施设备识别记录			

考核评价

综合整个学习过程，通过学生的课堂表现、课后巩固、任务完成情况等对学生的知识目标、能力目标、思政要素和职业素养目标达成情况进行评价。

任务教学目标达成情况评价表

班级：_____ 姓名：_____

知识目标达成情况		
目标描述	教师评价	学生自评
是否熟悉汽车维修企业对混合动力汽车维护与保养的必备条件		
是否熟悉混合动力汽车维护与保养时所需工具及设施设备		
是否掌握混合动力汽车维护与保养作业人员具有的职业素养		
评价结论：知识目标达成与否	○是	○否

能力目标达成情况		
目标描述	教师评价	学生自评
是否具备查阅混合动力汽车维护与保养相关技术资料的能力		
是否能操作混合动力汽车维护与保养设施设备		
是否能进行混合动力汽车各类维护与保养的流程		
评价结论：能力目标达成与否	○是	○否
思政要素和职业素养目标达成情况		
目标描述	教师评价	学生自评
小组活动展现的团队协作、沟通交流能力		
本课实训参与的积极性		
实训是否严谨、客观、科学		
评价结论：思政要素和职业素养目标达成与否	○是	○否

项目三
混合动力汽车动力系统的维护与保养

任务一　混合动力汽车动力系统认知

课程引入

王先生的丰田卡罗拉混合动力汽车已行驶 20 000km，他来你所在的汽车维修厂对汽车的动力系统进行维护与保养。你对丰田卡罗拉混合动力汽车的动力系统了解全面吗？

学习目标

知识目标	能力目标	思政要素和职业素养目标
1. 了解混合动力汽车的动力系统。 2. 掌握丰田卡罗拉混合动力汽车动力系统的结构组成。 3. 掌握丰田卡罗拉混合动力汽车动力系统中主要部件的工作原理与性能	1. 能正确查阅丰田卡罗拉混合动力汽车的相关技术资料。 2. 能在丰田卡罗拉混合动力汽车上熟练找到动力系统的各部件安装位置。 3. 掌握丰田卡罗拉混合动力汽车动力系统的整体控制原理	1. 树立节能意识和环保意识，自觉践行可持续发展理念。 2. 培养创新思维和追求卓越的精神

对接 1+X 证书模块 3-1（初级）工作任务 1——智能新能源汽车动力系统

课前预习

根据查找的资料或在实训室观摩，完成下列课前预习（表 3.1.1）。

表 3.1.1　混合动力汽车动力系统预习

1. 丰田卡罗拉混合动力汽车的动力系统由哪几部分组成？

（丰田卡罗拉混合动力汽车的动力系统）

（　　　　）（　　　　）（　　　　）（　　　　）（　　　　）（　　　　）（　　　　）

2. 请说明丰田卡罗拉混合动力汽车 8ZR-FXE 发动机的结构特点。

知识储备

混合动力汽车是由多种动力参与驱动的汽车，一般有燃油发动机和电动机两种动力源，又称混合动力电动汽车。它综合了传统汽车发动机和电动机驱动的优点，既能充分发挥燃油发动机持续工作时间长、动力性能好的优势，又能发挥电动机无污染、低噪声的优势，在路口等红灯时可以关闭混合模式、启动纯电模式实现零排放，电动驱动系统还可以充当发电机，回收制动和下坡时产生的能量，进一步实现节能减排。与纯电动汽车相比，混合动力汽车可以在运行过程中维持电量的均衡，不需要配备专用的充电器等配套设备。

一、混合动力汽车动力系统的组成

混合动力汽车的核心就是动力系统，下面以丰田卡罗拉混合动力汽车为例介绍混合动力汽车的动力系统，如图 3.1.1 所示。

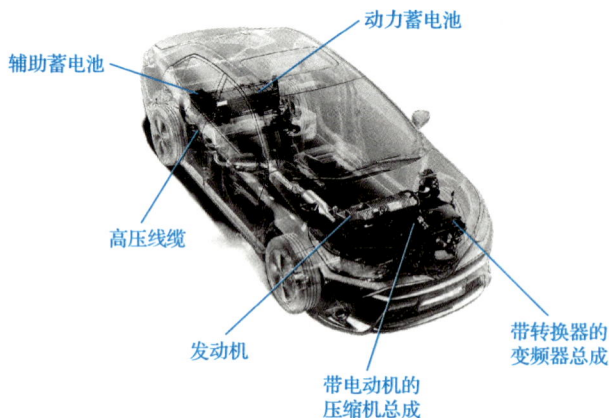

图 3.1.1　丰田卡罗拉混合动力汽车的动力系统

丰田卡罗拉混合动力汽车采用丰田第二代混合动力系统，使用两种动力源（发动机和动力蓄电池），以利用各动力源的优势来弥补各自的劣势。该车的动力系统主要包括发动机、混合动力驱动桥、HV 电池、带转换器的变频器总成、动力管理控制 ECU、辅助蓄电池和带电动机的压缩机总成等，如图 3.1.2 所示。

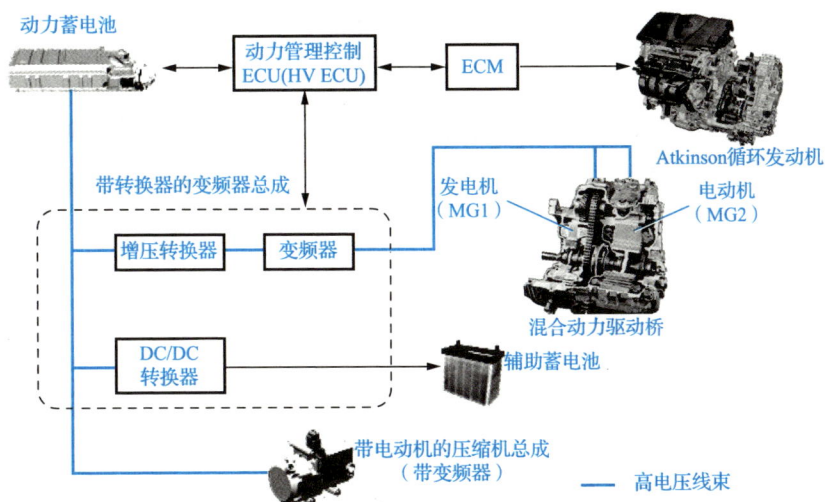

图 3.1.2　丰田卡罗拉混合动力汽车动力系统的组成

二、混合动力汽车动力系统的主要组成部分

1. 8ZR-FXE Atkinson 循环发动机

（1）机械机构

丰田卡罗拉混合动力汽车采用 8ZR-FXE Atkinson（阿特金森）循环发动机，如图 3.1.3 所示。该发动机由直列 4 缸、1.8L、16 气门双顶置凸轮轴（double overhead camshaft，DOHC），智能可变气门正时系统（variable valve timing-intelligent，VVT-i），直接点火系统（direct ignition system，DIS）和智能电子节气门控制系统（electronic throttle control system-intelligent，ETCS-i）组成，发动机的最大输出功率为 73kW，最大输出转矩为 142N•m。发动机工作循环为具有高膨胀比的 Atkinson 循环，这极大地提高了发动机效率。

Atkinson 循环与奥托循环的对比如图 3.1.4 所示。Atkinson 循环一个工作循环中有 5 个冲程，即进气、回流、压缩、做功和排气 5 个冲程，比奥托循环多了一个回流冲程。8ZR-FXE Atkinson 循环发动机进气门的关闭时刻明显晚于奥托循环发

图 3.1.3　8ZR-FXE Atkinson 循环发动机

动机，使吸入气缸的混合气在压缩冲程中再被"挤出"，从而使发动机的压缩冲程小于做功冲程，改善了发动机的进气效率，也使发动机的膨胀比大于压缩比，这样会使发动机动力性能得到提高，静谧性好，改善了燃油经济性并实现了更清洁的排放。冷却液的循环使用了电动水泵，提高了暖机性能并减少了冷却损失。同时，8ZR-FXE Atkinson 循环发动机采用先进的曲轴偏移技术，有利于提高活塞运行时的效率。8ZR-FXE Atkinson 循环发动机的规格和主要特征如表 3.1.2 所示。

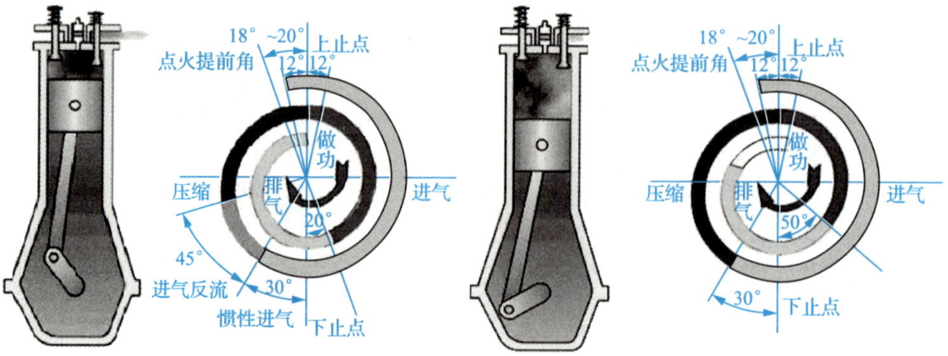

（a）Atkinson循环　　　　　　　　　　　　（b）奥托循环

图 3.1.4　Atkinson 循环与奥托循环的对比

表 3.1.2　8ZR-FXE Atkinson 循环发动机的规格和主要特征

项目			规格参数
发动机			8ZR-FXE
气缸数及排列方式			4 缸，直列
气门机构			16 气门（DOHC），正时（VVT-i）
排量/cm^3			1798
缸径×冲程			80.5mm×88.3mm（3.17in×3.48in）
压缩比			13.0
最大功率/kW			73（5200r/min）
最大转矩/（N·m）			142（4000r/min）
点火顺序			1—3—4—2
机油			API SL（丰田汽车专用油），SM（SM 中的"S"表示汽油发动机用油，"M"表示油品质量，字母越靠后说明油品质量越高）或 ILSAC
机油容量/L	净含量		4.7
	带机油滤芯		4.2
	不带机油滤芯		3.9
气门正时/（°）	进气	开	−12～+29（上止点前）
		关	61～102（下止点后）
	排气	开	31（下止点前）
		关	3（下止点后）
排放标准			欧洲尾气排放第 5 代标准（欧 V+）
发动机使用质量/kg			90

注：DOHC（double overhead camshaft）是指双顶置凸轮轴发动机；VVT-i（variable valve timing and lift with intelligence）是指智慧型可变正时气门；ILSAC（International Lubricant Standardization and Approval Committee）是指国际润滑剂标准化及认证委员会。

（2）电控系统

丰田卡罗拉混合动力汽车 8ZR-FXE Atkinson 循环发动机电控系统的功能越来越强大，具体可实现的功能包括顺序多点燃油喷射、电子点火提前、智能电子节气门控制、智能可变气门正时、冷却风扇控制、电动水泵控制、燃油泵控制、供油控制、排放控制、警告控制、自诊断控制、失效保护控制、应急备用控制、怠速控制和起动机控制等。8ZR-FXE Atkinson 循环发动机工作整体控制原理：HV ECU 向发动机 ECU 发送信号（发动机目标转速和发动机目标动力），发动机 ECU 根据 HV ECU 的要求控制发动机节气门、燃油喷射量、点火正时和喷油正时，实现发动机的起动和正常运转。当 HV ECU 发出停止信号时，发动机 ECU 控制其停止工作。当系统出现故障时，发动机 ECU 通过 HV ECU 的要求控制发动机故障警告灯。8ZR-FXE Atkinson 循环发动机的电控原理如图 3.1.5 所示。

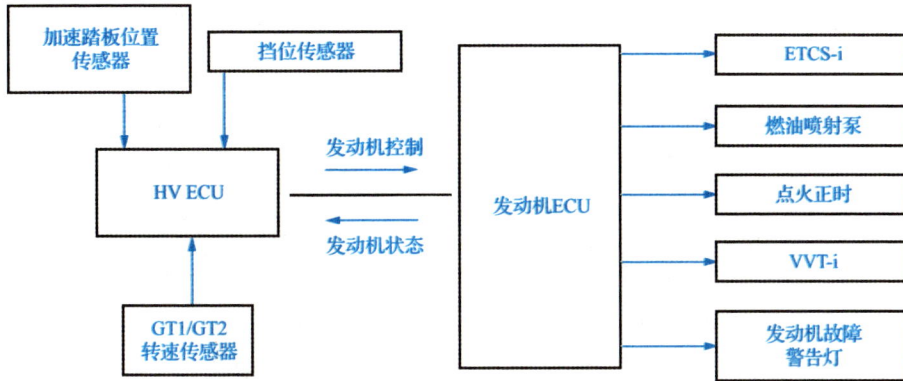

图 3.1.5　8ZR-FXE Atkinson 循环发动机的电控原理

注：ETCS-i（electronic throttle control system-intelligent）是指电控节气门（仅丰田汽车采用此缩写）。

8ZR-FXE Atkinson 循环发动机电控系统主要零部件的类型和功能如表 3.1.3 所示。

表 3.1.3　8ZR-FXE Atkinson 循环发动机电控系统主要零部件的类型和功能

零部件	类型	数量	功能
ECU	32 位 CPU	1	ECU 根据传感器提供的信号对喷油、点火、节气门等进行最佳控制，以适应发动机的工作情况
空气流量传感器	热丝型	1	内置热丝直接检测进气质量
进气温度传感器	热敏电阻型	1	借助内部热敏电阻检测进气温度
曲轴位置传感器	磁电式	1	检测发动机转速和曲轴转角
凸轮轴位置传感器	磁阻元件型	1	进行气缸识别并检测气门正时
节气门位置传感器	线性（非接触）型	1	检测节气门开度
爆燃传感器	内置压电元件型	1	根据发动机爆燃所造成的气缸体振动来间接检测发动机是否出现爆燃现象
发动机冷却液温度传感器	热敏电阻型	1	通过内部热值电阻检测发动机冷却液的温度
空燃比传感器	带加热器的平面型	1	以线性方式检测废气中的氧浓度
氧传感器	带加热器的杯型	1	通过测量传感器自身产生的电动势检测废气中的氧浓度
喷油器总成	12 孔型	4	根据 ECU 发出的信号操纵电磁阀喷射燃油
点火线圈	闭磁路型	4	根据 ECU 发出的信号操纵点火线圈顺序点火
凸轮轴正时机油控制阀	脉冲型	1	根据 ECU 发出的信号脉冲控制机油控制阀控制油压
怠速控制电机	给进型	1	根据 ECU 发出的信号操纵节气门电机控制节气门开度

注：CPU（central processing unit）是指中央处理器。

2. P410 混合驱动桥

丰田卡罗拉混合动力汽车的动力分配装置为 P410 混合驱动桥总成，如图 3.1.6 所示。P410 混合驱动桥为电子控制连续可变型变速器，主要由电机 1（MG1）、电机 2（MG2）、动力分配行星轮、减速行星轮、传动桥减振器、燃油泵、主减速器和差速器等组成。MG1 主要用于起动发动机和发电，MG2 主要用于驱动车轮和发电（制动和减速时），MG2 的最大输出功率为 53kW。P410 混合驱动桥将发动机和电动机的力矩分配给驱动轮和发电机，通过选择性控制电动机和发动机的转速，模拟变速器传动比的连续变化，工作时就像普通的无级变速器一样。

（a）实物图   （b）剖面图

图 3.1.6 P410 混合驱动桥总成

3. 动力蓄电池

动力蓄电池在行李舱内，如图 3.1.7 所示，是由动力蓄电池模组、电池智能单元、动力蓄电池冷却风扇、HV 接线盒总成及服务插销器组成的。动力蓄电池模组为金属氢化物镍蓄电池，由 28 个单独的蓄电池模块组成，每个蓄电池模块均由 6 个单体蓄电池组成，共有 168 个单体蓄电池，每个单体蓄电池的标称电压为 1.2V，因此动力蓄电池标称电压为 201.6V。车上安装的高输出镍氢蓄电池具有高输入/输出密度和质量小、寿命长等特点，无须利用外界电源进行充电。

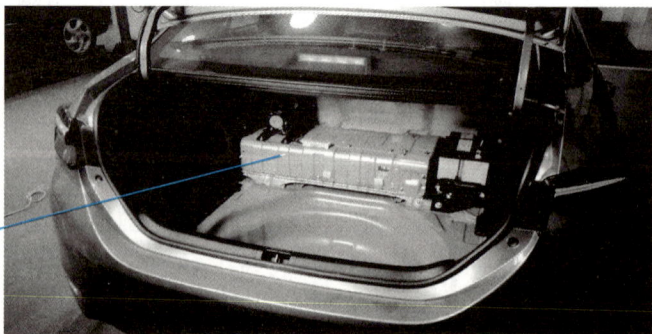

微课：动力电池结构和
主要性能指标介绍

图 3.1.7 动力蓄电池的安装位置

4. 带转换器的变频器总成

丰田卡罗拉混合动力汽车采用将电机控制器（MG ECU）、变频器（逆变器）、增压转换器和 DC/DC 转换器集成于一体的结构紧凑、轻量化的带转换器的变频器总成，如图 3.1.8 所示。上层为增压转换器（将动力蓄电池的 201.6V 直流电升高至 650V 送给变频器或将变频器输入的直流电 650V 降压至 201.6V 给动力蓄电池充电）和变频器（将 650V 高压直流电转换为三相交流电驱动电机工作或将电机发出的三相交流电转换为直流电送给增压转换器），下层为 DC/DC 转换器（将动力蓄电池的 201.6V 直流电转换为直流 14.0V，给辅助蓄电池充电和给全车工作的低压用电器供电）。MG ECU 与混合动力汽车 ECU 等控制单元通信，控制增压转换器、变频器及 MG1 和 MG2 的工作。

带转换器的变频器总成采用了独立于发动机冷却系统的水冷系统，对变频器和混合驱动桥进行冷却。

5. 混合动力车辆 ECU

混合动力车辆 ECU 总成对混合动力系统进行综合控制。它接收来自各种传感器和 ECU（发动机 ECU、MG ECU、HV ECU 和驱动防滑 ECU 等）的信息，并据此计算所需转矩和输出功率，然后将计算结果传输至发动机 ECU、MG ECU、HV ECU 和驱动防滑 ECU，得到整车所需工况。

6. 辅助蓄电池

丰田卡罗拉混合动力汽车配有辅助蓄电池（图 3.1.9），安装在行李舱内。14.0V 电池给 ECU 和辅助电器设备（如音响等）供电。辅助蓄电池容量为 34A·h，当电池电压变低时通过变频器把 201.6V 的直流电转换为低压直流电 14.0V 给辅助蓄电池充电。车辆在准备模式时，变频器给 14.0V 辅助蓄电池充电，车灯、后窗除霜器和其他电子设备也由变频器供电。

图 3.1.8　带转换器的变频器总成

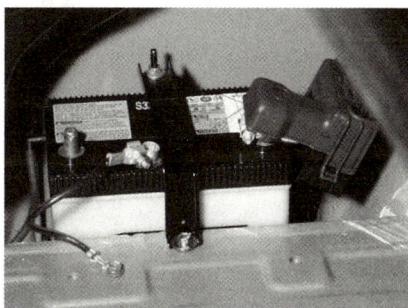

图 3.1.9　辅助蓄电池的安装位置

7. 空调压缩机总成

传统汽车的空调系统的压缩机是由发动机通过传动带驱动的，而丰田卡罗拉混合动力汽车的空调系统使用的是电动机驱动的电子变频器压缩机。丰田卡罗拉混合动力汽车空调系统主要元器件位置如图 3.1.10 所示。

发动机控制模块（ECM）
空调压力传感器
发动机室7号继电器盒
冷凝器
车外温度传感器
电动压缩机
发动机室继电器盒和接线盒

（a）空调系统（机舱部分）

空调面板总成
组合仪表
阳光传感器

主车身ECU
（仪表板接线盒）
DLC3
空调放大器
车内温度传感器

（b）空调系统（控制部分）

进气控制伺服电动机
（再循环风门伺服电动机）
前鼓风机电阻器
PTC加热器总成
膨胀阀
前鼓风机电动机
加热器散热
装置分总成
前蒸发器温度传感器
蒸发器

（c）空调系统（制冷、制热及送风部分）

图 3.1.10　丰田卡罗拉混合动力汽车空调系统主要元器件位置图

电动机驱动的电子变频器压缩机的控制原理如图 3.1.11 所示。

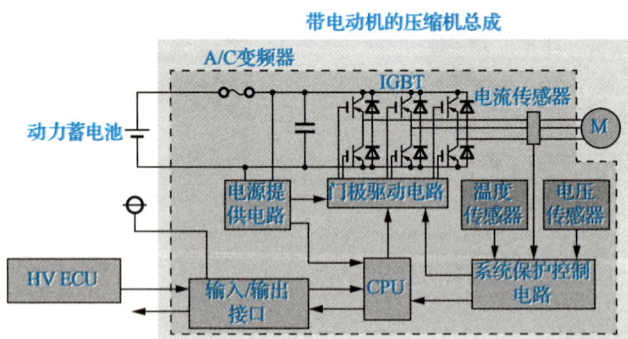

带电动机的压缩机总成
A/C变频器
IGBT
电流传感器
动力蓄电池
M
电源提
供电路
门极驱动电路
温度
传感器
电压
传感器
HV ECU
输入/输出
接口
CPU
系统保护控制
电路

图 3.1.11　电动机驱动的电子变频器压缩机的控制原理

知识拓展

Atkinson 循环发动机的相关术语

由进气、压缩、膨胀、排气 4 个冲程循环构成的四冲程内燃机，是奥托历时 14 年于 1876 年研发成功的，该发动机的冲程循环被称为奥托循环。因为受到当时的技术限制，压缩比不能做出更大的提升，所以发动机的效率也不能进一步提升。1882 年，英国工程师 James Atkinson（詹姆斯·阿特金森）在奥托循环内燃机的基础上，利用一套复杂的连杆机构，使发动机的压缩行程大于膨胀行程。这种巧妙的设计，不仅改善了发动机的进气效率，而且使发动机的膨胀比高于压缩比，有效地提高了发动机效率，这种发动机的冲程循环被称为 Atkinson 循环。Atkinson 循环发动机由 DOHC、VVT-i、DIS、ETCS-i 组成。

1）DOHC：其原理是有两个顶置凸轮放在气缸体上，一个用于带动吸气阀门，另一个用于带动排气阀门。一般每缸有多个气门，普遍是 4 个气门（即 2 个进气门、2 个排气门）。多气门发动机燃烧更充分，能让更多新鲜空气进入发动机，排放效率更好（结构比 SOHC 复杂）。

2）VVT-i：其原理是，发动机的 ECM 在各种行驶工况下自动搜寻一个对应发动机转速、进气量、节气门位置和冷却液温度的最佳气门正时，并控制凸轮轴正时液压控制阀，通过各个传感器的信号来感知实际气门正时，然后执行反馈控制，补偿系统误差，达到最佳气门正时的位置。该装置能有效地提高汽车的功率与性能，并尽量减少耗油量和废气排放。

3）DIS：其原理是，完全淘汰了传统点火系统的分电器和高压线，并将点火线圈缩小，直接安装在各个气缸的火花塞上；用 ECU 和晶体管点火器，通过普通电线，直接控制各个火花塞上的一次电流的通断。它的优点是完全取消了运动机件，减少了漏电环节，工作可靠，提高了点火能量，减小了电磁干扰，使发动机结构更为紧凑。

4）ETCS-i：通过加速踏板总成实现驾驶人员的意图，并通过传感器将驾驶人员的意图传递给控制计算机，计算机再根据踏板信号来控制节气门电机，打开节气门阀板，从而实现对进气流量的控制。其特点是可以根据加速踏板的输入信号、发动机和车辆状况优化控制节气门开度。

任务实施

小组根据该任务的学习情况，查阅相关资料和利用实训设备（工具、车辆），完成下列工作任务单。

混合动力汽车动力系统认知工作任务单

任务名称	混合动力汽车动力系统认知		
小组成员		任务成绩	
任务要求	1. 利用教师提供的新能源实训车辆，写出车辆的具体类型，在实车上确认动力系统中的各总成部件，并记录安装位置及型号。 2. 通过线上、线下收集信息，列举不同类型混合动力汽车的典型车型（3 种以上）		

安全要求	记录实训中应该注意的安全事项
混合动力汽车动力系统部件、总成认知记录	1. 实训车辆1： 车辆型号及类型记录： 部件与总成安装位置记录： 2. 实训车辆2： 车辆型号及类型记录： 部件与总成安装位置记录：
混合动力汽车代表车型信息收集	1. 串联式： 2. 并联式： 3. 混联式：

考核评价

综合整个学习过程，通过学生的课堂表现、课后巩固、任务完成情况等对学生的知识目标、能力目标、思政要素和职业素养目标达成情况进行评价。

任务教学目标达成情况评价表

班级：_____   姓名：_____

知识目标达成情况		
目标描述	教师评价	学生自评
是否知道混合动力汽车的分类及代表车辆		
是否能够理解混合动力汽车动力系统的结构组成		
能否掌握动力系统中主要部件、总成的特性		
评价结论：知识目标达成与否	○是	○否
能力目标达成情况		
目标描述	教师评价	学生自评
是否能区分混合动力汽车与传统汽车		
是否理解混合动力汽车的动力系统控制原理		
是否能在实车认知动力系统部件、总成		
评价结论：能力目标达成与否	○是	○否
思政要素和职业素养目标达成情况		
目标描述	教师评价	学生自评
小组活动展现的团队协作、沟通交流能力		
本课实训参与的积极性		
实训是否严谨、客观、科学		
评价结论：思政要素和职业素养目标达成与否	○是	○否

任务二 混合动力汽车发动机总成的维护与保养

课程引入

张先生的丰田卡罗拉混合动力汽车截至目前已经行驶了 40 000km，现需要作为维修人员的你对张先生的汽车进行定期维护与保养，作业时发动机都要做哪些维护与保养项目及具体内容？

学习目标

知识目标	能力目标	思政要素和职业素养目标
1. 了解混合动力汽车动力系统中的发动机结构原理。 2. 掌握丰田卡罗拉混合动力汽车发动机的主要结构特征。 3. 掌握丰田卡罗拉混合动力汽车动力系统发动机的维护与保养项目内容	1. 能正确查阅混合动力汽车动力系统发动机的相关技术资料。 2. 熟知丰田卡罗拉混合动力汽车发动机的主要结构特征。 3. 掌握丰田卡罗拉混合动力汽车发动机的维护与保养方法及注意事项	1. 树立节能意识、环保意识，践行绿色发展理念。 2. 树立效率意识、规范意识、质量意识，精益求精，讲求实效

对接 1+X 证书模块 3-2（中级）工作任务 2——智能新能源汽车内燃机

课前预习

根据查找的资料或在实训室观摩，完成下列课前预习（表 3.2.1）。

表 3.2.1 混合动力汽车发动机维护与保养预习

1. 丰田卡罗拉混合动力汽车发动机的主要结构特征有哪些？

（丰田卡罗拉混合动力汽车发动机的主要结构特征）

(　　) (　　) (　　) (　　) (　　) (　　) (　　) (　　)

2. 简述丰田卡罗拉混合动力发动机维护与保养的具体内容。

知识储备

为解决汽车工业面临的两大难题——节能与环保，世界各国竞相大力开发绿色汽车，重点是电动汽车（纯电动汽车、混合动力汽车、燃料电池汽车）。混合动力汽车是装备两种动力源——热动力源（传统的发动机）和电动力源（电池与电动机）的汽车。虽然混合动力汽车没有完全达到零排放，但该车型解决了纯电动汽车的续驶里程短、成本高和燃料电池汽车的燃料电池技术尚未突破及制造成本高的不足，同时克服了传统燃油汽车废气排放量大、耗油量高、运行成本高等缺陷，成为目前电动汽车中最具有产业化和市场化前景的车型之一。

发动机是混合动力汽车的动力系统核心装置，为保证整车运行的各工况正常，就需要对发动机进行定期维护与保养，这样才能保证它在工作中保持最佳的技术状况。要对混合动力汽车动力系统中的发动机进行定期维护与保养，首先要对发动机的结构原理及特征进行全面了解，然后按其特征进行正确的维护与保养。现以丰田卡罗拉混合动力汽车为例，先介绍 8ZR-FXE 发动机的结构原理，再对其进行维护与保养。

一、8ZR-FXE 发动机的结构原理

丰田卡罗拉混合动力汽车装配的是 8ZR-FXE 发动机。该款发动机采用 Atkinson 循环、第八款设计、ZR 系列、窄气门夹角双顶置凸轮轴布置、电子燃油喷射。Atkinson 循环发动机结构是在奥托循环发动机结构的基础上，加入了一套复杂的连杆机构（图 3.2.1），使发动机的压缩行程小于做功行程，在一个循环中多了一个回流过程，即进气、回流、压缩、做功和排气 5 个冲程，这种巧妙的设计不仅改善了发动机的进气效率，而且使发动机的膨胀比大于压缩比，有效提高了发动机功率。

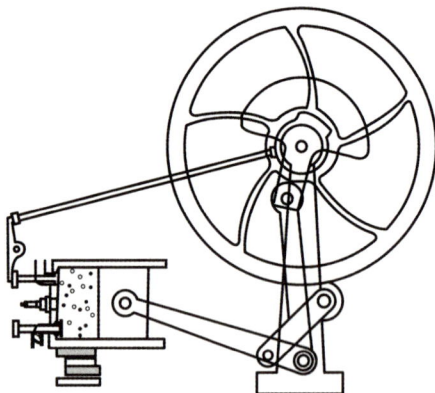

图 3.2.1　Atkinson 循环发动机连杆机构

二、8ZR-FXE 发动机的主要特征

8ZR-FXE 发动机使用铝制气缸体和屋脊形燃烧室，采用轻量化、高强度铝压铸的加强曲轴箱总成。气缸盖上使用凸轮轴架来简化结构，进、排气门的夹角为29°。活塞同样由铝合金制造，结构紧凑、质量小。活塞顶部为锥形挤压状，可使燃油有效燃烧；活塞头部安装有低张力活塞环，可减小活塞整体质量并减少摩擦，活塞环表面涂有物理气相沉积（physical vapor deposition，PVD）涂层，提高了耐磨性；活塞裙部安装有全浮式活塞销，每个活塞裙部都涂有树脂涂层，以减少摩擦损失。图 3.2.2 所示为 8ZR-FXE 发动机的剖面结构图，包括长距铱金火花塞、气门摇臂、液压挺柱、机油标尺、排气侧、活塞、曲轴偏置、电动水泵、VVT-i 进气侧、电子 EGR 阀和 EGR 冷却器等部件。

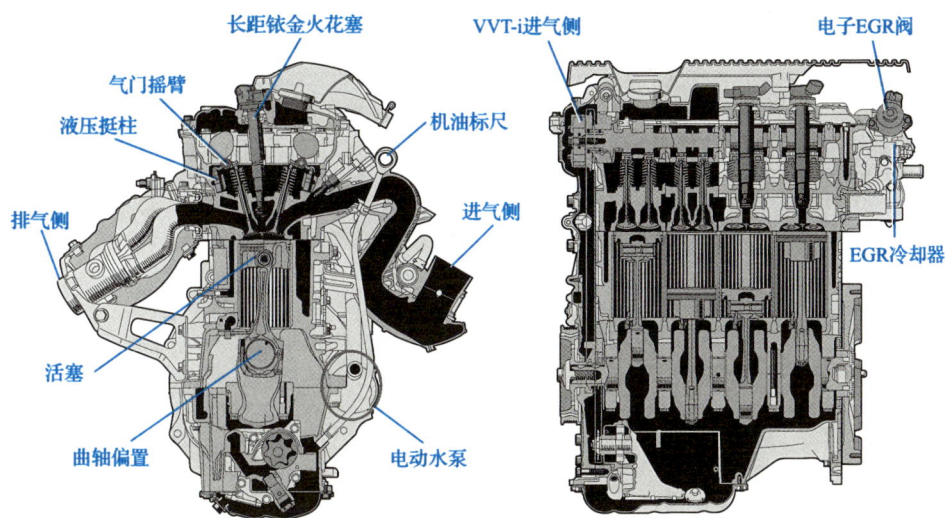

图 3.2.2　8ZR-FXE 发动机的剖面结构图

8ZR-FXE 发动机的配气机构采用链传动，凸轮轴通过液压挺柱和气门摇臂驱动进、排气门，如图 3.2.3 所示。在进气侧配备了 VVT-i 系统，使车辆在行驶中获得最佳匹配各工况的驱动力。液压挺柱利用机油压力和弹簧弹力保持恒定为 0 的气门间隙，避免了因有气门间隙而产生的冲击及噪声，同时无须对进、排气门进行间隙的调整。在配气机构中，机油压力和润滑由机油泵供给。

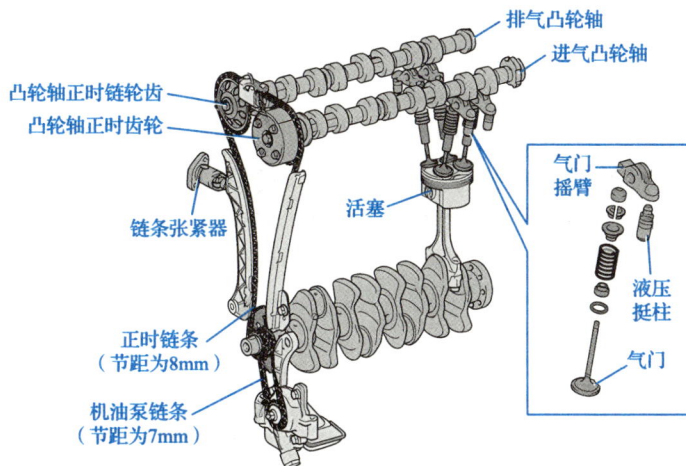

图 3.2.3　8ZR-FXE 发动机的配气机构

8ZR-FXE 发动机对曲轴进行了偏移，其气缸中心和曲轴中心不在同一平面，曲轴中心线向排气侧偏移了 12mm，如图 3.2.4 所示。曲轴偏置可以最大限度地减小敲缸声，尤其在做功行程时，连杆更接近垂直状态，将燃烧产生的压力作用于曲轴，减小了活塞在气缸壁上的压紧力和摩擦力，从而提高了活塞运行时的效率。

图 3.2.4　8ZR-FXE 发动机的曲轴偏移

8ZR-FXE 发动机采用了电动水泵，如图 3.2.5 所示。

图 3.2.5　8ZR-FXE 发动机的电动水泵

发动机 ECU 根据发动机冷却液的温度、发动机转速和车速等信息，计算必要的冷却液流量，从而控制电动水泵电动机的转速，为发动机冷却管路供给所需的冷却液流量，如图 3.2.6 所示。这不仅可以加快暖机速度并减少冷却损失，而且也因取消了传动带和带轮而降低了发动机的功率损耗。

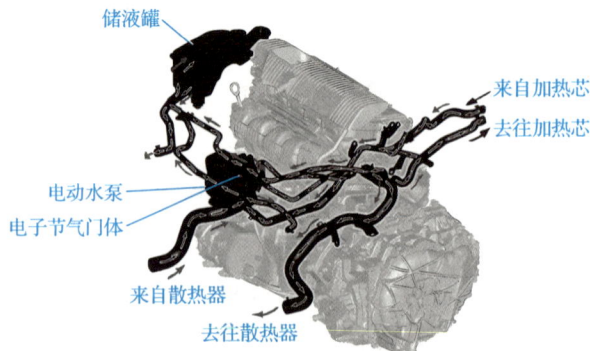

图 3.2.6　8ZR-FXE 发动机冷却管路

8ZR-FXE 发动机的进气系统如图 3.2.7 所示。进气歧管采用塑料制造，有效减小了发动机的质量，有利于提升车辆的动力性和经济性；歧管内壁光滑，便于进气顺畅，从而实现强劲动力和经济节油的完美结合。进气总管的节气门控制系统是无拉索型的电子智能控制系统，节气门开度控制精度更高：一方面可以提高燃油经济性，减少废气排放，同时动力系统响应迅速，具有良好的操控性能；另一方面，可实现怠速控制、巡航控制和车辆整体稳定性控制等的集成，简化控制系统结构。

图 3.2.7　8ZR-FXE 发动机的进气系统

8ZR-FXE 发动机的燃油供给系统为无回油燃油系统，如图 3.2.8 所示。在无回油燃油系统中，燃油压力调节器和电动燃油泵合为一体，它与发动机之间没有真空管连接，燃油压力调节器不参考发动机的负压。因此，无论发动机运行状况如何变化，燃油压力调节器都将保持稳定的燃油供给系统压力。无回油燃油系统可以有效防止燃油流经发动机燃烧室时升温而造成燃油蒸发过多，从而大大降低由于外接油管过多而出现的燃油泄漏。

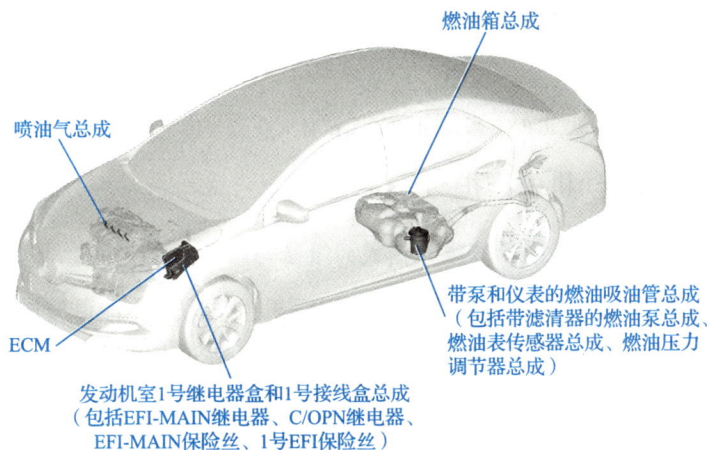

图 3.2.8　8ZR-FXE 发动机的燃油系统

8ZR-FXE 发动机采用 12 孔型超微粒化喷油器，安装在具有脉动衰减功能的输油管上，如图 3.2.9 所示。喷油器可喷雾粒径缩小约 40%，燃油喷射和雾化效果更好，既提高了燃烧效率，又使排放的尾气更加清洁。

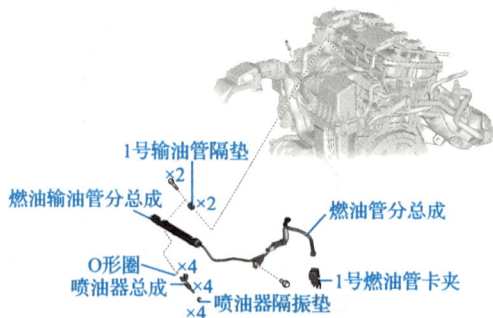

燃油输油管分总成

1号输油管隔垫 ×2
×2

燃油管分总成

O形圈 ×4
喷油器总成 ×4
×4 喷油器隔振垫

1号燃油管卡夹

图 3.2.9　8ZR-FXE 发动机喷油器

8ZR-FXE 发动机的点火系统采用长距铱金火花塞，如图 3.2.10（a）所示。装配铱金火花塞的发动机在各种驾驶条件下很少会出现熄火或意外失火的现象。长距铱金火花塞的使用寿命可以保障车辆行驶 680 000km，与传统火花塞［图 3.2.10（b）］相比，其点火能量充足且点火稳定，从而可以提高车辆的使用性能，降低燃油消耗。

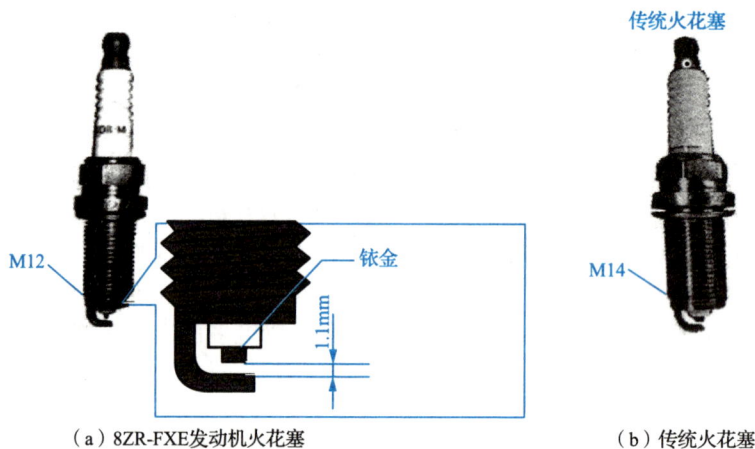

传统火花塞

M12
铱金
1.1mm

M14

（a）8ZR-FXE发动机火花塞　　　　　　（b）传统火花塞

图 3.2.10　8ZR-FXE 发动机的长距铱金火花塞与传统火花塞的对比

三、混合动力汽车发动机的维护与保养

1. 发动机维护与保养时维护与保养模式的激活与解除

某些混合动力汽车在起动阶段，当发动机已暖机且动力蓄电池已充电时，发动机是停止工作、不运转的，因此在对发动机进行维护与保养时，如果需要发动机运转，则必须激活维护与保养模式。例如，将挡位置于 P 位时保持发动机怠速，取消牵引力控制，可以进行发动机点火正时、怠速尾气排放测试等维护与保养项目。当完成发动机的维护与保养项目后，需将维护与保养模式解除。

激活与解除发动机的维护与保养模式的具体步骤如下〔以二轮驱动（前轮驱动）的混合动力汽车发动机维护保养模式为例〕。

1）安装车内及车外车辆防护套件。

2）安装尾气抽排管。

3）安装车轮挡块。

4）在驾驶侧确认驻车制动。

5）安装诊断接头。

6）将点火开关置于 ON 挡。

7）打开智能诊断仪。

8）进入 Powertrain（动力）系统。

9）进入 Hybrid Control（混合控制）系统。

10）进入 Utility（功能）系统。

11）点击 Inspection（检查）按钮。

12）检查并确认信息显示屏上显示"2WD（FWD）MAINTENANCE MODE"〔二轮驱动（前轮驱动）保养模式〕。

13）踩下制动踏板时，将点火开关置于 READY 位置，起动发动机。

14）在 P 挡时，检查并确认发动机转速为 1000r/min。

15）在 P 挡时，轻踩加速踏板，检查并确认发动机转速为 1500r/min。

16）在 P 挡时，将加速踏板踩下一半以上或完全踩下，检查并确认发动机转速为 2500r/min。

17）解除检查模式，将点火开关置于 OFF 挡并保持至少 30s。

18）收起车内及车外车辆防护套件。

19）收起尾气抽排管。

20）收起车轮挡块。

2. 混合动力汽车发动机维护与保养周期计划

要对混合动力汽车发动机进行周期性的维护与保养，以丰田卡罗拉混合动力汽车为例，列出周期性的维护与保养项目及内容，如表 3.2.2 所示。

表 3.2.2　丰田卡罗拉混合动力汽车发动机维护与保养周期计划

里程/km	配件									
	机油	机油滤芯	空气滤芯	燃油滤芯	空调滤芯	冷却液	发动机怠速	点火电缆	火花塞	PCV
5 000	●	—	—	—	—	—	—	—	—	—
10 000	●	●	—	—	—	○	—	—	—	—
15 000	●	—	—	—	—	—	—	—	—	—
20 000	●	●	○	—	●	○	—	●	—	○
25 000	●	—	—	—	—	—	—	—	○	—
30 000	●	●	—	—	—	○	○	—	—	—
35 000	●	—	—	—	—	—	—	—	—	—
40 000	●	●	●	—	●	●	○	○	—	○
45 000	●	—	—	—	—	—	—	—	—	—

里程/km	配件									
	机油	机油滤芯	空气滤芯	燃油滤芯	空调滤芯	冷却液	发动机怠速	点火电缆	火花塞	PCV
50 000	●	●	—	—	—	○	—	—	●	—
55 000	●	—	—	—	—	—	—	—	—	—
60 000	●	●	○	—	●	○	○	○	—	○
65 000	●	—	—	—	—	—	—	—	—	—
70 000	●	—	—	—	—	○	—	—	—	—
75 000	●	—	—	—	—	—	—	—	○	—
80 000	●	●	●	●	●	●	—	●	—	●
85 000	●	—	—	—	—	—	—	—	—	—
90 000	●	—	—	—	—	○	—	—	—	—
95 000	●	—	—	—	—	—	—	—	—	—
100 000	●	●	○	—	●	○	—	○	●	○

注：1. 整车质保期为 3 年或 100 000km（以先到者为准）。

2. 每 100 000km 须更换火花塞，每 40 000km 建议更换制动液。

3. ●表示需要更换，○表示检查，一表示无须更换。

4. PCV（positive crankcase ventilation）是指曲轴箱强制通风。

3. 丰田卡罗拉混合动力汽车 8ZR-FXE 发动机的维护与保养

（1）发动机润滑系统的维护与保养

1）润滑系统维护保养前的准备工作。

① 做好安全高压防护工作（车辆防护套及作业人员安全防护），切断高压电路。

② 准备发动机机油更换工具、机油及机油滤清器。

2）检查发动机机油。

① 将车辆停放在水平地面上，使发动机暖机并关闭混合动力系统后等待 5min 以上，使机油回流至发动机底部，检查有无泄漏。

② 使用机油标尺检查机油油位，拉出机油标尺。

③ 使用抹布将机油标尺擦净。

④ 重新垂直将机油标尺完全插入。

⑤ 拉出机油标尺，在机油标尺端部下方放一块抹布，检查机油油位及机油质量是否需要更换。

⑥ 擦净机油标尺后再重新完全插入。

3）更换发动机机油和机油滤清器。

① 排空发动机机油。

a. 首先从车内将发动机舱盖开关打开，安装好车辆保护套（转向盘套、变速杆套、驻车制动杆套、座椅套、脚垫、翼子板保护套），再拆下机油加注口盖。

b. 用举升机将车辆举升到合适位置并锁止。

c. 拆卸油底壳放油螺塞和衬垫，并将发动机机油排放到机油回收容器中。

d. 清洁油底壳放油螺塞并放置在工作台干净位置。

e. 用专用工具将脏污机油滤清器拆卸并放置在专用垃圾箱内，并将该处废机油排放到机油回收容器中。

f. 将发动机运转（不能着火）少许，将发动机内残余机油排干净。

g. 用干净抹布清洁机油排放口，并更换新衬垫和安装油底壳放油螺塞（规定拧紧力矩为 37N·m）。

② 更换机油滤清器。

a. 选择好 8ZR-FXE 发动机专用的机油滤清器，如图 3.2.11 所示。

b. 撕掉机油滤清器安装口的防护薄膜，并在安装口的密封圈上涂抹一层新鲜发动机机油。

图 3.2.11　机油滤清器

c. 用干净抹布擦净发动机安装机油滤清器处的残留机油。

d. 用机油滤清器的专用安装工具按照规定力矩拧紧机油滤清器。

e. 再次用干净抹布擦净发动机安装机油滤清器的安装位置。

f. 将车辆降至地面，确认驻车挡位正确。

③ 选择与添加发动机机油。目前发动机的机油等级包括 0W-20、5W-20、5W-30、5W-40 和 10W-30 或多级发动机机油 15W-40。

推荐黏度（SAE）：如果在温度极低的条件下使用 SAE 10W-30 或黏度更高的发动机机油，则发动机可能难以起动，因此推荐使用 SAE 0W-20、5W-20 或 5W-30 的发动机机油。使用 SAE 0W-20 可以确保整车良好的燃油经济性，宜优先选用，如图 3.2.12 所示。

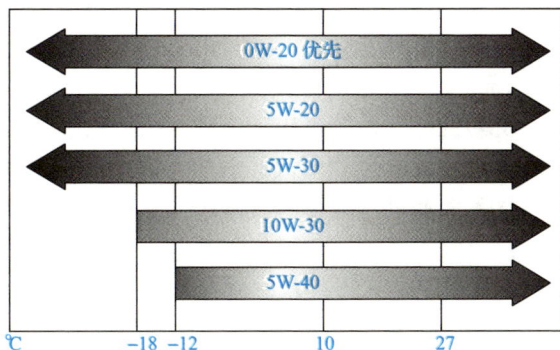

图 3.2.12　机油的选择

0W-20 中的 0W 表示机油冷起动性能。使用 W 前面数值较低的机油，在寒冷天气下更容易起动发动机；20 表示机油在高温下的黏度特性。如果车辆高速行驶或处于重载条件下，则适合使用黏度较高的机油。

机油的添加步骤如下。

a. 选择最适合 8ZR-FXE 发动机的机油，从机油加注口加入 90% 的机油。

b. 起动发动机运转 2～3min 后停转，等待几分钟。

c. 用举升机举升车辆，确认发动机底部无机油渗漏现象，降落车辆到地面。

d．拔出机油标尺查看油位，若没有到规定油位，则继续补加机油到机油标尺的规定油位，如图 3.2.13 所示，盖好机油加注口盖。

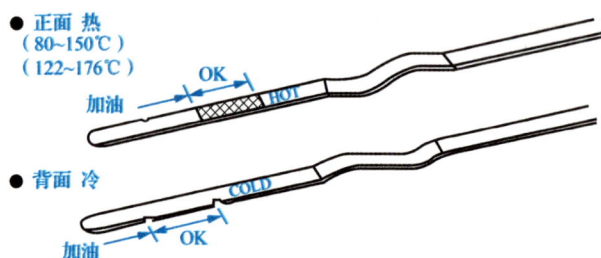

● 正面 热
（80~150℃）
（122~176℃）
加油　OK　HOT

● 背面 冷
加油　OK　COLD

图 3.2.13　油位正确显示位置

e．收回车辆防护套。

f．清洁维修工位卫生，发动机更换机油作业完成。

注意：废机油含有潜在的危害性物质，长时间或频繁接触会引起皮炎和皮肤癌等皮肤疾病。维修人员必须用肥皂和清水彻底清洗掉粘在皮肤上的废机油，同时以安全且符合环境法规要求的方式处理废机油和机油滤清器。切勿将废机油和机油滤清器弃置于生活垃圾中、下水道中和地面上，更不能放置在儿童易接触的地方。

（2）发动机冷却系统的维护与保养

1）冷却系统维护与保养前的准备工作。

① 做好安全高压防护工作（车辆防护套及作业人员安全防护），切断高压电路。

② 准备发动机冷却液更换工具和新鲜冷却液（丰田超长效冷却液或高质量乙烯乙二醇冷却液）。

2）检查发动机冷却系统。丰田卡罗拉混合动力汽车冷却系统分为发动机冷却系统和高压驱动冷却系统两部分。发动机冷却系统采用了电动水泵，取消了传动带和带轮。发动机冷却液循环路线如图 3.2.14 所示。高温冷却液经散热器散热后变为低温冷却液，进入下水管及节温器，由电动水泵泵入发动机气缸体、气缸盖，又吸收发动机燃烧室燃烧和运动体摩擦释放的热量，从气缸盖出水管分三路（流经加热芯、节气门体和散热器）进行热量释放后汇合，经节温器又由电动水泵泵入发动机气缸体，如此往复循环对发动机散热。

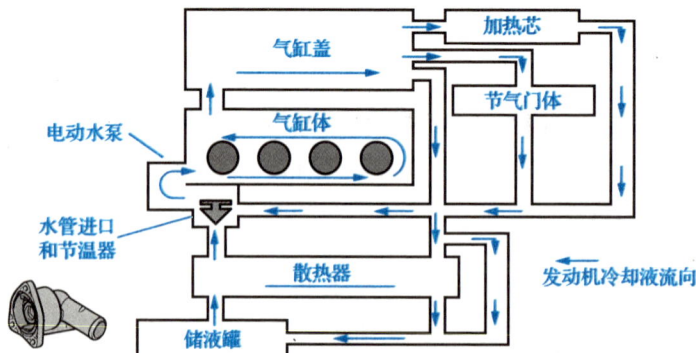

加热芯
气缸盖
节气门体
电动水泵
气缸体
水管进口和节温器
散热器
储液罐
发动机冷却液流向

图 3.2.14　发动机冷却液循环路线

检查发动机冷却液时，通过观察储液罐标有的规定刻度线检查冷却液是否缺少，若缺少则须补加与原发动机所加入的相同规格的冷却液；检查储液罐盖是否漏气；检查冷却液是否变质，若变质则及时更换；检查散热器外部散热片是否脏堵，如有脏堵，则用高压水冲洗干净；检查发动机各冷却液管路连接处是否有水垢痕迹，即检查连接可靠性，若有，则清除水垢并重新紧固该处管接头；检查各冷却液塑料软管是否有老化、开裂问题，若有，则更换新的冷却液塑料软管；检查冷却液温度传感器、冷却风扇的技术状况。

3）更换冷却液。

① 排空发动机冷却液。

a. 从车内将发动机舱盖开关打开，打开发动机舱盖，安装防护垫布以防车漆磨损，拧下储液罐盖。

b. 做好升车准备，将车辆举升到合适高度，然后在散热器排水塞下方放置冷却液回收容器装置。

c. 拧下散热器排水塞和发动机排水塞，将废旧冷却液顺利导入冷却液回收容器装置中。

d. 等待废旧冷却液全部排放干净后，清洁两个排水塞口并拧上排水塞（拧紧力矩为30N·m），放下举升机。

提示：排出干净废旧冷却液后，若需清洗发动机冷却系统，则可以进行清洗。将一根连接于清洗液的橡胶管插入储液罐加注口，打开清洗液控制开关，使清洗液连续不断地流经发动机冷却系统。在冲洗操作时，要使发动机怠速运转，保持上述操作，直至散热器排水塞口放出清洗液，然后关闭发动机，排放干净清洗液。

② 发动机冷却液的加注。

a. 从储液罐加注口加入冷却液，使冷却液充满散热器，同时让冷却液在储液罐里位于"LOW"刻度线与"FULL"刻度线之间。

b. 起动发动机，怠速运转2~3min，使冷却系统中的空气逸出，并观察冷却液在储液罐中的液位及冷却系统中各管路接口是否有渗漏。若液位低于"LOW"刻度线，则需再次补加到规定位置。发动机热机运转时，冷却液不能超过储液罐的"B"刻度线，如图3.2.15所示。

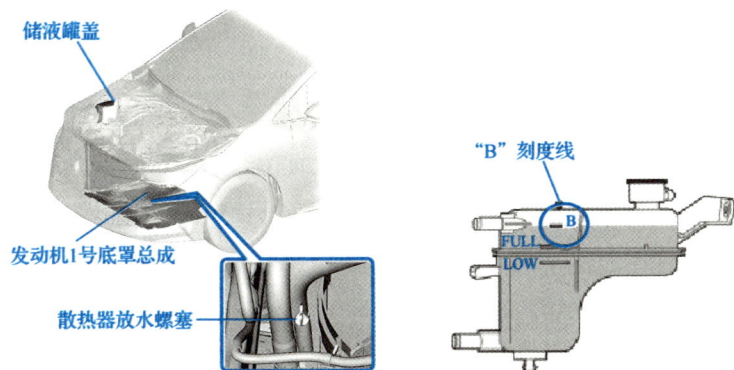

图3.2.15　发动机冷却液添加标记

c. 盖好储液罐盖，用干净抹布清洁储液罐外表及储液罐盖。

d. 收回发动机舱防护套，清洁维修工位，妥善处理废旧冷却液。

（3）发动机空气滤清器的维护与保养

1）空气滤清器维护与保养前的准备工作。

① 做好安全高压防护工作（车辆防护套及作业人员安全防护），切断高压电路。

② 准备发动机空气滤清器更换工具和新购置的空气滤清器。

2）检查及更换空气滤清器。

① 从车内将发动机舱盖开关打开，再脱开发动机舱盖前端锁卡将发动机舱盖推起，用压缩空气枪清洁发动机舱，确认安装空气滤清器的位置，如图 3.2.16 所示。

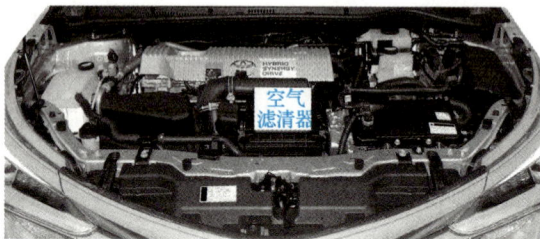

图 3.2.16　发动机舱内空气滤清器的安装位置

② 安装发动机舱外围的防护套。

③ 空气滤清器盖的左下方和右下方各有卡扣，将卡扣松开，然后将空气滤清器盖抬起，将空气滤清器滤芯取出来。

④ 检查并确认空气滤清器滤芯是否有严重脏污，可使用压缩空气枪清洁空气滤清器滤芯。如果脏污严重，则须更换滤芯。

⑤ 用干净抹布清洁空气滤清器下壳体及上盖，把新的空气滤清器（图 3.2.17）按照规定方向及上、下面规范装入壳体内，然后下压空气滤清器盖，再用力扣好左下方和右下方的两个卡扣。

图 3.2.17　新的空气滤清器

⑥ 收回防护套，下放发动机舱盖并锁紧。清洁维修工位，作业完毕。

（4）发动机燃油供给系统的维护与保养

丰田卡罗拉混合动力汽车的 8ZR-FXE 发动机燃油供给系统主要由燃油箱、油泵总成（电动油泵燃油滤清器、燃油压力调节器、油位计、炭罐）、快速插头、燃油管路、燃油分配器和 12 孔型喷油器等组成，如图 3.2.18 所示。

图 3.2.18　发动机燃油供给系统

发动机燃油供给系统的任务是为不同工况下的汽车发动机提供适量的燃油。在发动机燃油供给系统正常运行的过程中，其系统内易积累一些胶质、沉积物和积炭等污物，这些脏物会影响发动机气缸内混合气的配制与燃烧，导致发动机出现一些状况，如怠速不稳、加速不良，甚至出现爆燃。为了保证发动机工作性能正常，须定期清除发动机燃油供给系统内的污物，也就是进行发动机燃油供给系统的维护与保养。发动机燃油供给系统维护与保养的主要内容包括：每次对车辆做维护与保养时，全面检查燃油供给系统和按照行驶里程的保养周期对燃油供给系统进行清洗和更换部分零部件（如燃油滤清器等）。

1）燃油供给系统维护与保养前的准备工作。

① 做好安全高压防护工作（车辆防护套及作业人员安全防护），切断高压电路。

② 准备发动机燃油供给系统维护与保养的工具及检测设备、清洗用品和灭火器。

2）检查燃油供给系统。

① 检查燃油管路和软管有无破裂、泄漏、接头松动或变形；检查加注口（加油盖密封圈垫是否有损坏、加油盖转矩限制器是否有效）；检查燃油箱箍带有无松动或变形；检查喷油器与嵌入油管有无漏气，电路插接头有无松动等。

② 检测燃油压力。

a．卸掉燃油管路里的压力。

b．连接燃油压力表，如图 3.2.19 所示。

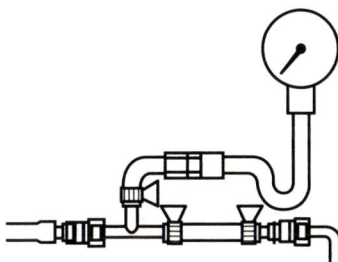

图 3.2.19　燃油压力表连接

c．连接智能诊断仪，执行主动测试功能，使燃油泵持续工作。

d．测量燃油压力。

标准燃油压力值为 304～343kPa（丰田卡罗拉混合动力版）；如果燃油压力值大于标准值，则更换燃油压力调节器总成；如果燃油压力值小于标准值，则需要对燃油供给系统进行检查。

e. 退出智能诊断仪的主动测试功能，使燃油泵停止工作。

f. 将发动机置于保养模式。

g. 起动发动机，测量怠速时的燃油压力。标准燃油压力值为 304～343kPa（丰田卡罗拉混合动力版）。

h. 使发动机停转，检查并确认燃油压力保持规定值至少 5min。标准燃油保持压力为 147kPa 或更高（丰田卡罗拉混合动力版）。如果结果不正常，则需要对燃油供给系统进行检查。

i. 对燃油管路进行泄压，拆下燃油压力表，恢复燃油管路正常连接。

③ 检查喷油器。喷油器的检查选择超声波喷油器清洗机，该设备除可以对喷油器清洗外，还可以检查喷油器雾化、喷油量及泄漏情况。其标准电阻值：在 20℃条件下为 11.6～12.4Ω。

a. 喷油量检查。

把喷油器安装在超声波喷油器清洗机内，起动清洗机，按选择键依次选择怠速测试项、中速测试项、高速测试项、自动变速测试项进行模拟测试工作，压力保持在 0.25～0.30MPa。当液面达到量筒的 2/3 时按下停止键或暂停键，观测在不同工况下各喷油器的流量均衡性。所有喷油器的喷油量偏差不应超过 2%。

b. 喷油雾化检查和泄漏检查。

按选择键依次选择怠速测试、中速测试、高速测试、自动变速测试项进行模拟测试工作，压力仍保持在 0.25～0.30MPa，观察各个喷油器的喷射雾化角情况，喷油器雾化角不应小于 15°。

喷油停止后，保持系统压力为 0.25～0.30MPa，观察各个喷油器，其在 1min 之内漏油量不应超过 2 滴。

3）清洗燃油供给系统。

发动机燃油供给系统的清洗方式比较多，下面介绍两种常用的方式。

① 采用燃油喷射系统清洁剂清洗。人工清洗燃油供给系统时，可以采用燃油喷射系统清洁剂清除燃油供给系统中的胶质、沉积物和积炭等污物。方法是将燃油喷射系统清洁剂按使用说明书的要求和比例直接加入燃油箱内和燃油均匀混合。在燃油正常供给发动机燃烧的过程中，清洁剂对燃油供给系统中的污物进行自然软化剥离溶解，与燃油一起参与燃烧，达到清除燃油供给系统中污物的目的。但该方法见效没有燃油供给系统积炭清洗机那么快。

② 采用燃油吊瓶免拆清洗机清洗。燃油吊瓶免拆清洗机如图 3.2.20 所示，能够清除燃油供给系统各部件的胶质、沉积物和积炭等污物，清洗见效快。具体清洗过程是：在燃油吊瓶免拆清洗机内将燃油喷射系统清洁剂按照一定比例与燃油混合，配制成同时具有燃烧和清洗作用的特种燃料，然后切断原车的供油管路，改用上述特种燃料向发动机供油，起动发动机并怠速运转，清洁剂随着燃油流动、燃烧。特种燃料通过喷油器的同时完成了对喷油器针阀的清洗，同时还使油泵、油管、火花塞、燃烧室、活塞和进排气门等处的积炭、胶质和沉积物软化、剥落、溶解并随废气排出气缸外，从而达到清洗燃油供给系统的目的。

图 3.2.20 燃油吊瓶免拆清洗机

特种燃料燃烧完毕后，关闭发动机，拆除燃油吊瓶免拆清洗机的供油管路，恢复原车的供油管路，完成燃油供给系统的清洗。

提示：不要等油表指针到达红线红格区域再去加油，尽量提前加油，以给燃油泵一个良好舒适的工作散热环境。夏天时这一点尤其重要。

（5）发动机点火系统的维护与保养

丰田卡罗拉混合动力汽车 8ZR-FXE 发动机点火系统的主要部件是长距铱金火花塞、点火线圈（图 3.2.21）、缸内高压缸线、低压电源线束和相关传感器等。

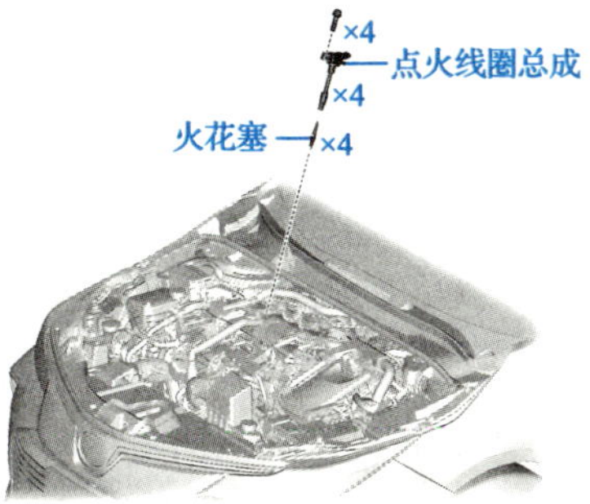

图 3.2.21 8ZR-FXE 发动机的点火线圈

发动机对点火系统的要求：提供足以击穿火花塞电极间隙的高电压，提供足够的火花能量与持续时间和适时的点火时刻。混合动力汽车的发动机对点火系统适时的点火时刻非常关键，直接影响发动机的废气排放，影响其是否趋向零排放要求。

如何才能把发动机的废气排放降到最低呢？从发动机点火系统的工作原理可知：点火系统适时的点火时刻控制十分重要。点火时刻对发动机工作性能的影响比较大，这就要求点火系统提供最佳点火时刻。发动机的最佳点火时刻应从发动机功率、燃油消耗、燃烧是否粗暴及排气净化等方面综合考虑。点火系统的最佳点火时刻理论控制原理如图 3.2.22 所示。

推迟点火时刻，促进了碳氧化合物和 CO 的氧化，降低了碳氧化合物的含量，同时 NO_x 的排放量随之减少；如果过分推迟点火时刻，则会因 CO 没有时间完全氧化，引起 CO 排放浓度增大。点火时刻的推迟也降低了发动机的动力性和经济性，这种不足可由高压动力电动机来弥补，保证了车辆在任何时刻运行时的动力性和经济性。

图 3.2.22　点火系统的最佳点火时刻理论控制原理

发动机点火系统的维护与保养主要是对火花塞、点火线圈等部件获得良好工作性能所做的检查保养。

1）点火系统维护与保养前的准备工作。

① 做好安全高压防护工作（车辆防护套及作业人员安全防护），切断高压电路。

② 准备好发动机点火系统维护与保养的工具及检测设备、清洗用品等。

2）检查点火系统主要部件。

① 检查点火线圈。丰田卡罗拉混合动力汽车 8ZR-FXE 发动机点火系统的点火线圈如图 3.2.23 所示。具体检查过程如下。

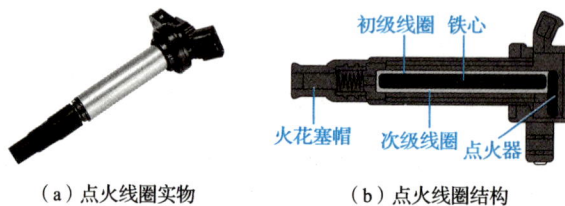

（a）点火线圈实物　　　　（b）点火线圈结构

图 3.2.23　点火线圈

a. 检查并确认各点火线圈总成插接器是否连接牢固，各低压线束是否有短路、断路及绝缘层破损问题。

b. 拆卸各点火线圈总成，查看外壳体是否有龟裂、破损问题。

c. 用万用表检测各点火线圈初、次级线圈的电阻值是否符合维修手册规定值（初级线圈的电阻值为 $0.5\sim1.0\Omega$，次级线圈的电阻值为 $4.8\sim7.1k\Omega$）。

② 检查火花塞。

a. 检查外观。图 3.2.24 所示为长距铱金火花塞，检查电极处是否有积炭、烧蚀、变形、裂纹、断裂等；螺纹是否有损坏；金属密封垫是否丢失或损坏；陶瓷部件是否有松动、裂纹、破裂。

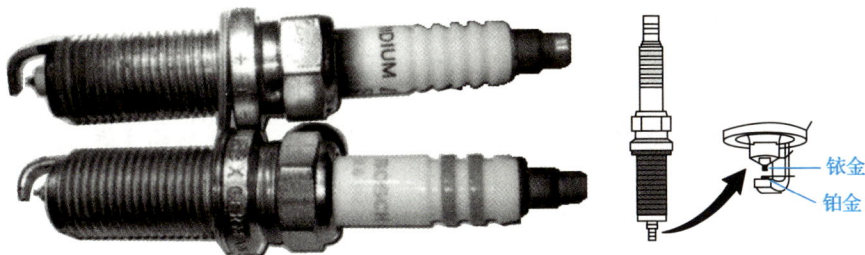

铱金
铂金

图 3.2.24　长距铱金火花塞

b. 检查电阻。使用绝缘电阻表测量绝缘电阻。标准值为 10MΩ 或更大（丰田卡罗拉混合动力版）。

如果测量结果不正常，则用火花塞清洁器清洁火花塞，并再次测量；如果仍不正常，则更换火花塞。

c. 检查电极间隙。使用专用工具测量火花塞两个电极的间隙。旧火花塞标准值为 1.3mm（丰田卡罗拉混合动力版），新火花塞标准值为 1.0～1.1mm（丰田卡罗拉混合动力版）。

如果测量结果不正常，则更换火花塞。

3）进行火花测试。

① 拆下全部的点火线圈和火花塞。

② 断开喷油器插接器。

③ 将发动机置于保养模式。

④ 将火花塞一端连接到点火线圈，另一端搭铁。

⑤ 起动发动机（不要超过 2s），确认各火花塞产生的火花正常。如果结果不正常，则检查点火系统。

⑥ 连接喷油器插接器，安装全部的火花塞和点火线圈。

（6）电子节气门体的清洗

汽车发动机电子节气门体就像人体器官组织中的喉咙一样，喉咙发炎有痰时会不舒服，同时疼痛导致吃饭不方便，影响身体健康状况。同理，电子节气门体内有积炭会影响节气门的开启角度，导致发动机进气量发生不稳定变化，此时发动机就会出现一些不良现象，如怠速不稳抖动、加速迟缓无力、油耗增大等。上述问题的解决办法就是清洗电子节气门体。

1）电子节气门体清洗前的准备工作。

① 做好安全高压防护工作（车辆防护套及作业人员安全防护），切断高压电路。

② 激活发动机维护保养模式。

③ 准备电子节气门体拆装工具、清洗工具和清洗用品等。

2）清洗电子节气门体。

① 打开发动机舱盖，安装好防护套。

② 拆除发动机舱防尘罩、空气滤清器总成和到电子节气门体的进气管后，所见到的电子节气门体如图 3.2.25 所示。

③ 拆解电子节气门体四周的管路、线束插头和电子节气门体的 4 个固定螺栓，取下电子节气门体并放置在清洗工作台。

提示：

a. 电子节气门体靠近燃烧室的一侧一般会比较脏，有黑色积炭的痕迹，是需要主要清洁的部位。

b. 清洁电子节气门体主要是清除上面的积炭，可以使用专用的节气门体清洗液或化清剂。此类清洗剂的清洁原理是溶解积炭，其成分对人体伤害较大，在清洁时最好戴上手套和口罩。

④ 把清洁剂喷到电子节气门体积炭较多的位置，等待其溶解积炭，时间为 5~10min。使用刷子能加快积炭清除的速度。

⑤ 当看到电子节气门体上的污渍已经被完全溶解后，便可以使用干净的毛巾擦干净节气门体内部的清洁剂。

⑥ 把清洁好的电子节气门体按照原来的位置装到发动机本体上，然后装好所有空气管路，此时便完成了整个电子节气门体的清洗过程。清洗后的电子节气门体如图 3.2.26 所示。

图 3.2.25　电子节气门体

图 3.2.26　清洗后的电子节气门体

⑦ 把所有硬件安装好后，需要对电子节气门体进行初始化。

3）初始化电子节气门体。

方法一：

① 不踩制动踏板，点压起动按键（一键起动）第二挡（仪表指示全亮时对应挡位）。

② 等待 20s，然后完全踩下加速踏板。

③ 保持 10s 左右，然后松开加速踏板。

④ 关闭起动按键，初始化完成。

方法二：将电子节气门控制系统（10A）与电子燃油喷射器（20A）两个熔丝拔掉，30s后插回原位置，节气门复位完成。

对电子节气门体清洗并完成初始化后，解除发动机维护与保养模式。

（7）辅助蓄电池的检查

辅助蓄电池的常规检查是为了保证发动机工作时有正常的工作电源电压。检查如表 3.2.3所示。

表 3.2.3　辅助蓄电池的检查

检测仪连接	条件	规定状态/V	措施
辅助蓄电池正极端子和辅助蓄电池负极端子	20℃，电源开关置于 OFF 位置	12.6～12.8	辅助蓄电池正常，不需要维护与保养
		12.2～12.4	对辅助蓄电池充电
		11.8～12.0	更换辅助蓄电池

知识拓展

混合动力汽车节油的"秘密"——发动机万有特性

1. 万有特性曲线

随着混合动力汽车的普及，不少人对混合动力汽车比传统燃油汽车节油这个问题存有疑惑。下面从发动机万有特性来分析混合动力汽车为什么节油。

发动机万有特性数据（表 3.2.4）反映了发动机在不同转速、不同转矩下的油耗情况，发动机厂可以通过调整点火提前角、喷油时机、喷油量等参数数据来实现动力、排放、经济性的统一与协调。

表 3.2.4　发动机万有特性数据

转速/（r/min）	修正转矩/（N·m）	平均有效压力/MPa	比油耗/[g/（kW·h）]	燃油消耗量/（kg/h）	修正功率/kW
1000	12.73	0.11	547.69	0.712	1.33
1000	23.71	0.20	397.10	0.957	2.48
1000	23.92	0.20	395.90	0.966	2.51
1000	37.19	0.31	332.45	1.26	3.89
1000	49.57	0.42	304.16	1.536	5.19
1000	61.43	0.51	283.71	1.776	6.43
1000	73.63	0.62	274.00	2.055	7.71
1000	86.27	0.72	266.33	2.341	9.03
1000	99.55	0.83	259.76	2.634	10.43
1000	1111.66	0.94	259.72	2.953	11.69
1000	119.06	1.00	272.22	2.302	12.47
1250	11.88	0.10	554.97	0.838	1.56

发动机研发部门提供的数据包含转速、转矩、平均有效压力、比油耗、燃油消耗量、功率。当提供的数据不齐全时，可以通过换算关系计算得到完整数据。绘制的万有特性曲线如图 3.2.27 所示。

图 3.2.27 是使用 UniPlot 绘制的万有特性曲线。图 3.2.27 中横轴为转速（r/min），纵轴为转矩（N·m），等高线为比油耗 [g/（kW·h）]，虚线为功率线。比油耗反映的是发动机单位功率、单位时间所消耗的燃油量，数值越大，效率越差。越靠近经济区，等燃油消耗线变化就越平缓；越远离经济区，变化越剧烈。了解了发动机万有特性后，还需要清楚发动机万有特性是如何影响传统燃油车的动力经济性的。

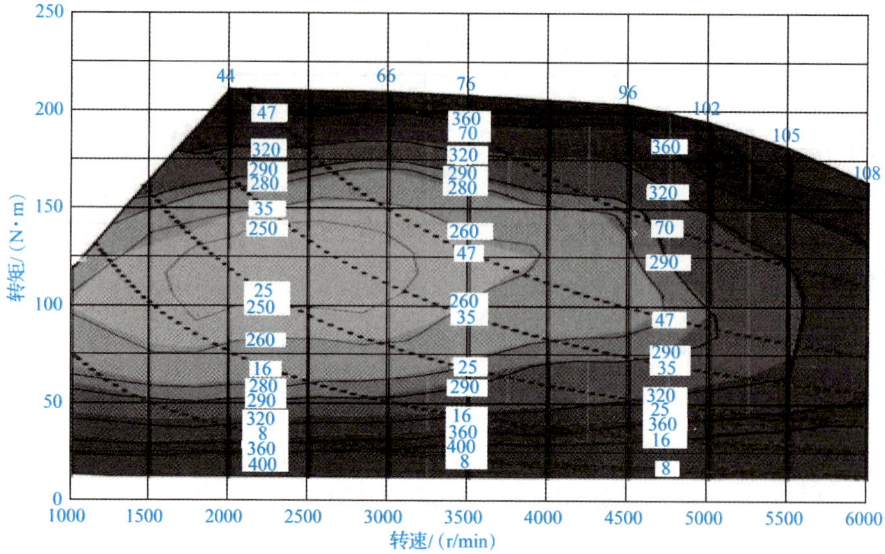

图 3.2.27　万有特性曲线

2. 混合动力汽车发动机工况分析

由于混合动力系统中加入了电机,因此发动机的控制变得非常灵活。对于整个混合动力汽车系统来说,只要发动机提高的效率大于机械能与电能转化的效率损失,就能够达到节油的效果,如图 3.2.28 所示。

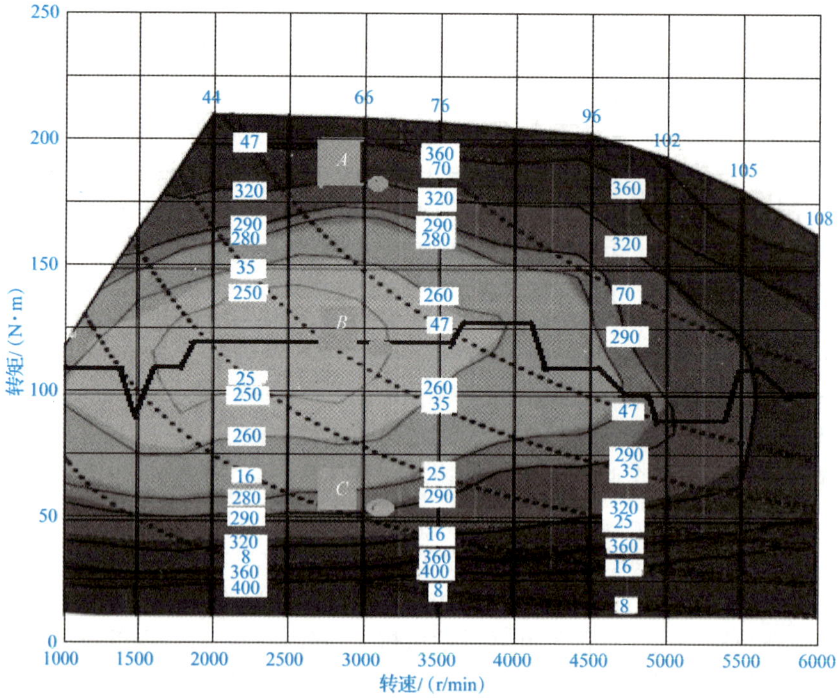

图 3.2.28　节油的效果

比油耗［g/（kW·h）］反映的是发动机从化学能转换为机械能的效率，据此能从万有特性中找到一条燃油最优工作曲线（optimal operating line）。图 3.2.28 上有工况点 A 与 B，由于有了电机的参与，当整车需求转矩在 A 点时，可以让发动机工作在 C 点，A 点到 C 点之间的转矩由电机提供；当需求转矩在 B 点时，也让发动机工作在 C 点，B 点到 C 点之间多余的转矩利用电机转化为电能。由于屏蔽了发动机低负荷区，因此经济区占比较大的Atkinson 循环发动机很受混合动力汽车的青睐。混合动力构型也决定了发动机的控制方式，图 3.2.28 中让发动机处于最优工作曲线的情况适用于并联、混联、功率平衡策略的增程式构型。

下面介绍另外两种工况。

一种是功率分流构型的发动机工况，如图 3.2.29 所示。发动机为固定转速，根据不同需求控制输出不同功率。

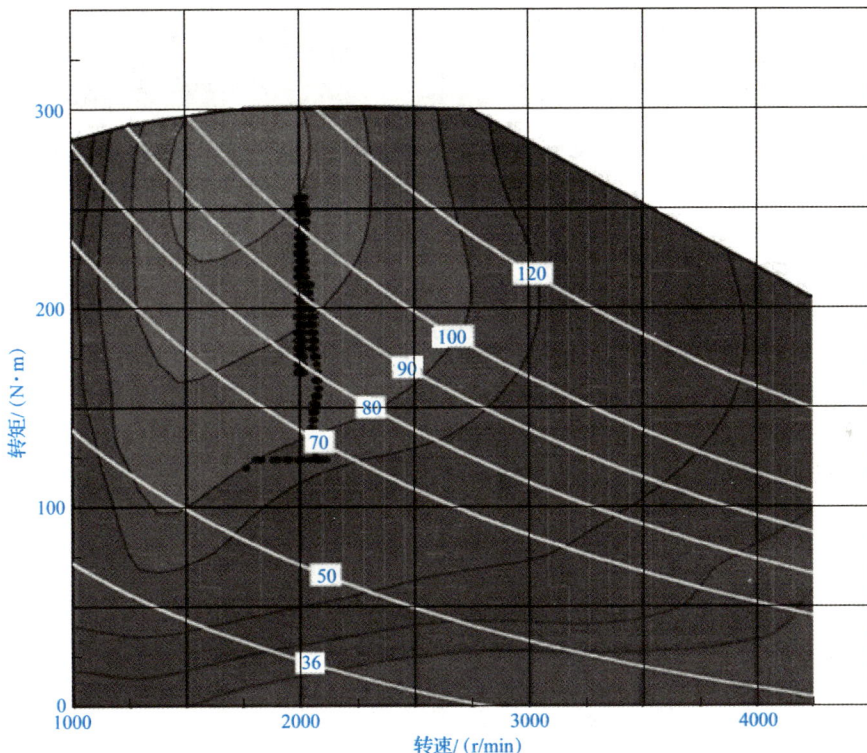

图 3.2.29　功率分流构型的发动机工况

另外一种是发动机定点工作，通常用于单点或多点工况的增程式构型，根据整车功率在 A、B、C、D 这 4 个工况点进行转换，如图 3.2.30 所示。

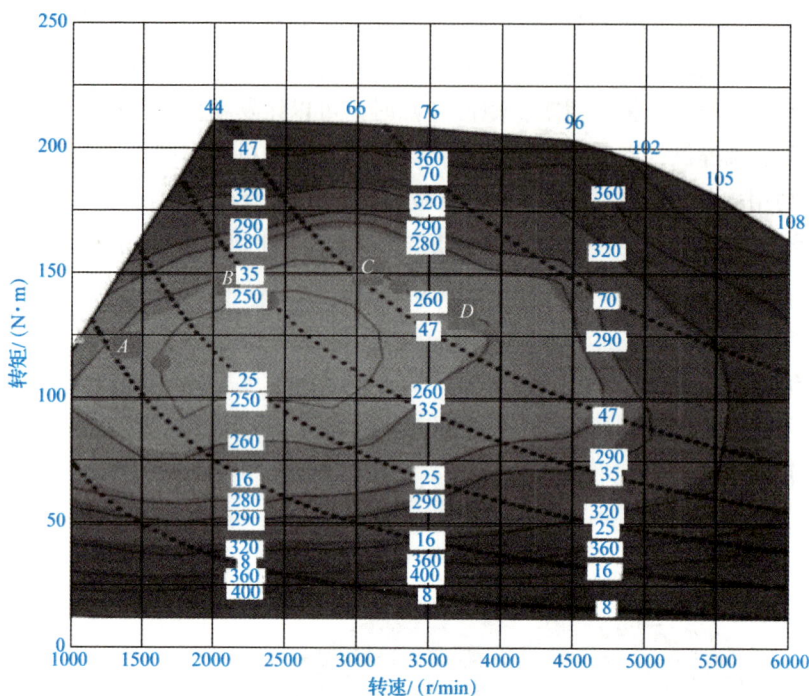

图 3.2.30 发动机定点工作

总结而言：混合动力汽车节油的"秘密"是通过负荷转移的方式提高发动机的效率，避免发动机工作在万有特性曲线中经济性恶劣的区域。

任务实施

小组根据该任务的学习情况，查阅相关资料和利用实训设备（工具、车辆），完成下列工作任务单。

混合动力汽车发动机的维护与保养工作任务单

任务名称	混合动力汽车发动机的维护与保养		
小组成员		任务成绩	
任务要求	1. 利用教师提供的新能源实训车辆，写出车辆的发动机结构名称，在实车上确认发动机的各总成部件，并记录安装位置及型号。 2. 对实训车辆进行发动机的维护与保养		
安全要求	记录实训中应该注意的安全事项		
混合动力汽车动力系统发动机结构部件、总成认知记录	1. 实训车辆1： 发动机结构及主要特征记录：		

混合动力汽车动力系统 发动机结构部件、总成 认知记录	部件与总成安装位置记录： 2. 实训车辆2： 发动机结构及主要特征记录： 部件与总成安装位置记录：
混合动力汽车发动机的 维护与保养过程记录	

考核评价

　　综合整个学习过程，通过学生的课堂表现、课后巩固、任务完成情况等对学生的知识目标、能力目标、思政要素和职业素养目标达成情况进行评价。

任务教学目标达成情况评价表

班级：_____　　姓名：_____

知识目标达成情况		
目标描述	教师评价	学生自评
是否了解混合动力汽车动力系统中的发动机结构原理		
是否掌握丰田卡罗拉混合动力汽车发动机的主要结构特征		
是否掌握丰田卡罗拉混合动力汽车动力系统发动机的维护 与保养项目内容		
评价结论：知识目标达成与否	○是	○否
能力目标达成情况		
目标描述	教师评价	学生自评
是否具备正确查阅混合动力汽车动力系统发动机的相关技 术资料的能力		
是否熟知丰田卡罗拉混合动力汽车发动机的主要结构特征		
是否掌握丰田卡罗拉混合动力汽车发动机的维护与保养方 法及注意事项		
评价结论：能力目标达成与否	○是	○否
思政要素和职业素养目标达成情况		
目标描述	教师评价	学生自评
小组活动展现的团队协作、沟通交流能力		
本课实训参与的积极性		
实训是否严谨、客观、科学		
评价结论：思政要素和职业素养目标达成与否	○是	○否

任务三 混合动力汽车混合驱动桥的维护与保养

课程引入

客户刘女士的丰田卡罗拉混合动力汽车截至目前已经行驶了 60 000km，公司安排作为维修人员的你对刘女士的汽车进行定期维护与保养作业，你应对混合驱动桥做哪些维护与保养项目呢？具体内容是什么？

学习目标

知识目标	能力目标	思政要素和职业素养目标
1. 了解混合动力汽车动力系统中混合驱动桥的结构原理。 2. 了解丰田卡罗拉混合动力汽车混合驱动桥外部部件及机构。 3. 掌握丰田卡罗拉混合动力汽车混合驱动桥的维护与保养项目内容	1. 能正确查阅混合动力汽车混合驱动桥的相关技术资料。 2. 熟知丰田卡罗拉混合动力汽车混合驱动桥维护与保养的准备工作。 3. 掌握丰田卡罗拉混合动力汽车驱动桥的维护与保养方法及注意事项	1. 养成认真细致的工作态度和严谨的工作作风。 2. 培养逻辑思维、创新思维和深入思考、刻苦钻研的学习精神

对接 1+X 证书模块 3-3（初级）工作任务 3——智能新能源汽车传动系统

课前预习

根据查找的资料或在实训室观摩，完成下列课前预习（表 3.3.1）。

表 3.3.1 混合动力汽车混合驱动桥维护与保养预习

1. 丰田卡罗拉混合动力汽车混合驱动桥包括哪些零部件？

（丰田卡罗拉混合动力汽车混合驱动桥的构造）

（　　）　（　　）

（　　）（　　）（　　）（　　）（　　）（　　）

2. 简述丰田卡罗拉混合动力汽车混合驱动桥维护与保养的具体内容。

知识储备

混合动力汽车动力系统中装备了电能驱动动力源（混合驱动桥）和热能驱动动力源（发动机）。在混合动力汽车运行过程中，在起步、低速、高速、急加速、倒车和爬坡等多工况时混合驱动桥频繁工作。混合驱动桥对混合动力汽车而言是核心动力装置，前轮前驱的混合动力车辆的混合驱动桥安装位置如图 3.3.1 所示。

图 3.3.1　混合驱动桥的安装位置

一、混合动力汽车混合驱动桥的结构原理

混合动力汽车的驱动有两驱和四驱等不同类型，但不同车型的混合驱动桥的具体结构原理是相同的。现以丰田车系多数混合动力汽车采用的前轮前驱 P410 混合驱动桥的结构为例进行介绍，如图 3.3.2 所示。

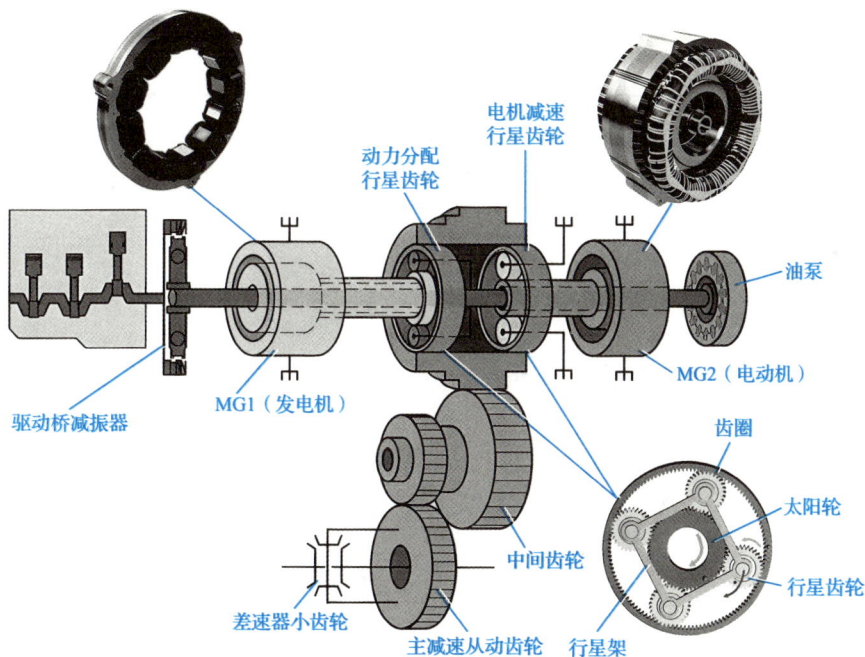

图 3.3.2　P410 混合驱动桥的结构

P410 混合驱动桥主要由驱动桥减振器、MG1、MG2、动力分配行星齿轮机构、电机减速行星齿轮机构、油泵、减速器和差速器等组成。减速器和差速器的结构原理与传统汽车的结构原理基本相同。动力分配行星齿轮机构把发动机输出的动力分成两部分：一部分用

于驱动 MG1 发电，给动力蓄电池充电或给 MG2 供电来驱动车轮；另一部分用于直接驱动车轮。电机减速行星齿轮机构将 MG2 的高转速减小并增扭来驱动车轮。

MG1 和 MG2 置于混合驱动桥总成内，是紧凑、高效、轻量化的永磁同步电机。MG1 和 MG2 分别由定子、转子、永久磁铁和旋转变压器等组成。电机用于驱动车轮工况下，三相交流电流经定子线圈的三相绕组时，电机内产生旋转磁场，转子中的永久磁铁受到旋转磁场的吸引而产生转矩。产生的转矩与实际电流大小成比例，转速由三相交流电的频率控制。此外，通过适当控制旋转磁场与转子磁铁角度间的关系，可以有效地使电机产生大转矩和高转速。定子磁场和转子磁场正交时，转子获得的转矩最大，因为此时转子的受力力臂最长。电机用于发电时，转子旋转产生旋转磁场，在定子绕组内产生感应电流输出给变频器。MG1、MG2 两个电机的参数如表 3.3.2 所示。

表 3.3.2　MG1、MG2 两个电机的参数

项目	规格	
	MG1	MG2
类型	永磁同步电机	永磁同步电机
功能	发电机、发动机起动	驱动车轮、发电
最高电压/V	交流 650	交流 650
最大输出功率/kW	—	53
最大转矩/（N·m）	—	207
冷却系统	水冷型	水冷型

为了良好吸收发动机原动力的转矩波动，混合驱动桥采用了变速器输入轴减振器总成。该总成包括具有低转矩特性的螺旋弹簧、干式转矩限制器、单盘摩擦材料等，如图 3.3.3 所示。

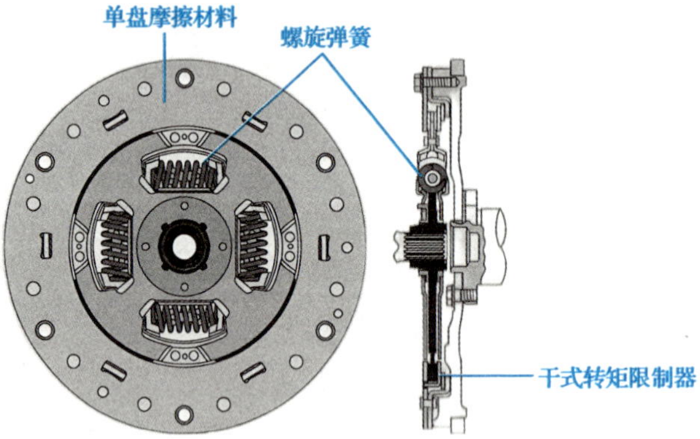

图 3.3.3　变速器输入轴减振器总成

混合驱动桥的油泵包括油泵转子轴、油泵主动齿轮、油泵从动齿轮和油泵盖，如图 3.3.4 所示。油泵由发动机带动的中心轴驱动，以建立油压对驱动桥内的齿轮副进行润滑冷却。

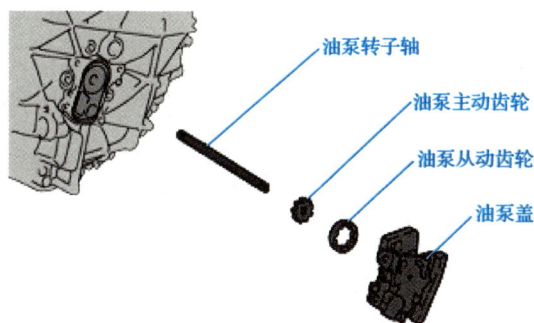

图 3.3.4 油泵

由此可见，丰田车型的混合驱动桥利用了行星齿轮组的特性，分别通过发动机、MG1和齿圈输出就可以实现无级变速，MG2 作为独立的低速行驶电动机实现纯电动行驶和倒车。发动机、MG1、MG2 互不干涉，各自独立，又取消了离合器，结构简单有效，控制灵活方便，驾乘人员在车辆行驶中几乎感觉不到任何的动力切换带来的车速变化。

二、混合驱动桥的混动模式

混动模式：在高压电池电量不足时自动切换，发电机/起动机起动发动机，发动机运行后，发电机/起动机转换为发电模式，发动机通过发电机为动力蓄电池充电，动力蓄电池驱动电动机使车辆行驶。发动机作为备用高压蓄电池存在，这种状态为增程模式。发动机驱动模式：丰田卡罗拉混合动力汽车在静止起步时无法使用发动机驱动模式，从机构上看，发动机与驱动轮之间只有一个离合器，并没有其他变速装置，因此发动机驱动模式只有在车辆行驶过程中才能切换，并且只能出现在高速模式。在混动模式下，发动机起动，车辆通过电动机加速到一定车速，计算机监测车速和发动机转速，当两者转速相近或相同时离合器接合，车辆切换为发动机驱动模式，车辆改由发动机驱动或者发动机和电动机共同驱动，发电机则根据车辆负荷调节其自身发电量。这种设计可以使发动机工作时处于更好的状态，以获得更优良的燃油经济性。能量回收是每一款混合动力车型的必备功能，以根据驾驶人员的减速意图，选择电机回收动能或对制动系统施加制动。

三、混合驱动桥外部部件及机构

1. 电气连接部件

混合驱动桥外部有电动机电缆、电动机温度传感器、电动机旋转变压器、换挡控制执行器总成、发电机旋转变压器和发电机温度传感器等，如图 3.3.5 所示。

1—电动机电缆；2—发电机旋转变压器和发电机温度传感器；3—电动机温度传感器；4—换挡控制执行器总成；
5—电动机旋转变压器。

图 3.3.5 混合驱动桥外部电气连接部件

电动机电缆用于在 MG1 和 MG2 两个电机与带转换器的变频器总成之间传输电力。换挡控制执行器用于控制车辆的运动方向和动与停。带转换器的变频器总成根据电机转子的具体位置在定子上产生旋转磁场，驱动电动机运转。电动机温度传感器用于检测 MG1 和 MG2 的定子温度，混合动力车辆 ECU 总成根据各温度传感器的信号对 MG1 和 MG2 优化控制。电机温度传感器是负温度系数热敏电阻，其电阻值可随温度变化。

电机旋转变压器是可靠性极高且结构紧凑的位置传感器，用于确定 MG1 和 MG2 两个电机的转子位置、转速和旋转方向。旋转变压器的定子包括 3 种线圈，分别是励磁线圈 A、检测线圈 S 和检测线圈 C。旋转变压器的转子为椭圆形，定子与转子之间的距离随转子的旋转而变化。电动机 ECU 给励磁线圈 A 输入恒定频率和幅值的交流电，检测线圈 S 和检测线圈 C 在旋转的转子作用下通过电磁感应输出与转子位置相应的值。电动机 ECU 根据检测线圈 S 和检测线圈 C 输出值间的差异检测转子磁极绝对位置，根据给定时间内位置的变化量计算转子转速。检测线圈 S 的+S 和-S 组错开 90°，检测线圈 C 的+C 和-C 组也以同样的方式错开，检测线圈 S 和检测线圈 C 错开 45°，如图 3.3.6 所示。

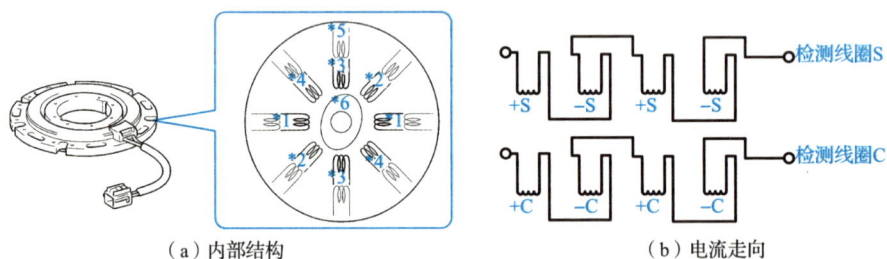

（a）内部结构　　　　　　　　　　（b）电流走向

图 3.3.6 电机旋转变压器

2. 驻车锁止机构

驻车锁止机构包括驻车制动杆、驻车锁杆、驻车锁爪、驻车齿轮和驻车锁止执行器（换挡控制执行器总成）等，如图 3.3.7 所示。驻车锁止执行器旋转，驻车制动杆旋转，然后推动驻车锁杆，驻车锁杆向上推动驻车锁爪，使驻车锁爪与驻车齿轮接合，从而锁止车辆。

图 3.3.7　驻车锁止机构

驻车锁止执行器安装在混合驱动桥总成侧部，包括一个开关磁阻电动机和一个摆线减速机构。执行器接收到来自混合动力车辆 ECU 总成的执行信号后，电动机旋转以接合或解锁驻车锁止机构，从而机械锁止或解锁驱动桥。

四、混合驱动桥的维护与保养

1. 混合驱动桥维护与保养前的准备工作

（1）准备工作

1）准备好作业人员的防护服、绝缘手套、绝缘鞋等，以及车辆防护装置（包括安装翼子板保护套、前格栅布、转向盘套、座椅套和地板垫）。

2）准备混合驱动桥维护与保养作业所需的工具、器具和用品：压缩空气枪、清洁工具（刮具、毛刷、抹布）和清洗用品、拆装工具、检测仪器仪表、绝缘乙烯胶带、润滑油、废液收集容器等。

（2）高压动力系统下电（参照丰田卡罗拉混合动力版）

因为混合动力汽车的混合驱动桥工作于高电压，所以要做好高压安全防护。对混合驱动桥进行维护与保养作业之前，应按正确操作规范先进行下电操作。在对混合驱动桥总成连同发动机进行维护与保养时，有些作业要使发动机运转就须激活发动机维护与保养模式，维护与保养完成后再将该模式解除。务必按照维修手册的程序规范进行维护与保养，否则操作不当会引发故障。对高压动力系统下电的具体操作如下。

1）将维护与保养的混合动力车辆停放在维修工位（配有举升机），打开发动机舱盖，安装好车辆防护套件，如图 3.3.8 所示。作业人员佩戴好作业时的防护装备。

2）将电源开关置于 OFF 位置，并将钥匙移至智能系统探测范围外，如图 3.3.9 所示。

图 3.3.8　安装车辆防护套件

图 3.3.9　将钥匙移至探测范围外

3）断开辅助蓄电池负极端子：打开行李舱，拆下行李舱前装饰罩，拆下辅助蓄电池负极端子并适当固定（防止蓄电池夹接触到辅助蓄电池负极端子），如图 3.3.10 所示。

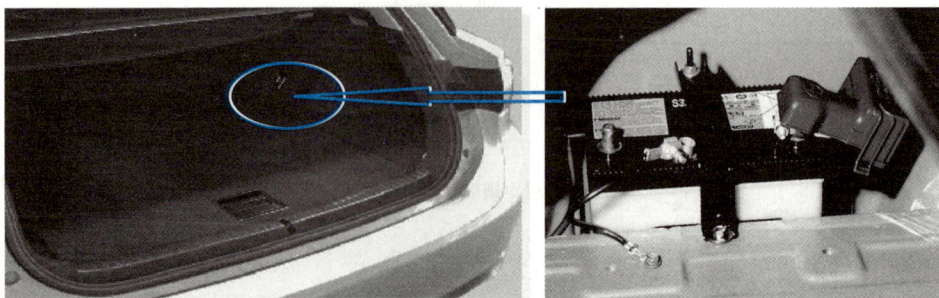

图 3.3.10　断开辅助蓄电池负极端子

4）拆下维修开关：拆下维修开关盖板，检查绝缘手套的绝缘良好性，并戴好绝缘手套，解锁并拆下维修开关，将其放置在安全保密的地方，如图 3.3.11 所示。

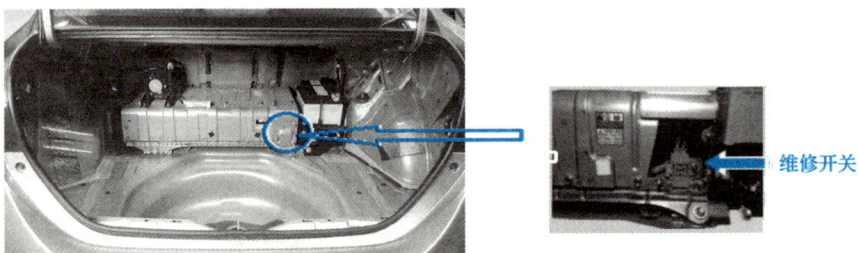

维修开关

图 3.3.11　拆除维修开关

5）等待电容放电，至少等待 10min，使发动机舱内变频器总成的高压电容器放电，如图 3.3.12 所示。

高压电容

10min

拆除维修开关

图 3.3.12　高压电容放电

6）验电：拆下变频器总成低压控制插头，然后从变频器总成上拆下插接器盖总成，如图 3.3.13 所示。

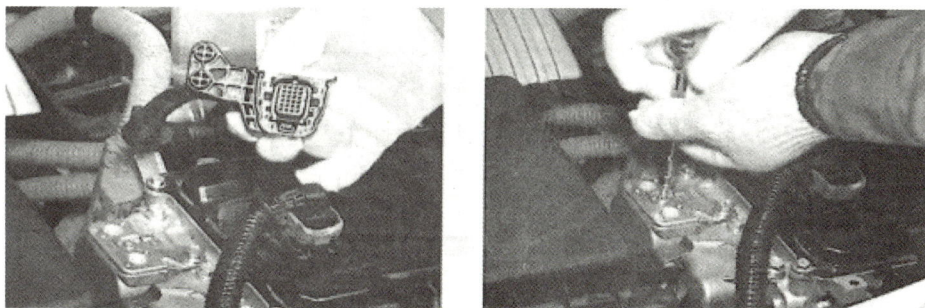

图 3.3.13　拆下低压控制插头及插接器盖总成

将万用表的旋钮旋至直流电压挡，戴上绝缘手套，检查逆变器总成检查点正、负极端子间的电压，规定电压值为 0，如图 3.3.14 所示。

正极

[高压电容端子]

负极

图 3.3.14　检查变频器总成检查点正、负极端子间验电

7）下电完毕，盖上插接器盖总成，为防止异物进入，用绝缘乙烯胶带包裹被断开的高压线路插接器，之后可以进行维修操作，如图 3.3.15 所示。

绝缘乙烯胶带

图 3.3.15　包裹高压线路插接器

2. 混合驱动桥外部清洁与检查

1）安装好车辆防护装置，拆下发动机舱防尘罩，用压缩空气枪将发动机舱内吹干净。

2）检查混合驱动桥上体外部的清洁与附件工作性能：上体外部的清洁度、电气线束插头的紧固可靠性、冷却液管路的渗漏与导通性、通气塞的畅通性等。

3）用举升机举升车辆到适当高度并可靠锁止，用清洁工具（刮具、毛刷、压缩空气枪、抹布等）清洁混合驱动桥中、下体外部，清理车辆所在地面的卫生。

4）拆下查油口塞，查看驱动桥润滑油的油位是否到位，油质是否正常。

5）检查混合驱动桥中、下体外部壳体及部件：检查中、下体外部壳体是否有擦刮、凹陷、裂纹、砂眼等异常，电气线束插头的紧固可靠性，加油口塞、排油口塞的紧固性及是否有漏油。

6）驱动车轮转动，检查驱动桥内是否有异响、发热，同时感受驱动车轮的运转平顺性。

7）驱动桥外部清洁与检查完毕，降落车辆，回收防护装置，清理维修工位卫生。

3. 混合驱动桥（P410 混合驱动桥）电机的维护与保养

（1）检查电机高压电缆

1）检查绝缘性（参照丰田卡罗拉混合动力版）。

① 车辆安全性断电。

② 断开电机侧高压电缆插接器。

③ 使用绝缘电阻表分别测量高压电缆 U、V、W 端与车身搭铁的电阻。

标准值为 100MΩ 或更大。如果结果小于标准值，则更换高压电缆。

2）检查导通性。

① 车辆安全性断电。

② 断开高压电缆两侧插接器。

③ 使用万用表分别测量高压电缆 U、V、W 两端电阻。

标准值小于 1Ω（参照丰田卡罗拉混合动力版）。如果结果大于标准值，则更换高压电缆。

（2）检查电机绕组

1）车辆安全性断电。

2）断开电机侧高压电缆插接器。

3）使用毫欧表测量高压电缆 U、V、W 任意两端绕组的电阻（参照丰田卡罗拉混合动力版），如表 3.3.3 所示。如果结果不正常，则更换电机总成。

表 3.3.3　电机高压电缆 U、V、W 任意两端绕组的电阻值

对象	条件/℃	毫欧表连接	标准范围/MΩ
发电机 MG1	20	U—V	87～96.2
		V—W	
		W—U	
电动机 MG2	20	U—V	148～170
		V—W	
		W—U	

（3）检查电机系统（前轮转动情况）

1）打开电源开关，并将其旋至 IG 位置。

2）踩下制动踏板，将变速杆拨至 N 位，如图 3.3.16 所示。

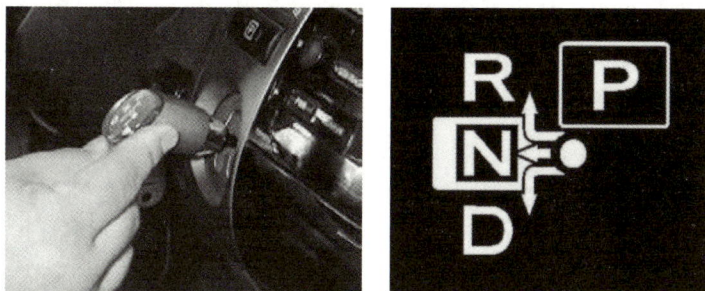

图 3.3.16　将变速杆拨至 N 位

3）举升车辆。

4）手动转动曲轴带轮，检查前轮是否旋转，如图 3.3.17 所示。

5）打开电源开关，并将其旋至 READY 位置。

6）举升车辆，使其离地 20cm，如图 3.3.18 所示。

图 3.3.17　检查前轮是否旋转

图 3.3.18　车辆离地 20cm

7）踩下制动踏板，将变速杆拨至 D 位，然后松开制动踏板，如图 3.3.19 所示。

8）检查前轮是否旋转，如图 3.3.20 所示。

图 3.3.19　将变速杆拨至 D 位

图 3.3.20　前轮旋转检查

提示：如果车轮不能转动，并且诊断仪上显示 HV 变速驱动桥输入故障，则应更换混合动力车辆变速驱动桥总成。

4. 混合驱动桥油液的检查与更换（参照丰田普锐斯混合动力版）

部分混合动力汽车车主认为混合动力汽车的混合驱动桥变速器是电子控制、免维护的，驱动桥变速器内没有润滑油液。这是错误的。凡有齿轮副的机器都需要润滑冷却，而且要定期进行维护与保养；否则，驱动桥变速器的润滑油用久了，黏度会变小，导致润滑性能下降、密封性能下降、阻力升高、磨损增加，造成压力不稳定，影响液压系统的工作精度（如变速器控制精度下降，换挡精度降低），平顺性、响应速度都会受到影响。而且变质后的油液冷却性能和防氧化性能都会下降，容易出现油温过高等问题，如果继续使用变质油液，那么会进一步缩短油液和变速器零部件的寿命。因此，从来不换混合驱动桥变速器油液的车辆很大概率会出现升降挡困难、频繁跳挡，并有明显的入挡冲击等故障现象。

对混合动力汽车混合驱动桥变速器油液的更换，应按照制造厂商的维修手册要求进行：行驶里程为 40 000km 或行驶 24 个月后需进行检查更换，一般情况下，应采用原厂混合驱动桥变速器油液。如果车辆平时行驶环境条件发生变化，那么也应该对混合驱动桥变速器油液进行检查，根据油液的油位和油质状况，判断是否需要补加或更换油液。

（1）检查混合驱动桥油液

1）混合驱动桥油液检查前的准备工作。

① 做好安全高压防护工作（安装车辆防护套件及做好作业人员安全防护），切断高压电路。

② 准备混合驱动桥油液检查所需的拆装工具、清洁用具和废油回收容器。

2）检查混合驱动桥油液的油质与油位。

① 举升车辆到合适高度并可靠锁止，在发动机侧的查油口塞下放置一个废油回收容器，再拆下查油口塞。查油口塞的位置如图 3.3.21 所示。

图 3.3.21　查油口塞的位置

② 从查油口可查知润滑油液的油质：状况良好的油质是鲜亮、透明、光滑、无味的；否则对润滑油液进行更换。

③ 从查油口查知润滑油液的油位：确保在距查油口塞 0～5mm 内有驱动桥变速器油液，如图 3.3.21 所示。

提示：

a. 行驶后，应重新检查变速驱动桥油位。

b. 驱动桥变速器油量：3.8L。

④ 如果油量比较少，则检查是否漏油。

⑤ 将新衬垫安装在查油口塞上，拧紧力矩为 7.4N·m。

3）检查混合驱动桥油泵油压。在润滑油正常工作温度为 50～80℃时进行测试，确保距查油口塞 0～5mm 内有驱动桥变速器油液。

① 顶起车辆。

② 拆下油泵罩塞（驱动桥的靠左前轮侧）并安装专用工具（SST），如图 3.3.22 所示。

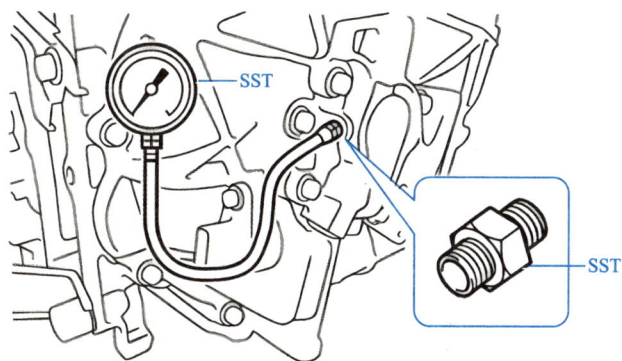

图 3.3.22　专用工具的安装

③ 设置鼓风机开关为高速。

④ 打开空调开关。

⑤ 踩下制动踏板，按下电源开关，起动发动机（起动混合动力系统）。

⑥ 保持发动机转速为 1200r/min，测量油压。油压应为 9.8kPa 或更大。

⑦ 安装新 O 形圈和油泵罩塞，拧紧力矩为 7.4N·m。

（2）检查变速杆

1）检查混合动力系统起动情况。

① 将钥匙放置于智能系统探测区或将其插到钥匙孔里，如图 3.3.23 所示。

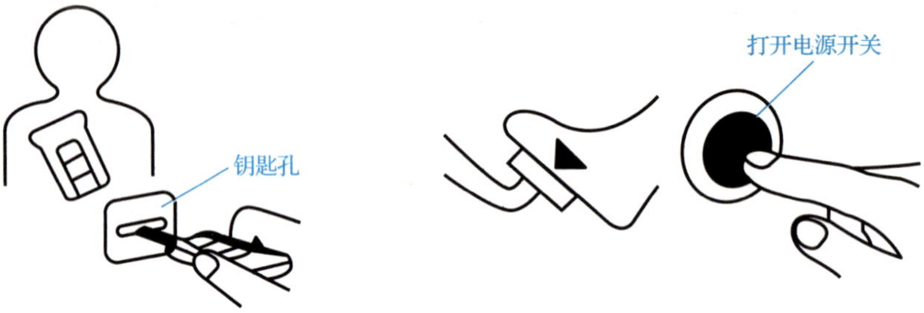

图 3.3.23 钥匙放置

② 踩下制动踏板的同时，打开电源开关（"READY" 灯亮）。

检查变速杆是否按照换挡操作模式变化，操作模式如表 3.3.4 所示。如果检查结果异常，则应更换变速杆总成。

表 3.3.4 换挡操作模式（一）

系统状态	操作	P	R	N	D	B
混合动力系统起动（可以行驶）	换挡杆操作	○	→●			
		○		→●		
		○			→●	
			○	→●		
			○		→●	
				○	→●	
			●←	○		
					○	→●
				●←	○	
		●←		○		
					●←	○
				●←		○
		●←				○
	P挡切换操作	●←	○			
		●←		○		
		●←			○	
		●←				○

2）停止混合动力系统时，关闭电源开关。

3）当电源状态为 IG 时，检查所有电子组件的工作状态。注意此时不要起动混合动力系统。

将钥匙随身携带或将其插到钥匙孔里（车辆配置有智能进入和起动系统）。

4）松开制动踏板，打开电源开关一次。

① 电源开关每按一次，系统会在 OFF、ACC 和 IG 之间切换。

② 检查变速杆是否按照换挡操作模式变化。如果检查结果异常，则更换变速杆总成。

③ 当电源状态为 IG 时，换挡操作模式如表 3.3.5 所示。

表 3.3.5　换挡操作模式（二）

电源状态	操作	P	R	N	D	B
IG（可以行驶）	换挡杆操作	O———————————→O				
	P挡切换操作	O←———————————O				

（3）更换混合驱动桥油液

1）混合驱动桥油液更换前的准备工作。

① 做好安全高压防护工作（安装车辆防护套及做好作业人员安全防护）。

② 准备混合驱动桥油液，检查所需的拆装工具、清洁用具和废油回收容器。

2）更换油液。举升车辆，使其离地 20cm，起动混合动力系统让车轮转动，使混合驱动桥润滑油液达到正常的工作温度（50～80℃），再把车辆停放到维修工位。

① 切断高压电路。

② 打开双发动机舱盖，安装防护套，举升车辆到合适高度并可靠锁止。

③ 拆下混合驱动桥的查油口塞（查油口也可加注油液），在混合驱动桥油液排放孔下方放置废液回收容器，再拆下排放塞排放要废弃的润滑油液，如图 3.3.24 所示。

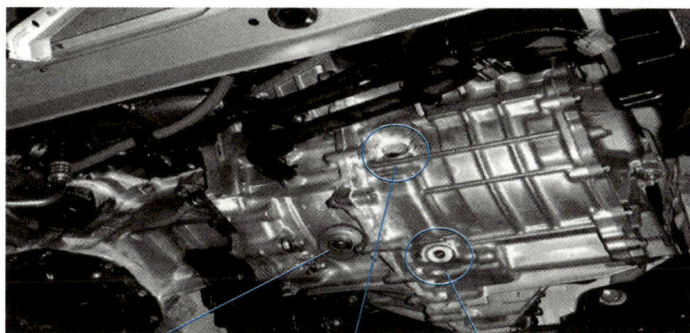

变频器总成　　　　润滑油查油口　　　　驱动桥总成
冷却液排放塞　　（也可加注油液）　　润滑油排放塞

图 3.3.24　混合驱动桥排放塞

④ 拆下油底壳并保护好密封垫子，彻底清洗油底壳，在油底壳边缘涂抹油质密封胶，对照边缘螺钉孔放置好密封垫子，清洁驱动桥的油底壳安装部位，再用规定力矩（8～10N·m）安装好油底壳并安装排油塞（拧紧力矩为 30N·m）。

⑤ 使用专用油液加注器（图 3.3.25）将原厂的新的混合驱动桥润滑油从查油口加入，当有润滑油从查油口溢出时停止加油，将查油口塞按规定力矩（25N·m）拧紧。

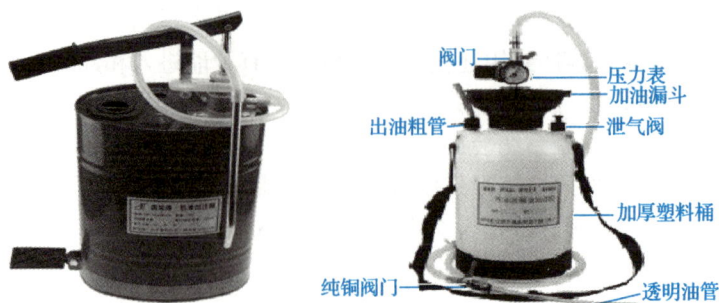

图 3.3.25　专用油液加注器

⑥ 降落车辆，使其离地 20cm，恢复高压电路，起动混合动力系统让车轮转动 2～3min，再停止混合动力系统等待 5min 左右。

⑦ 举升车辆到合适高度并锁止，拆下查油口塞，检查驱动桥内油位，确保距查油口塞 0～5mm 内有混合驱动桥油液。

⑧ 降落车辆到地面，收回防护套，清理维修工位卫生，换油完毕。

提示： 上述的"重力换油"方式最常见，也容易操作，但不能完全排放混合驱动桥内的油液。建议使用"循环机更换"方式来更换混合驱动桥内的油液。

循环机更换混合驱动桥油液的方法如下。

在循环机内部加入新的润滑油，将驱动桥的油路接口与循环机相连，如图 3.3.26 所示。起动循环机，使新油推动旧油排出，换油完毕后拆除循环机。使用此方法清洗油路比"重力换油"更加干净。新油液使用越多，油路清洗就越干净。循环机更换一次变速器油，大概需要 10L 油。此方式的更换时间较长，一般为 1h 左右。

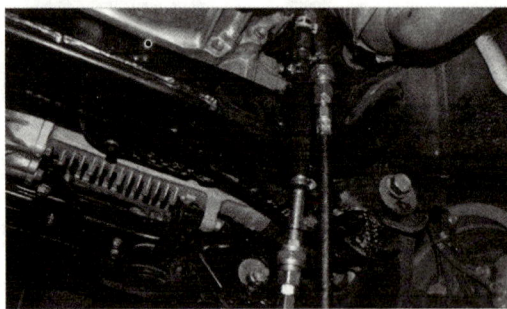

图 3.3.26　循环机换油

知识拓展

混合动力变速器的发展趋势

变速器的需求由汽车销量及汽车结构决定。如今，在《"双积分"管理办法》政策及《乘用车燃料消耗量限制》（第五阶段）标准等的推动下，微混合动力汽车、强混合动力汽车、新能源汽车占比预计大幅提升，这自然会带动对变速器的需求。本书从中银国际证券发布的《新能源汽车需要变速箱吗》报告中总结部分核心内容，以洞察变速器的发展趋势。

对于微混合动力汽车等车型，其变速器与燃油车基本相同，其发展趋势是自动变速器渗透率持续提升。对于强混合动力汽车及插混合动力汽车等车型，其变速器与传统车辆或有较大区别，技术路线包括并联、串联及混联等。混合动力系统比较如表 3.3.6 所示。

表 3.3.6　混合动力系统比较

项目	并联			混联		串联
构架	P2	P3	P4	开关式	分路式（功率分流）	串联式
动力性	好	好	好	较好	中	较好
燃油经济性	较好	较好（电机多挡位输出）	较好	好（发动机匹配较难）	好（电机无级调速）	一般
成本	中	中	高	较低	较低	和带电量相关
整车布置	受限于轴向布置	受限于径向布置	空间需求较大，一般应用于 SUV	空间需求小	空间需求小	布局自由度较大，但增程器等体积较大
开发难度	一般，需要开发 P2 模块	一般，可基于传统变速器改造	较高	较高，需要重新设计变速器	较高，控制系统复杂，行星齿轮设计加工复杂	较低
变速器	与传统自动变速器基本一致	可基于传统变速器改造	新增电驱动桥	专用混合动力变速器	专用混合动力变速器	一般为单级减速器

在强混合动力汽车混合动力系统中，混联（包括分路式和开关式）占据了绝大多数；而在插混合动力汽车混合动力系统中，并联占比最大，其次是混联。串联式（增程式）混动占比均较小。主要车企强混合动力汽车及插混合动力汽车技术路线如表 3.3.7 所示。

表 3.3.7　主要车企强混合动力汽车及插混合动力汽车技术路线

结构	强混合动力汽车	插混合动力汽车
串联	日产	广汽
并联	现代、日产	大众、比亚迪、吉利、现代、奇瑞、宝马、长城、长安、奔驰、沃尔沃、上汽等
混联（开关式）	本田	本田、上汽、广汽
混联（分路式）	丰田、通用、福特、吉利	丰田、通用、福特、吉利

根据原有车型改变的程度，混合动力变速系统还可以分为附加式及专用型两种，其对比如表 3.3.8 所示。附加式混合动力系统指的是基于现有传统发动机动力总成，把电机安装到动力传输线路的合适位置构成的混合动力系统。目前比较多的是将电机加装在变速器输入轴上，在电机与发动机之间加入一个切换离合器，实现并联式混合动力系统。专用型混合动力系统指的是通过集成一个或多个电机到变速器中形成带电机的可自动变速器，并利用发动机输入实现混合动力驱动的混合动力系统。较为典型的专用型混合动力系统包括丰田 THS 系统、荣威 EDU 系统、本田 i-MMD 混合动力系统等。

表 3.3.8　附加式混合动力系统与专用混合动力系统比较

项目	附加式混合动力系统	专用型混合动力系统
构造	主要为并联	主要为混联（含开关式、分路式）
优势	改动小，前期开发成本低	性能高、成本低、质量小，可实现空间优化
劣势	成本较高，性能难以做到最优	前期开发成本较高，需要较大规模经济
应用	比亚迪、大众等 P2 并联混合动力系统	丰田 THS 系统、荣威 EDU Gen1 系统、本田 i-MMD 混合动力系统

　　由于开发全新的混合动力系统成本较高，因此在混合动力市场有限的情况下，汽车厂及变速器公司倾向于选择在已有的自动变速器批量产品上做尽量少的改动，加入电机实现附加式混合动力系统。由于增加了一整套电驱动系统，动力总成比较复杂且价格昂贵，因此整车价格偏高，普及率低。目前应用附加式混合动力系统的主要有大众等汽车品牌，主要技术路线为并联。

　　随着混合动力系统市场的继续扩大，从性价比角度考虑，开发新型专用型混合动力系统是一个好的选择。目前丰田、本田、通用、上汽等公司均在开发专用型混合动力系统，主要技术路线为混联。从时间维度来看，附加式混合动力系统投入小、产出快，短期有望占据主流市场；随着混合动力市场规模的扩大，专用型混合动力系统的优势将更加突出，长期来看普及率或将上升。

任务实施

　　小组根据该任务的学习情况，查阅相关资料和利用实训设备（工具、车辆），完成下列工作任务单。

混合动力汽车混合驱动桥维护与保养工作任务单

任务名称	混合动力汽车混合驱动桥维护与保养		
小组成员		任务成绩	
任务要求	1. 利用教师提供的新能源实训车辆，写出车辆混合驱动桥的结构名称，在实车上确认混合驱动桥的各总成部件，并记录安装位置及型号。 2. 记录丰田卡罗拉混合动力汽车混合驱动桥的维护与保养过程		
安全要求	记录实训中应该注意的安全事项		
混合动力汽车混合驱动桥结构部件、总成认知记录	1. 实训车辆 1： 车辆混合驱动桥结构记录： 部件与总成安装位置记录：		

混合动力汽车混合驱动桥结构部件、总成认知记录	2．实训车辆2： 车辆混合驱动桥结构记录： 部件与总成安装位置记录：
丰田卡罗拉混合动力汽车混合驱动桥的维护与保养过程记录	

考核评价

综合整个学习过程，通过学生的课堂表现、课后巩固、任务完成情况等对学生的知识目标、能力目标、思政要素和职业素养目标达成情况进行评价。

任务教学目标达成情况评价表

班级：_____　　姓名：_____

知识目标达成情况		
目标描述	教师评价	学生自评
是否了解混合动力汽车动力系统中混合驱动桥的结构		
是否理解混合动力汽车混合驱动桥的工作原理		
能否掌握丰田卡罗拉混合动力汽车混合驱动桥的维护与保养项目内容		
评价结论：知识目标达成与否	○是	○否
能力目标达成情况		
目标描述	教师评价	学生自评
是否能在实车认识混合驱动桥结构部件、总成		
是否能够区分丰田卡罗拉混合动力汽车混合驱动桥的外部部件及机构		
能否掌握丰田卡罗拉混合动力汽车混合驱动桥的维护保养方法及注意事项		
评价结论：能力目标达成与否	○是	○否
思政要素和职业素养目标达成情况		
目标描述	教师评价	学生自评
小组活动展现的团队协作、沟通交流能力		
本课实训参与的积极性		
实训是否严谨、客观、科学		
评价结论：思政要素和职业素养目标达成与否	○是	○否

任务四　混合动力汽车变频器总成的维护与保养

课程引入

一辆行驶里程为 50 000km 的混合动力汽车在颠簸路况行驶时偶尔会有电机故障灯报警，同时车主要求更换混合动力系统的冷却液。你作为新能源汽车 4S 店的维修人员能完成对带转换器的变频器总成进行维护与保养吗？

学习目标

知识目标	能力目标	思政要素和职业素养目标
1. 了解混合动力汽车变频器总成的结构。 2. 掌握丰田卡罗拉混合动力汽车变频器总成的工作原理。 3. 掌握丰田卡罗拉混合动力汽车变频器总成的维护与保养项目内容	1. 能正确查阅混合动力汽车变频器的相关技术资料。 2. 能对丰田卡罗拉混合动力汽车变频器进行拆装。 3. 掌握丰田卡罗拉混合动力汽车变频器的维护与保养方法及注意事项	1. 遵规守纪，团结协作，爱护设备，钻研技术。 2. 发扬一丝不苟、精益求精的工匠精神

对接 1+X 证书模块 3-4（中级）工作任务 4——智能新能源汽车电能管理

课前预习

根据查找的资料或在实训室观摩，完成下列课前预习（表 3.4.1）。

表 3.4.1　带转换器的变频器总成的维护与保养预习

1. 丰田卡罗拉混合动力汽车带转换器的变频器总成的主要特征有哪些？

（丰田卡罗拉混合动力汽车带转换器的变频器总成的主要特征）

（　　）（　　）（　　）（　　）（　　）（　　）（　　）

2. 简述丰田卡罗拉混合动力汽车变频器总成维护与保养的具体内容。

知识储备

混合动力汽车高压动力系统的控制与执行核心是变频器总成。HV ECU 根据加速踏板位置传感器、挡位传感器信号、蓄电池电压、电流和温度信号、发动机 ECU 信号、车身稳定控制系统 ECU 信号来确定车辆行驶的状态，计算车辆行驶所需的转矩和功率。变频器总成 MG ECU（电机控制器）根据 HV ECU 发出的指令信号来控制发电机 MG1 和电动机 MG2 的动作，发动机 ECU 根据 HV ECU 的信号对发动机的转速和动力进行控制，达到车辆运行的最佳状态。

一、混合动力汽车变频器总成概述

不同车型混合动力汽车装配的变频器总成的结构原理是有区别的，首先是接收的动力蓄电池直流电压不一样，如丰田普锐斯混合动力汽车的动力蓄电池输出直流电压是 244.8V，丰田卡罗拉混合动力汽车的动力蓄电池输出直流电压是 201.6V。下面参照丰田卡罗拉混合动力汽车变频器总成，对带转换器的变频器总成进行概述。

丰田卡罗拉混合动力汽车使用的带转换器的变频器总成结构紧凑，集合了电机控制器（MG ECU）、变频器、DC/DC 转换器、增压转换器、变频器电流传感器和 IPM，如图 3.4.1 所示。变频器和增压转换器主要由 IPM、电抗器和电容器组成。IPM 是智能功率模块，包括信号处理器、保护功能处理器和绝缘栅双极型晶体管（insulated gate bipolar transistor，IGBT）。带转换器的变频器总成配备了互锁开关作为高压安全防护措施，当拆下变频器端子盖或插接器盖总成或断开动力蓄电池电源电缆插接器时，混合动力车辆的 HV ECU 断开动力系统的主继电器。

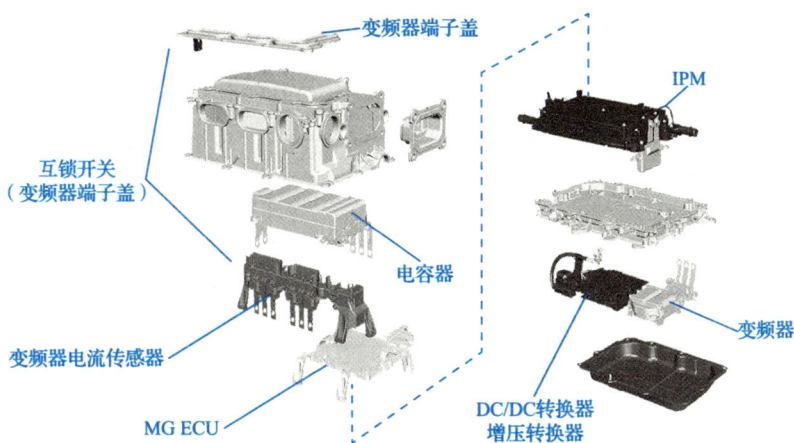

图 3.4.1　带转换器的变频器总成

变频器采用 IPM 执行切换控制，带转换器的变频器总成内部结构如图 3.4.2 所示。电机 MG1 和 MG2 的 IPM 各有一个包含 6 个 IGBT 的桥接电路，每个桥臂使用一对。增压转换器包括执行切换控制的增压 IPM，起感应器作用的电抗器和积累、储存电量的电容器。

带转换器的变频器总成内安装有 MG ECU，其根据从 HV ECU 总成接收到的信号控制变频器和增压转换器，以驱动 MG1 和 MG2 或使其发电。

MG ECU 将车辆控制所需的大气压力、变频器温度和故障信息传输至 HV ECU 总成，同时接收来自 HV ECU 的电机温度及原动力等控制 MG1 和 MG2 所需的信息。

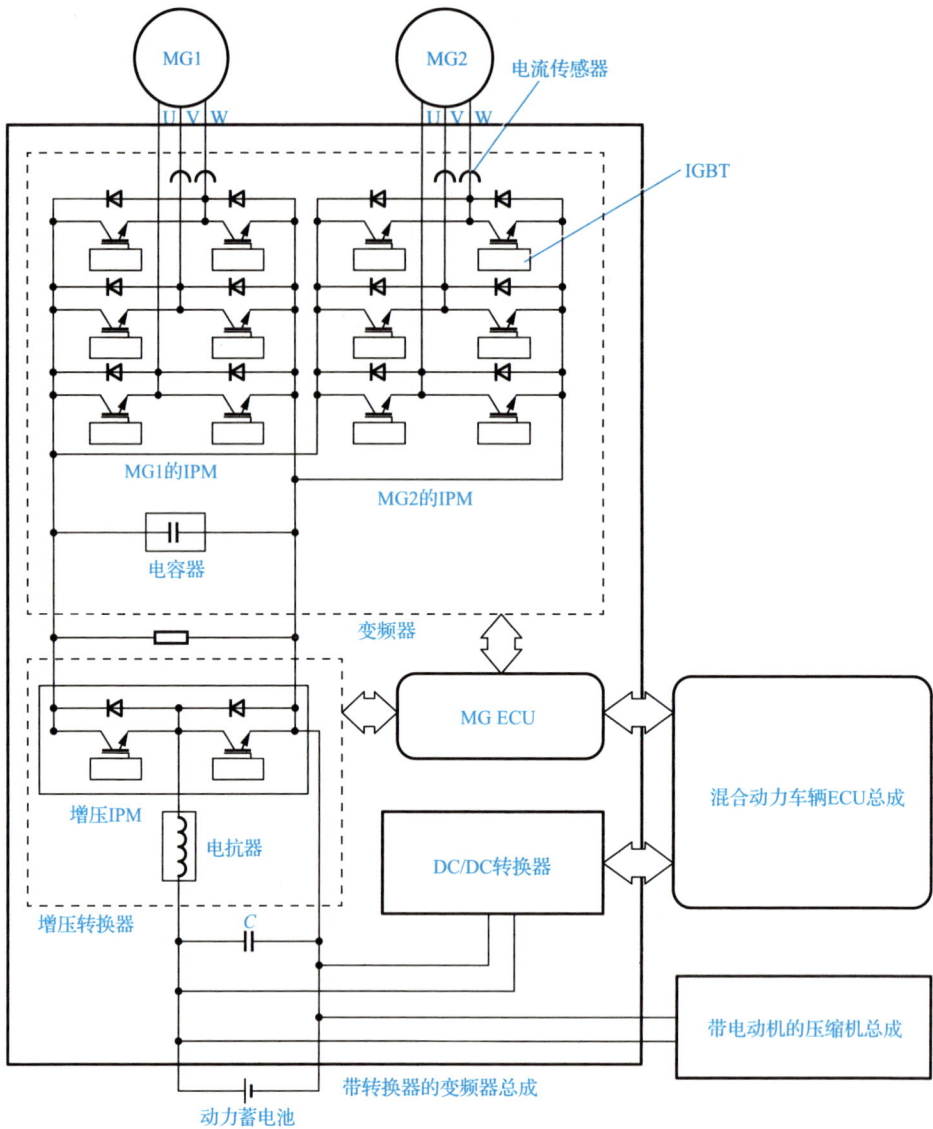

图 3.4.2　带转换器的变频器总成内部结构

　　带转换器的变频器总成采用了独立于发动机冷却系统的冷却系统，并配备无刷电动水泵，对变频器总成、驱动电机进行冷却，其冷却系统的散热器集成在发动机的散热器上。冷却系统组成及传递路线如图 3.4.3 所示，确保高压电气系统的散热。

图 3.4.3　冷却系统组成及传递路线

二、变频器

电机控制器（MG ECU）根据接收的来自 HV ECU 总成的信号控制 IPM 内的 IGBT。每个电机的 6 个 IGBT 在 ON 与 OFF 间切换时，电机的三相线圈 U、V、W 中就会产生所需幅值和频率的相隔 120° 的交流电，以控制电机工作。IGBT 能够以极高的频率进行开关控制，通过增大占空比控制输出的平均电压，如图 3.4.4 所示。IGBT 还可以通过改变桥臂导通切换的频率改变输出电压的频率，如图 3.4.5 所示。

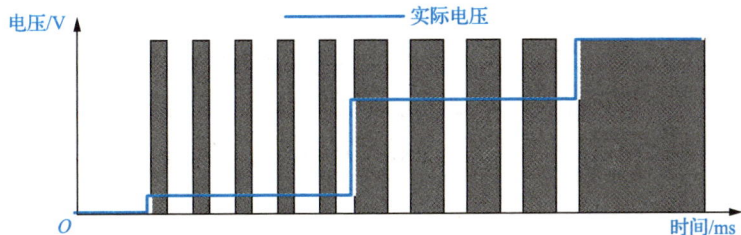

图 3.4.4　占空比调压

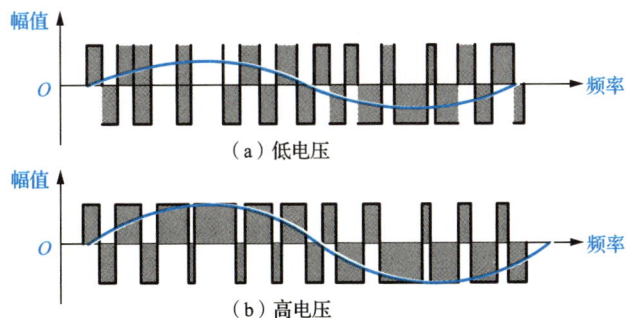

图 3.4.5　占空比调压与调频

1）进入 W 相的 IGBT 和流出 V 相的 IGBT 以高频的方式开闭，电流从电机的 W 相流入，从 V 相流出。此时 U 相电压为 0；W 相为正向，电压较高；V 相为负向，电压较低，如图 3.4.6 所示。

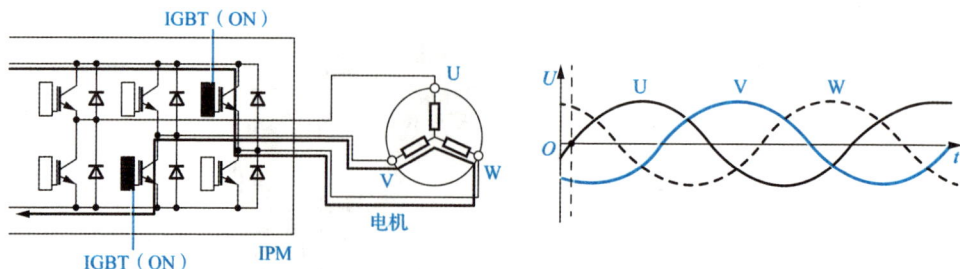

图 3.4.6　U 相电压为 0 的逆变过程

2）进入 U 相的 IGBT 和流出 W 相的 IGBT 以高频的方式开闭，电流从电机的 U 相流入，从 W 相流出。此时 V 相电压为 0；U 相为正向，电压较高；W 相为负向，电压较低，如图 3.4.7 所示。

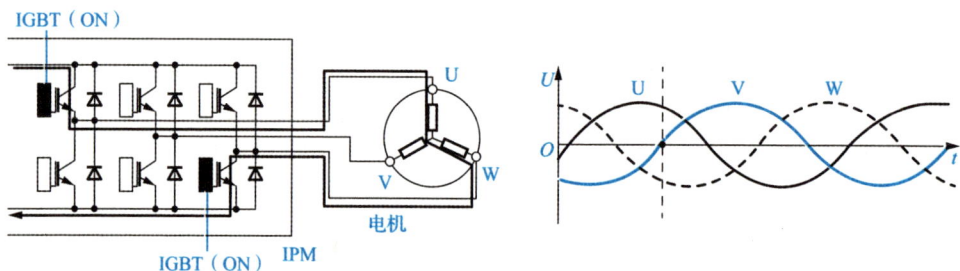

图 3.4.7　V 相电压为 0 时的逆变过程

3）进入 V 相的 IGBT 和流出 U 相的 IGBT 以高频的方式开闭，电流从电机的 V 相流入，从 U 相流出。此时 W 相电压为 0；V 相为正向，电压较高；U 相为负向，电压较低，如图 3.4.8 所示。

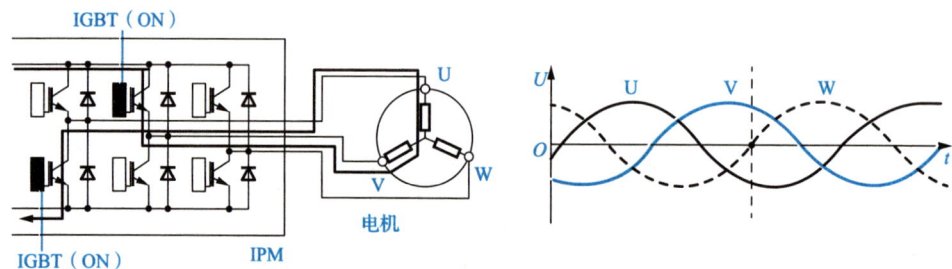

图 3.4.8　W 相电压为 0 时的逆变过程

MG2 作为发电机工作时，车轮驱动 MG2 的转子，使 U、V、W 三相定子线圈产生电流，用于对动力蓄电池充电或驱动 MG1。

1）当 W 相为正向、电压较高，V 相为负向、电压较低，U 相电压为 0 时，电流通过续流二极管从 W 相流出，流入 V 相，经过续流二极管流入增压转换器，降压后的电流流入动力蓄电池，如图 3.4.9 所示。

图 3.4.9　U 相电压为 0 时的发电过程

2）当 U 相为正向、电压较高，W 相为负向、电压较低，V 相电压为 0 时，电流通过续流二极管从 U 相流出，流入 W 相，经过续流二极管流入增压转换器，降压后的电流流入动力蓄电池，如图 3.4.10 所示。

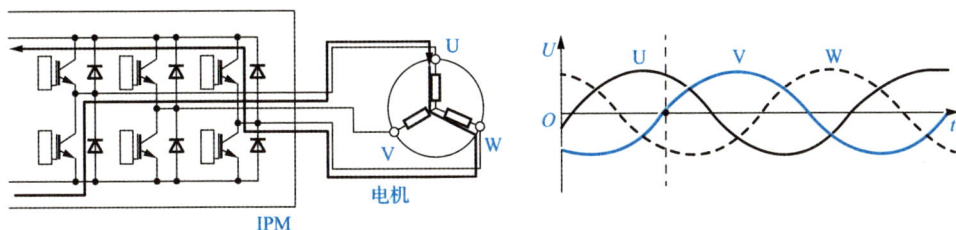

图 3.4.10　V 相电压为 0 时的发电过程

3）当 V 相为正向、电压较高，U 相为负向、电压较低，W 相电压为 0 时，电流通过续流二极管从 V 相流出，流入 U 相，经过续流二极管流入增压转换器，降压后的电流流入动力蓄电池，如图 3.4.11 所示。

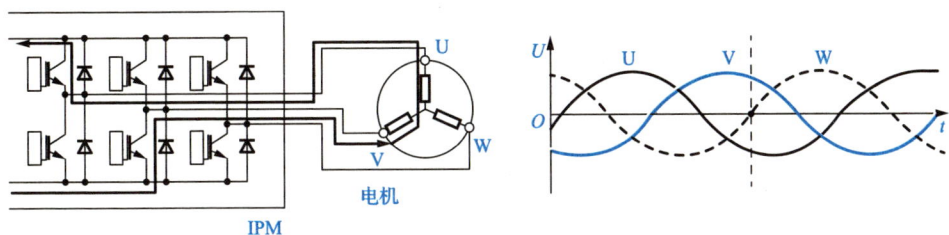

图 3.4.11　W 相电压为 0 时的发电过程

变频器将来自动力蓄电池的高压直流电转换为一定幅值和频率的交流电，并供给两电机 MG1、MG2。因为 MG1 产生的交流电频率不一定适合 MG2 当前的需求，所以 MG1 产生的电流可以在变频器内被转换为直流电，再被变频器转换为交流电供给 MG2 使用。

MG ECU 根据接收的来自 HV ECU 的信号控制 IPM 切换 MG1 和 MG2 的三相交流电。HV ECU 接收到来自 MG ECU 的过热、过电流或过电压故障信号时，可切断通向 MG ECU 的信号，断开 IPM。变频器内电压的转换如图 3.4.12 所示。

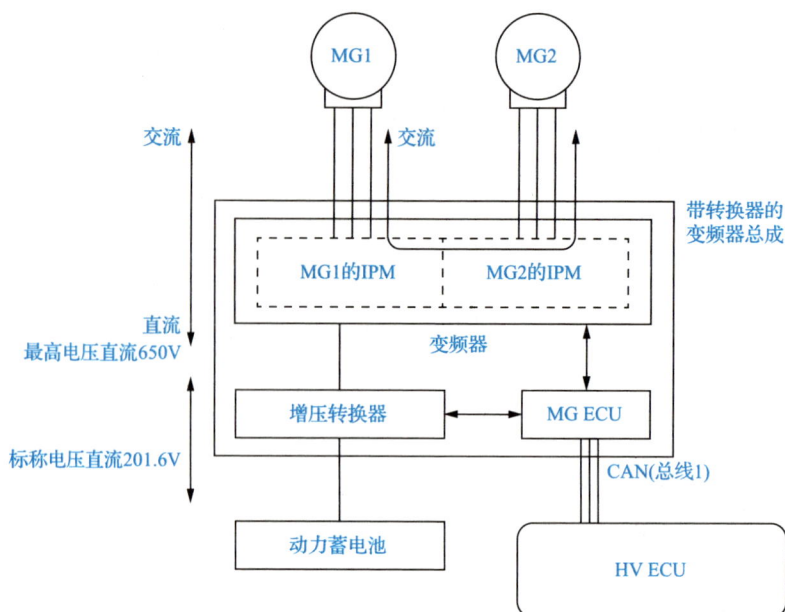

图 3.4.12　变频器内电压的转换

三、增压转换器

增压转换器包含内置 IGBT 的增压 IPM、储存电能并产生电动势的电抗器和将增压的高压电进行充电和放电的电容器。根据 HV ECU 通过 MG ECU 提供的信号，增压转换器可将动力蓄电池的标称电压 AC 201.6V 升至最高电压 AC 650V。变频器将 MG1 或 MG2 产生的交流电转换为直流电，而增压转换器可将产生的电压从直流 650V 逐步降至约 201.6V 给动力蓄电池充电。增压 IPM 采用 IGBT2 增压，采用 IGBT1 降压。

1. 增压工作原理

IGBT2 接通，动力蓄电池给电抗器充电，使电抗器储存电能。电抗器充电如图 3.4.13 所示。

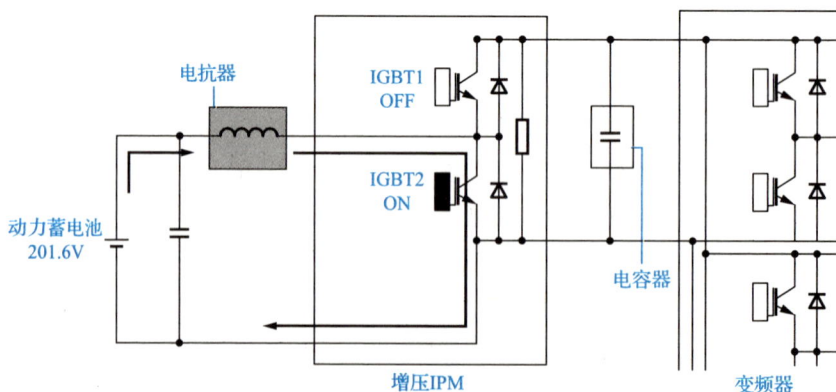

图 3.4.13　电抗器充电

IGBT2 断开，使电抗器产生电动势（电流持续从电抗器流出）。该电动势使电压升至最高电压直流 650V。在电抗器产生的电动势的作用下，电抗器流出的电压增压后供给变频器和电抗器。电抗器放电如图 3.4.14 所示。

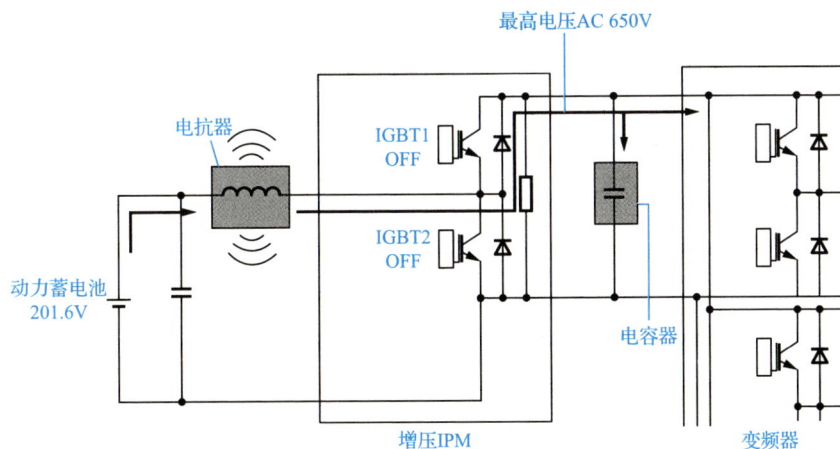

图 3.4.14 电抗器放电

IGBT2 再次接通，使动力蓄电池为电抗器充电，此时通过释放电容器中储存的电能（最高电压 AC 650V）继续向变频器供电。电容器放电如图 3.4.15 所示。

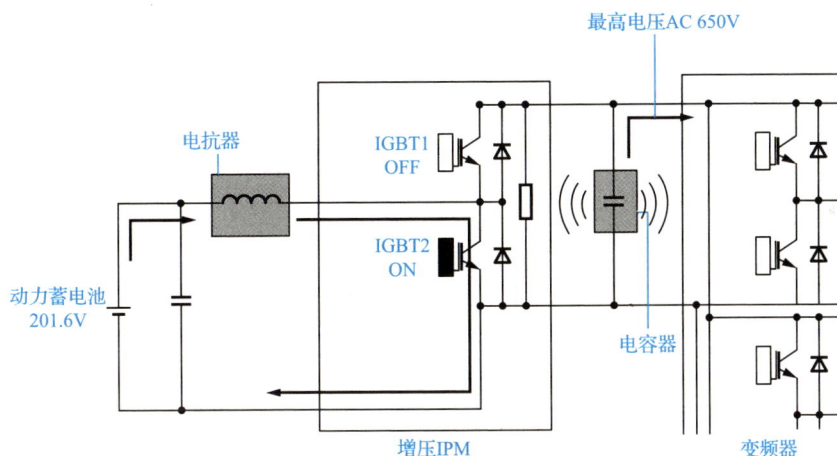

图 3.4.15 电容器放电

2. 降压工作原理

电机 MG1 和 MG2 产生的用于为动力蓄电池充电的交流电被变频器转换为直流电（最高电压 AC 650V），需要使用增压转换器将电压逐步降至约为 201.6V 的直流电，此时工作原理与增压时类似，MG ECU 通过占空比控制 IGBT 在 ON 和 OFF 之间切换，间歇性地中断变频器对电抗器的供电。降压过程如图 3.4.16 所示。

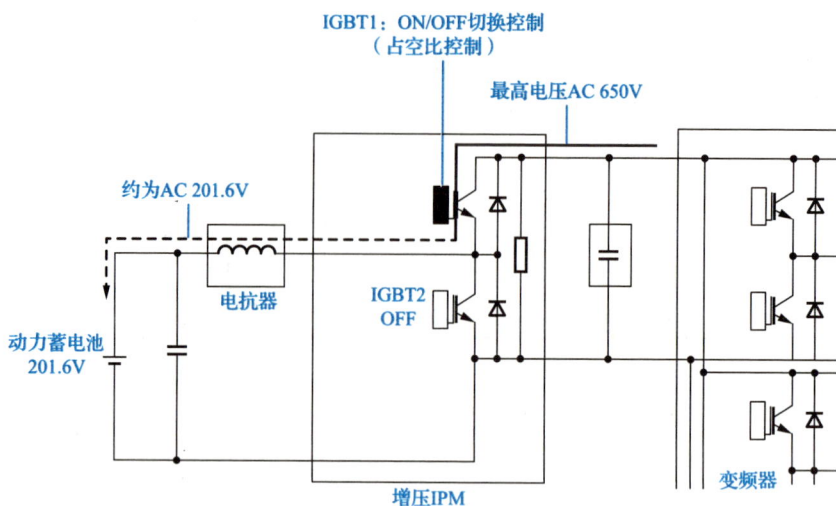

图 3.4.16　降压过程

四、DC/DC 转换器

DC/DC 转换器将动力蓄电池的标称电压从 AC 201.6V 降至 AC 14V 左右，为辅助蓄电池充电，并为整车低压用电设备供电。HV ECU 根据辅助蓄电池温度传感器信号，将输出电压请求信号传输至 DC/DC 转换器来调节输出电压。DC/DC 转换器的工作原理如图 3.4.17 所示。

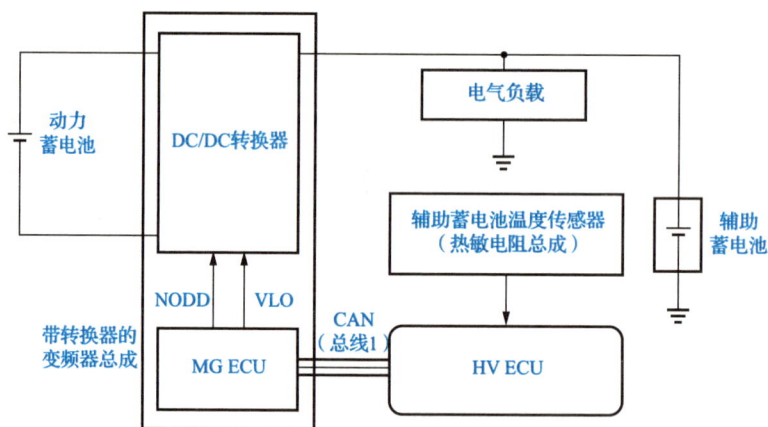

图 3.4.17　DC/DC 转换器的工作原理

五、传感器

带转换器的变频器总成有 5 个不同的温度传感器，如图 3.4.18 所示。其中，2 个温度传感器位于 MG1 和 MG2 的 IPM 处，2 个温度传感器位于增压转换器处，还有 1 个温度传感器位于冷却液通道上。这 5 个温度传感器检测带转换器的变频器总成内部区域的温度，通过 MG ECU 将温度信号传输至 HV ECU 总成。HV ECU 总成根据温度信息优化冷却系统，保证带转换器的变频器总成的工作性能。

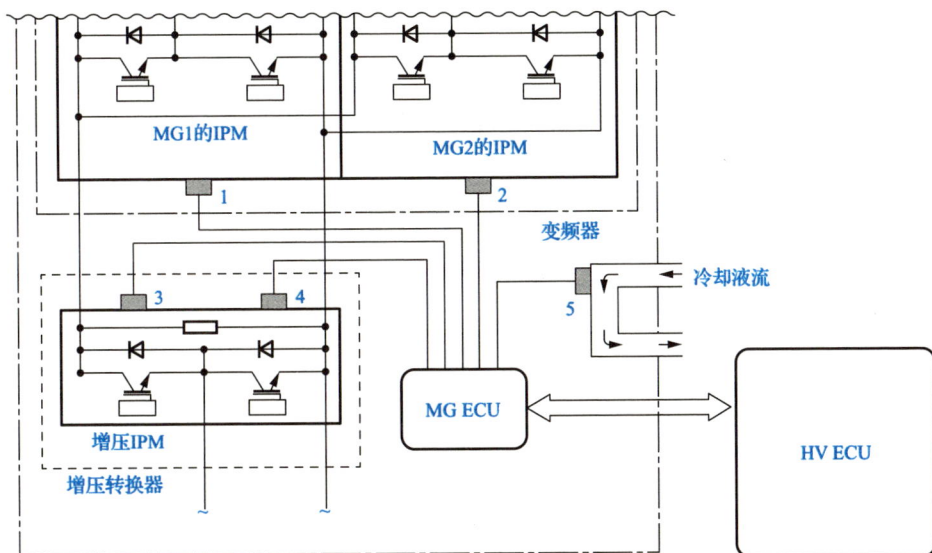

图 3.4.18 变频器总成的温度传感器

电流传感器位于带转换器的变频器总成内，用于检测 MG1 和 MG2 的三相绕组的交流电流，并将实际电流大小反馈给 MG ECU，如图 3.4.19 所示。

图 3.4.19 变频器总成内的电流传感器

MG ECU 板上安装有大气压力传感器，该传感器用于检测外界的大气压力并将检测信号传输至 MG ECU，以便根据使用环境进行相应的修正。

六、带转换器的变频器总成的维护与保养

带转换器的变频器总成是连接在动力蓄电池和电机之间的变频装置，对混合动力汽车的正常行驶（起步、低速、加速、爬坡、减速、倒车）起着非常重要的作用。带转换器的变频器总成内的由 IGBT、电抗器、电容器等电气部件组成的集成电路，长期频繁工作会自

身发热。当温度超过150℃时，集成电路无法发挥作用，严重影响车辆的正常行驶，所以要为带转换器的变频器总成创造良好的工作环境，采取风冷或水冷的散热措施，并定期进行维护与保养。

1. 带转换器的变频器总成维护与保养前的准备工作

1）准备工作。

① 准备好作业人员的防护服、绝缘手套、绝缘鞋等，以及车辆防护装置（包括翼子板保护套、前格栅布、转向盘套、座椅套和地板垫）。

② 准备带转换器的变频器总成维护与保养作业中所需的工具、器具和用品：压缩空气枪、清洁工具（毛刷、抹布）和清洗用品、拆装工具、检测仪器仪表、绝缘乙烯胶带、冷却液、废液收集容器等。

2）高压动力系统下电（参照丰田普锐斯混合动力版）。

2. 带转换器的变频器总成的清洁与检查

（1）带转换器的变频器总成的外部清洁

① 确认车辆停放安全，打开发动机舱盖，拆下防尘罩，安装防护套。

② 确认发动机舱内电气线束及插接器的可靠性。

③ 接通高压空气枪，调整空气压力，使用高压空气枪对发动机舱内进行清洁。

④ 若有油污或顽固性的灰尘，使用清洗剂合理喷涂软化，再用毛刷清除，最后用抹布擦干净。

⑤ 再次使用高压空气枪清洁发动机舱。

⑥ 安装防尘罩，收回防护套，清理工位卫生，清洁完毕。

（2）带转换器的变频器总成的检查（参照丰田普锐斯混合动力版）

1）检查变频器。检查前戴好绝缘手套。检查变频器前先检查 DTC，并进行相应故障的排除。

① 关闭电源开关。

② 拆下检修塞。

③ 拆下变频器盖。变频器盖的安装位置如图 3.4.20 所示。

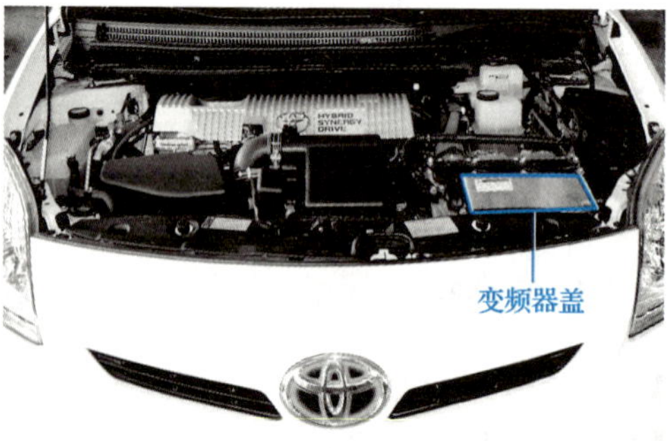

图 3.4.20　变频器盖的安装位置

④ 如图 3.4.21 所示，将变频器的连接插头 A 和 B 断开。

图 3.4.21　变频器连接插头 A 和 B

⑤ 打开电源开关（在 IG 位置）。

注意：拆下检修塞和变频器盖后，如果再打开电源开关（在 IG 位置），系统会生成互锁开关系统的 DTC。

⑥ 用万用表测量电压（12V），然后用万用表欧姆挡测量电阻（小于 0.5Ω）。

注意：这项检查不要在变频器连接插头的端子侧进行，而应该在线束侧连接插头的端子处进行。

2）检查转换器。检查前戴好绝缘手套。如果主警告灯、HV 系统警告灯和充电警告灯（图 3.4.22）同时点亮，则应检查 DTC 并进行相应故障的排除。

（a）主警告灯　　　　（b）HV 系统警告灯　　　　（c）充电警告灯

图 3.4.22　主警告灯、HV 系统警告灯和充电警告灯

① 检查运行情况。在"READY"灯点亮和熄灭时，用电压表测量辅助蓄电池端子的电压，应为 14V 和 12V。

注意："READY"灯亮时，转换器输出电压为 14V；"READY"灯熄灭时，辅助蓄电池输出电压为 12V。

② 测量输出电流。

a. 断开变频器上的 MG1 和 MG2 电缆。MG1 和 MG2 电缆连接插头位置如图 3.4.23 所示。

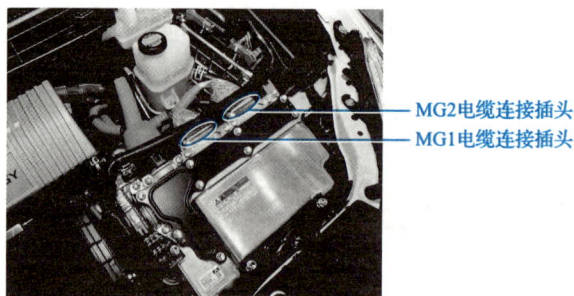

图 3.4.23　MG1 和 MG2 连接插头位置

b．在图 3.4.24 所示位置，安装万用表和交/直流 400A 的探针。

图 3.4.24　安装探针

c．将 MG1 和 MG2 电缆连接插头连接到变频器上。

d．在"READY"灯亮的情况下，依次操作 12V 的电气设备（如灯光、刮水器、车窗玻璃等），然后测量输出电流。

标准电流大约为 80A，如果输出电流为 0 或大于 80A，则应检查输入/输出信号。

③ 检查输入/输出信号。

a．如图 3.4.25 所示，断开转换器连接插头。

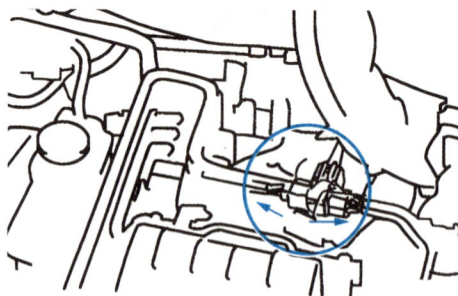

图 3.4.25　断开转换器连接插头

b．用万用表测量车身接地与车辆侧线束插接器插头端子间的电压，此电压应与辅助蓄电池端子电压相同。

c. 打开电源开关（在 IG 位置），分别用万用表的电压挡和欧姆挡测量转换器插接器插头端子（图 3.4.26）间的电压和电阻。转换器插接器插头端子间的电压和电阻标准值如表 3.4.2 所示。如果不符合标准值，则应更换带转换器的变频器总成。

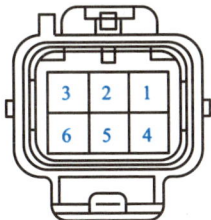

图 3.4.26　转换器插接器插头端子

表 3.4.2　转换器插接器插头端子间的电压和电阻标准值

测试端子	标准数值
端子 5—车身接地	8～16V
端子 3—车身接地	同辅助蓄电池端子电压（12V）
端子 1—车身接地	120～140Ω

3）检查带转换器的变频器总成高压电缆。丰田普锐斯混合动力汽车带转换器的变频器总成的 3 个高压电缆连接插头如图 3.4.27 所示。

图 3.4.27　3 个高压电缆连接插头

① 绝缘性检查。

a. 车辆安全性断电。

b. 断开带转换器的变频器总成侧 3 个高压电缆连接插头（用于连接动力蓄电池、MG1、MG2）。

c. 使用绝缘电阻表分别测量 MG1、MG2 的两组高压电缆 U、V、W 端与车身搭铁的电阻，测量动力蓄电池的高压电缆正、负极与车身搭铁的电阻。

标准值为 100MΩ 或更大。如果结果小于标准值，则更换高压电缆。

② 导通性检查。

a. 车辆安全性断电。

b. 断开高压电缆两侧连接插头。

c. 使用万用表分别测量 MG1、MG2 的两组高压电缆 U、V、W 两端电阻，动力蓄电池的高压电缆正、负极两端电阻。

标准值小于 1Ω。如果结果大于标准值，则更换高压电缆。

（3）混合动力汽车变频器总成冷却液的更换

1）将车辆停放在维修工位（配备举升机）。

2）打开发动机舱盖，安装车内及车外车辆防护套。

3）拆下变频器总成的储液罐盖，如图 3.4.28 所示。

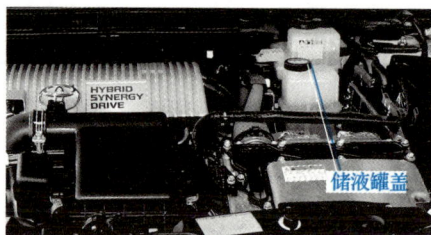

图 3.4.28　储液罐盖

4）举升车辆到适合高度，找到冷却液排放塞（图 3.4.29），并在下方放置废液回收容器。

图 3.4.29　冷却液排放塞

5）拆下冷却液排放塞排放变频器冷却液。

6）等待冷却液完全排放干净，用干净抹布清洁排放口。

7）清洁排放塞，垫好排放塞垫圈，安装冷却液排放塞。

8）降下车辆。

9）添加新的冷却液。

10）安装储液罐盖。

11）使用智能诊断仪对冷却系统进行放气。

① 将智能诊断仪连接到车辆上。

② 将点火开关置于 ON 挡。

③ 进入以下菜单：Powertrain→Hybrid Control→Active Test→Activate the Inverter Water Pump（动力总成→混合动力控制→主动测试→起动变频器水泵）。

④ 向变频器储液罐总成内添加冷却液，以补偿放气时冷却液液位的下降，直至放气结束。

12）检查并确认冷却液液位，如图 3.4.30 所示。

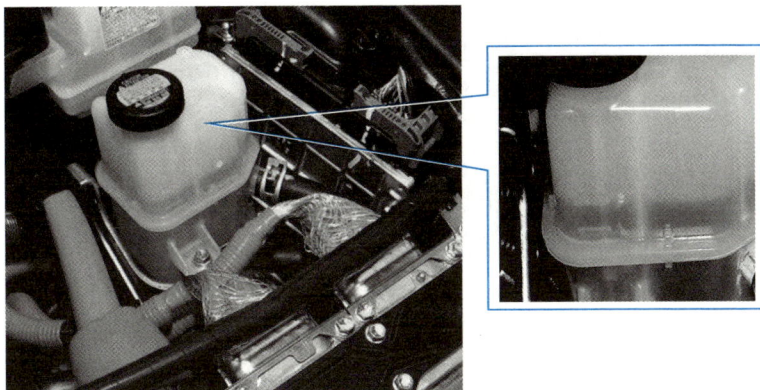

图 3.4.30　变频器储液罐冷却液液位

13）收起车内及车外的车辆防护套。

14）清洁维修工位卫生。

（4）混合动力汽车变频器总成的更换

1）准备工作。

① 准备好作业人员的防护服、绝缘手套、绝缘鞋等，以及车辆防护装置（包括翼子板保护套、前格栅布、转向盘套、座椅套和地板垫）。

② 准备好更换变频器总成时所需的绝缘拆装工具、清洁用具及冷却液回收容器。

2）更换变频器总成。

① 变频器总成的拆卸。

a. 将维修车辆安全停放在维修工位（配备举升机），打开发动机舱盖，安装车内及车外车辆防护套件。

b. 拆卸维修开关。佩戴绝缘手套，打开行李舱盖，拆下辅助蓄电池护板，用绝缘工具断开辅助蓄电池负极端子电缆，如图 3.4.31 所示；在动力蓄电池右边找到维修开关，解除锁挡销，拆卸维修开关，如图 3.4.32 所示，把维修开关存放在安全的地方。

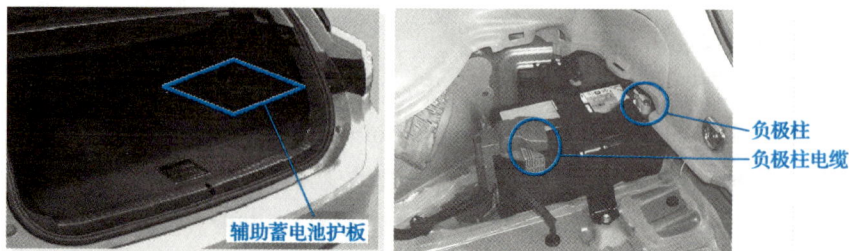

图 3.4.31 辅助蓄电池负极端子电缆

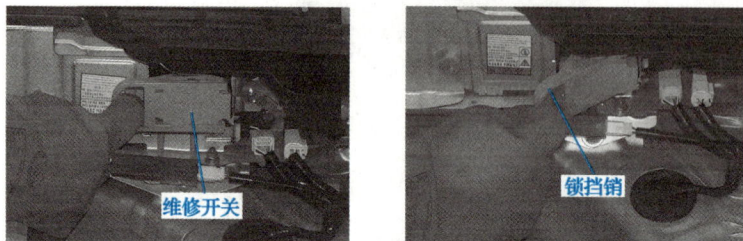

图 3.4.32 拆卸维修开关

c．排放变频器冷却液。拆下变频器储液罐总成上的储液罐盖，举升车辆，在冷却液排放塞下方放置冷却液回收容器，拆下变频器总成冷却液排放塞，排放干净冷却液，安装变频器总成冷却液排放塞，降下车辆。

d．拆卸空气滤清器总成，如图 3.4.33 所示。

e．断开发动机主线束，如图 3.4.34 所示。

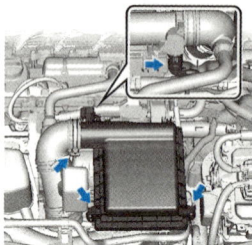

图 3.4.33 拆卸空气滤清器总成

图 3.4.34 断开发动机主线束

f．佩戴绝缘手套，拆卸插接器盖总成，如图 3.4.35 所示。

g．佩戴绝缘手套，检查端子电压，如图 3.4.36 所示。

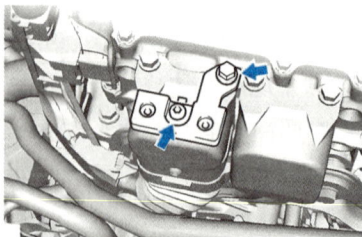

图 3.4.35 拆卸插接器盖总成

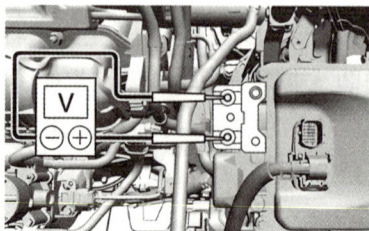

图 3.4.36 检查端子电压

h．暂时安装插接器盖总成。

i．断开变频器相关低压线束。

j．佩戴绝缘手套，断开MG1、MG2电缆，如图3.4.37所示。

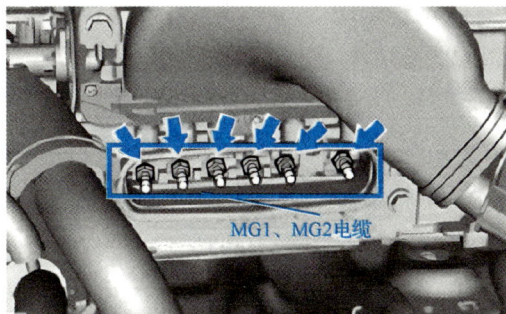

图3.4.37　断开MG1、MG2电缆

k．断开变频器总成冷却软管，如图3.4.38所示。

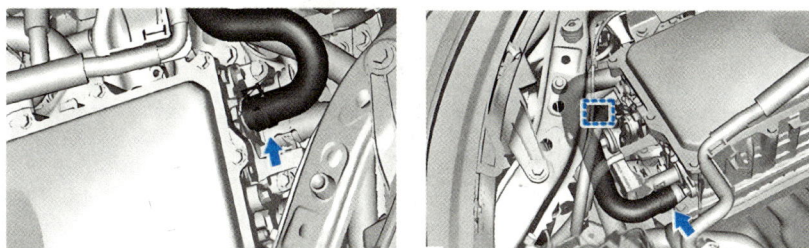

图3.4.38　断开变频器总成冷却软管

l．拆下变频器总成，如图3.4.39所示。

图3.4.39　拆下变频器总成

② 变频器总成的安装。按照与拆卸变频器总成相反的顺序进行安装，步骤如下。

a．安装新的变频器总成。

b．安装变频器冷却软管。

c．安装MG1、MG2电缆。

d．安装相关低压线束。

e．安装发动机主线束。

f．安装空气滤清器总成。

g．安装锁销。

h．加注变频器冷却液并放气。

i．恢复高压电源。

j．收起车内及车外车辆防护套。

k．清洁维修工位卫生。

知识拓展

剖析混合动力汽车变频器总成

在深入了解电机的控制之前，可以了解电机控制的变频器的结构，以便进行更直接和深入的认识。

下面以丰田普锐斯变频器总成为例介绍混合动力汽车变频器总成，其外部结构实物图如图 3.4.40 所示，内部原理图如图 3.4.41 所示。

图 3.4.40　普锐斯变频器总成外部结构实物图

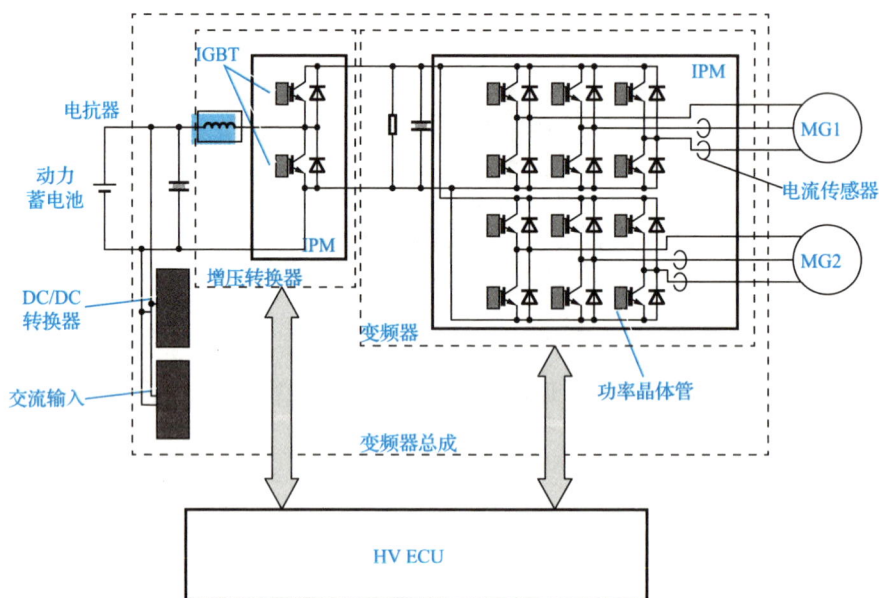

图 3.4.41　普锐斯变频器总成内部原理图

混合动力驱动桥由发电机 MG1、电动机 MG2 组成。变频器总成由增压转换器、逆变整流器、DC/DC 转换器、空调变频器等组成。

1）增压转换器：将动力蓄电池 DC 244.8V 电压增压到 DC 650V（反之，从 DC 650V 降压到 DC 244.8V）。

2）逆变整流器：将 DC 650V 转换成 AC 650V，给电动机 MG2 供电。反之，将 AC 650V 转换成 DC 650V，经降压为 244.8V 后，给动力蓄电池充电。

3）DC/DC 转换器：将动力蓄电池 DC 244.8V 降为 DC 14V，为车身电器供电，同时为辅助蓄电池充电。

4）空调变频器：将动力蓄电池 244.8V 直流电转换成 244.8V 交流电，为空调系统中的电动变频压缩机供电。

本部分的重点还是变频器总成的解构，下面继续剖析其组成及部位，如图 3.4.42 和图 3.4.43 所示。

图 3.4.42 变频器总成的组成

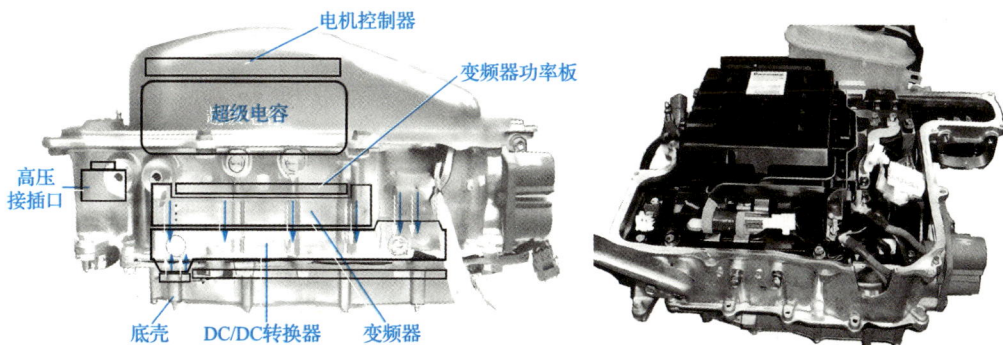

图 3.4.43 变频器总成部件位置

任务实施

小组根据该任务的学习情况，查阅相关资料和利用实训设备（工具、车辆），完成下列工作任务单。

混合动力汽车变频器总成维护与保养工作任务单

任务名称	混合动力汽车变频器总成维护与保养		
小组成员		任务成绩	
任务要求	1. 利用教师提供的新能源实训车辆，写出车辆的变频器总成结构名称，在实车上确认变频器的各总成部件，并记录安装位置及型号。 2. 记录丰田卡罗拉混合动力汽车变频器总成的维护与保养过程		
安全要求	记录实训中应该注意的安全事项		
混合动力汽车变频器总成结构记录	1. 实训车辆 1： 混合动力汽车变频器总成结构： 部件与总成安装位置记录： 2. 实训车辆 2： 混合动力汽车变频器总成结构： 部件与总成安装位置记录：		
丰田卡罗拉混合动力汽车变频器总成的维护与保养过程记录			

考核评价

综合整个学习过程，通过学生的课堂表现、课后巩固、任务完成情况等对学生的知识目标、能力目标、思政要素和职业素养目标达成情况进行评价。

任务教学目标达成情况评价表

班级：_____ 姓名：_____

知识目标达成情况		
目标描述	教师评价	学生自评
是否认识混合动力汽车变频器总成结构		
是否理解变频器总成的工作原理		
能否掌握丰田卡罗拉混合动力汽车变频器总成的维护与保养项目内容		
评价结论：知识目标达成与否	○是	○否

能力目标达成情况		
目标描述	教师评价	学生自评
是否具备正确查阅混合动力汽车变频器的相关技术资料的能力		
是否能对变频器进行拆装		
是否能在实车认识变频器部件、总成		
评价结论：能力目标达成与否	○是	○否
思政要素和职业素养目标达成情况		
目标描述	教师评价	学生自评
小组活动展现的团队协作、沟通交流能力		
本课实训参与的积极性		
实训是否严谨、客观、科学		
评价结论：思政要素和职业素养目标达成与否	○是	○否

项目四
混合动力汽车电能供给系统的维护与保养

任务一　混合动力汽车蓄电池性能测试及维护保养

课程引入

客户刘女士的丰田卡罗拉混合动力汽车截至目前已经行驶了 60 000km。你作为维修人员，需要对刘女士的车进行 60 000km 的定期维护与保养作业。那么你应对汽车蓄电池做哪些性能测试以及维护与保养项目内容呢？

学习目标

知识目标	能力目标	思政要素和职业素养目标
1. 了解混合动力汽车蓄电池的类型和作用。 2. 掌握丰田卡罗拉混合动力汽车动力蓄电池的结构组成及工作原理。 3. 掌握丰田卡罗拉混合动力汽车动力蓄电池的维护与保养项目内容	1. 能正确查阅丰田卡罗拉混合动力汽车动力蓄电池的相关技术资料。 2. 能在丰田卡罗拉混合动力汽车上熟知动力蓄电池的各部件安装位置。 3. 掌握丰田卡罗拉混合动力汽车动力蓄电池的维护与保养方法及注意事项	1. 增强安全意识、质量意识和责任感，养成科学、严谨的工作态度。 2. 树立正确的学习观、价值观，自觉遵守职业道德规范

对接 1+X 证书模块 4-1（中级）工作任务 1——智能新能源汽车动力蓄电池

课前预习

根据查找的资料或在实训室观摩，完成下列课前预习（表 4.1.1）。

表 4.1.1　混合动力汽车动力蓄电池性能测试及维护保养预习

1. 丰田卡罗拉混合动力汽车动力蓄电池系统由哪些部件组成？

（丰田卡罗拉混合动力汽车动力蓄电池系统）

（　　　）（　　　）（　　　）　　　（　　　）（　　　）（　　　）

2. 简述丰田卡罗拉混合动力汽车蓄电池性能测试以及维护与保养的具体内容。

知识储备

混合动力汽车蓄电池有两种：一种是动力蓄电池（高压），为混合动力汽车在纯电模式时的电动机提供电能，电动机将电能转化为机械能，驱动传动装置或直接驱动车轮；另一种是辅助蓄电池（低压），为整车低压用电设备提供低压直流工作电压，辅助蓄电池储存的电能由高压电能装置（发电机或动力蓄电池）的高压电经 DC/DC 转换器转换成低压直流电供给。动力蓄电池是电动汽车（纯电动汽车、混合动力汽车、燃料电池汽车）的动力源，是能量的储存装置，其面临的瓶颈也是目前制约电动汽车发展的关键因素。自电动汽车诞生以来，提高动力蓄电池的功率密度、能量密度、使用寿命及降低成本一直是电动汽车动力蓄电池技术研发的核心。电动汽车要与传统汽车竞争，关键是要开发出比能量高、比功率大、使用寿命长、成本低的动力蓄电池。

一、混合动力汽车蓄电池的认知

1. 动力蓄电池

（1）动力蓄电池的安装位置

有些车系（如比亚迪混合动力车系、丰田混合动力车系）的动力蓄电池安装在行李舱内，如图 4.1.1 所示；有些车系（如大众混合动力车系）的动力蓄电池安装在底盘后部燃油箱前部，如图 4.1.2 所示，这种安装方式可以降低整车重心，改善驾驶特性，提高整车使用的安全性，但是为接触到动力蓄电池高压插接口，必须拆除车身底部的装饰板。

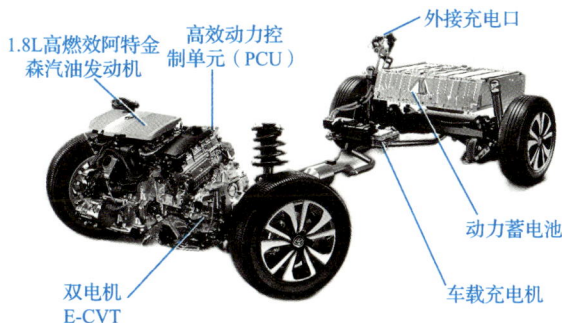

图 4.1.1 动力蓄电池位于行李舱内

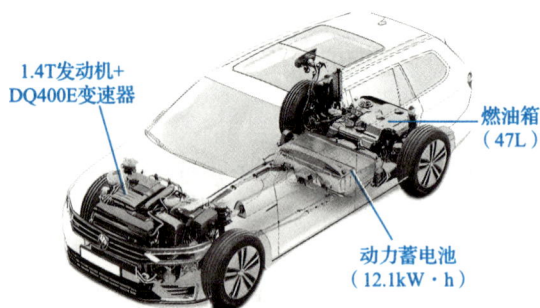

图 4.1.2　动力蓄电池位于燃油箱前部

（2）动力蓄电池的功用

1）储存一定的电能。当动力蓄电池电量降低到一定程度时，发动机运行，在驱动车辆行驶的同时使 MG1 发出交流电，变频器总成将交流电转换为直流电后给动力蓄电池充电，即动力蓄电池储存电能。

当车辆处于制动工况时，制动能量回收系统会回收制动能量，并将其转变为电能储存在动力蓄电池中。

2）输出直流电，驱动车辆。当车辆起步、动力蓄电池的电量较为充足时，动力蓄电池输出直流电，通过变频器总成将其转换为交流电，驱动 MG2 运转，MG2 输出的动力经电机减速行星组件传递给混合驱动桥总成，驱动车辆行驶。

当车辆需要较大转矩运行时，发动机起动运转，向外输出动力，同时动力蓄电池向外输出直流电，经变频器总成转换成交流电，供给 MG2 运转驱动车辆，也就是发动机和 MG2 混合驱动车辆行驶。

当动力蓄电池的电量降到一定程度时，其输出的直流电经变频器总成转换成交流电，驱动 MG1 运转起动发动机。

3）驱动部分车身附件运转。动力蓄电池还能将电能输出给空调压缩机，驱动压缩机转动使空调制冷系统工作。

4）给辅助蓄电池充电。动力蓄电池动力输出的电能经 DC/DC 转换器将高压直流电降低到 14V 左右给辅助蓄电池充电，以保证辅助蓄电池有足够的电能，同时供全车低压电器工作。

（3）动力蓄电池的类型

汽车市场中的新能源车型繁杂、车系广，其匹配的动力蓄电池类型也较多，归纳起来主要有以下几类。

1）铅酸电池。铅酸电池作为技术比较成熟的电池，因为其成本较低，而且能够高倍率放电，所以是可供大批量生产的电动汽车用电池。2008 年北京奥运会时，有许多辆使用铅酸电池的电动汽车，为奥运会供应交通服务。然而，铅酸电池的比能量、比功率和能量密度都很低，以此为动力源的电动汽车很难拥有良好的车速及续驶里程。

2）镍镉电池和镍氢电池。镍镉电池和镍氢电池进入成熟期，是目前混合动力汽车所用电池体系中唯一得到实际验证并被商业化、规模化生产与应用的电池体系。占主体市场份额的现有混合动力蓄电池为镍氢动力蓄电池，商业化的代表是丰田普锐斯动力蓄电池。目前重要的商业化混合动力汽车，如丰田的普锐斯、Alphard 和 Estima，以及本田的 Civic、Insight 等均采用 PEVE 的镍氢动力蓄电池组。在我国，长安杰勋、奇瑞 A5、一汽奔腾、通用君越等品牌轿车采用这两种电池的新能源汽车也已经在示范运行。

3）锂离子电池。传统的铅酸电池、镍镉电池和镍氢电池本身技术比较成熟，但它们用在汽车上作为动力蓄电池还存在很多不足。目前，越来越多的汽车厂家选择采用锂离子电池作为新能源汽车的动力蓄电池。

锂离子动力蓄电池有以下优点：工作电压高（是镍镉电池、镍氢电池的 3 倍）、比能量高（可达 165W·h/kg，是镍氢电池的 3 倍）、体积小、质量小、循环寿命长、自放电率低、无记忆效应、无污染等。

当前许多知名的汽车制造商都致力于开发锂离子电池动力汽车，如美国福特、克莱斯勒，日本丰田、三菱、日产，韩国现代，法国 Venturi 等。国内汽车制造商，如比亚迪、吉利、奇瑞、力帆、中兴等车企也纷纷在自己的混合动力汽车和纯电动汽车中搭载锂离子动力蓄电池。

作为一种特殊的锂离子电池，磷酸铁锂离子电池（三元锂电池），其比能量不到钴酸锂离子电池的一半，但是其安全性高，循环次数能达到 2000 次，放电稳定，价格低廉，成为车用动力新的选择。

此外，比亚迪推出的刀片电池，使新能源汽车电池的安全性大大提升。

（4）动力蓄电池的技术参数

混合动力汽车的动力蓄电池性能各异、技术参数繁多。常用于表征动力蓄电池性能的指标有电性能、力学性能、储存性能等，有时还包括使用性能和经济成本。下面主要介绍其使用性能、电性能和储存性能。

以国产汽车品牌红旗为例，其 H7 PHEV 动力蓄电池的主要技术参数如表 4.1.2 所示。

表 4.1.2 红旗 H7 PHEV 动力蓄电池的主要技术参数

项目	参数
电池类型	锂离子电池
标称电压/V	350
工作电压范围/V	268.8～403.2
电池容量/（A·h）	44
冷却方式	强制风冷
冷起动功率/kW	≥4.5
工作温度/℃	−30～+55
存储温度/℃	−40～+65
绝缘电阻/MΩ	≥2.5
设计寿命	10 年/240 000km

（5）动力蓄电池系统的结构原理

混合动力汽车的动力蓄电池系统基本由动力蓄电池、维修开关、接线盒总成、冷却系统、BMS 及接口等组成。现以丰田卡罗拉和凯美瑞混合动力汽车的动力蓄电池系统为例进行详细介绍。

动力蓄电池系统的外部结构如图 4.1.3 所示。维修开关安装于负极母线上，维修时须拔下以保证高压安全；接线盒总成由系统内部主正、主负和预充 3 个继电器组成；冷却系统包括冷却风扇继电器、冷却风扇控制器和冷却风扇电机等；BMS 具有电压监测、温度监测和电流监测等功能；蓄电池 ECU 对信号进行控制和输出，通过总线将信号传递给 HV ECU。

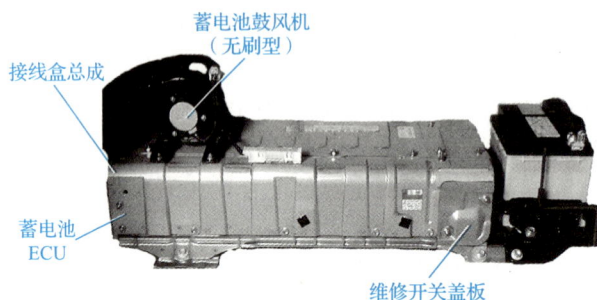

图 4.1.3　动力蓄电池系统的外部结构

动力蓄电池系统的内部结构如图 4.1.4 所示，包括动力蓄电池（电池模块）、电池智能单元、HV 接线盒总成、服务插销插接器、动力蓄电池冷却风扇。

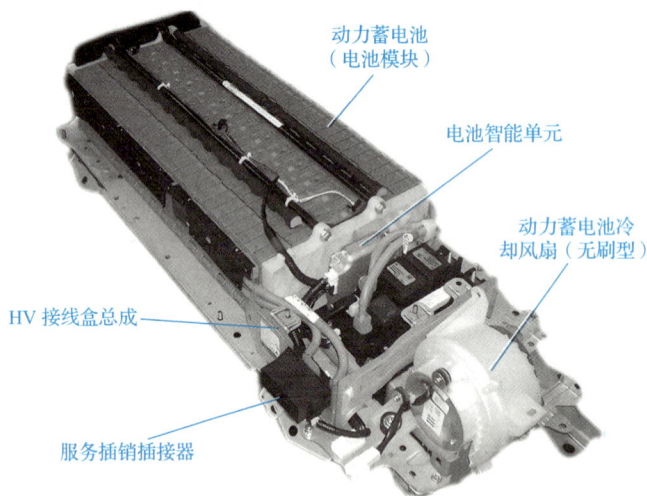

图 4.1.4　动力蓄电池系统的内部结构

1）动力蓄电池。丰田卡罗拉混合动力汽车的动力蓄电池是金属氢化物镍蓄电池，具有良好的耐过充电、过放电能力，工作过程中基本不会出现电解液增减现象，整体结构密封，免维护，使用中具有较高的比能量、比功率及循环寿命。

动力蓄电池的内部结构和内部连接分别如图 4.1.5 和图 4.1.6 所示。

图 4.1.5　动力蓄电池的内部结构

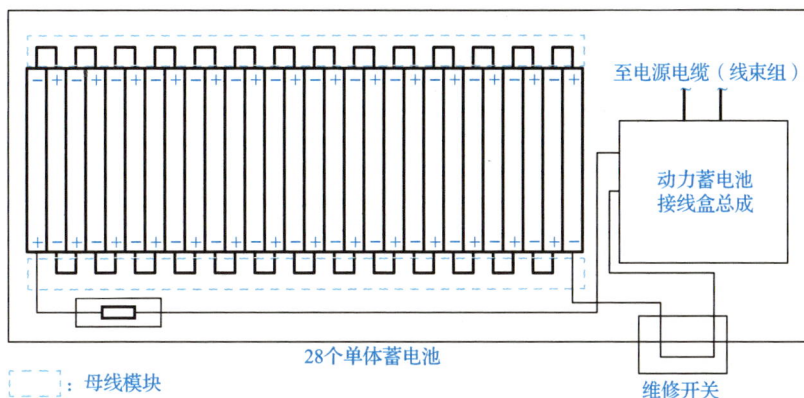

至电源电缆（线束组）

动力蓄电池接线盒总成

28个单体蓄电池

：母线模块

维修开关

图 4.1.6　动力蓄电池的内部连接

丰田第四代普锐斯混合动力汽车使用的是锂离子蓄电池，如图 4.1.7 所示。该动力蓄电池由 56 个单体蓄电池组成，使用性能在 168 个单体金属氢化物镍蓄电池组成的动力蓄电池的基础上有所改良，体积缩小约 10%，质量减小约 2.4%，充电速度提升约 28%。动力蓄电池安装在后排座椅下面，这样既增加了乘员舱空间，又有效降低了车身重心，提升了车辆的操控性能。

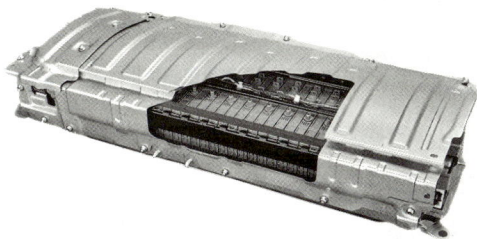

图 4.1.7　丰田第四代普锐斯混合动力汽车用锂离子蓄电池

2）维修开关。混合动力汽车在高压动力系统中设置了维修开关，其目的是对高压动力系统的直流高压电进行安全防控。维修开关是一个结构原理不单一的部件。对于不同车型，维修开关的安装位置不同，有些车型安装在发动机舱内，有些车型安装在驾驶室内换挡箱内，大部分车型安装在动力蓄电池的左侧盖或右侧盖。图 4.1.8 所示为丰田凯美瑞维修开关的安装位置和结构原理。

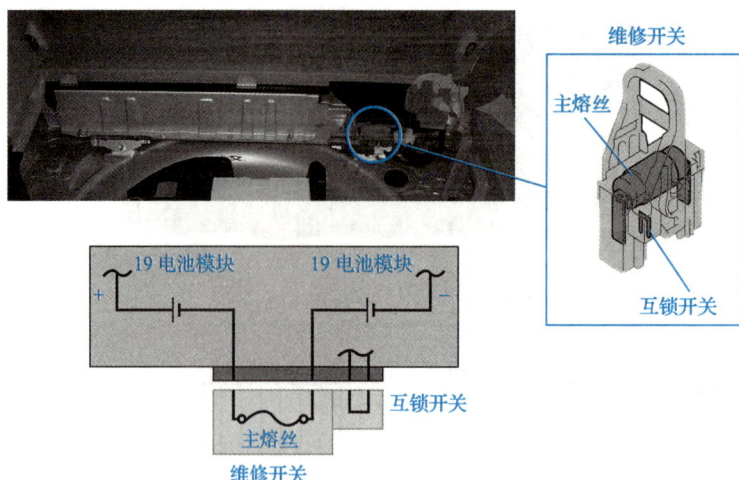

图 4.1.8　维修开关的安装位置和结构原理

　　动力蓄电池模块主电路中串联了维修开关，用于手动切断高压电路，这样可确保维修期间的安全性。电路中还安装了可检测维修开关安装状态的互锁开关。维修开关解锁时，互锁开关关闭，动力管理控制 HV ECU 切断系统主继电器。因此，为确保操作安全，拆下维修开关前务必将电源开关置于 OFF 位置。高压电路的主熔丝位于维修开关内。

　　3）动力蓄电池接线盒总成。在动力蓄电池接线盒总成中安装了主正继电器（SMRB）、主负继电器（SMRG）、预充继电器（SMRP）3 个主继电器（SMR）。SMR 根据来自 HV ECU 的信号连接或断开动力蓄电池及电源电缆的继电器。SMRB 位于动力蓄电池正极侧；SMRP 与预充电电阻器相连后与 SMRG 并联，位于动力蓄电池负极侧，如图 4.1.9 所示。

图 4.1.9　SMR 及预充电电阻器

　　车辆电源开关接通（READY ON）时 SMR 的工作情况：HV ECU 首先依次控制接通 SMRB、SMRP，使电流流经预充电电阻器进行高压电路预充电，保护电路中的触点以防涌入电流造成损坏；当 HV ECU 检测到预充电完成后，控制接通 SMRG，使电流绕过预充电电阻器，如图 4.1.10 所示。

车辆电源开关断开（READY OFF）时 SMR 的工作情况：首先 SMRG 断开，然后 SMRB 断开，如图 4.1.11 所示。

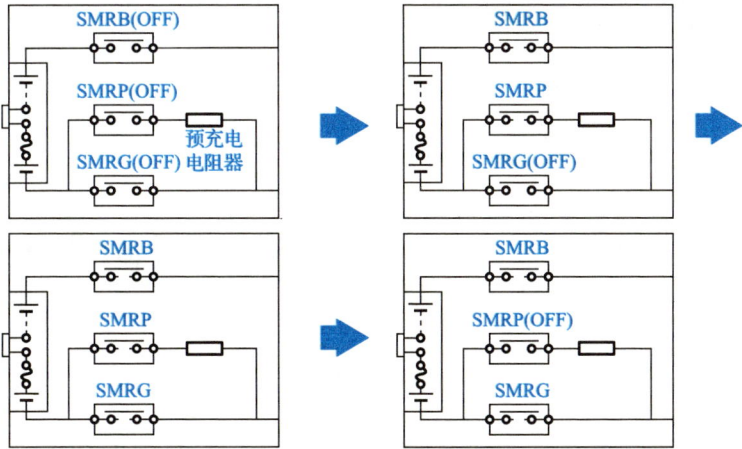

图 4.1.10 电源开关接通（READY ON）时 SMR 的工作情况

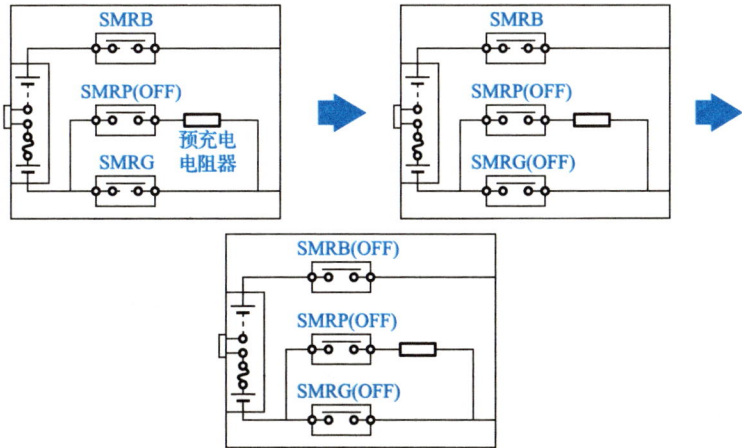

图 4.1.11 电源开关断开（READY OFF）时 SMR 的工作情况

4）动力蓄电池冷却。动力蓄电池内部在放电和充电过程中都会发生化学反应产生热量，如果蓄电池温度过度升高，则蓄电池性能下降，使用寿命缩短。动力蓄电池正常的工作温度为 10～40℃，能输出较大的功率密度。

动力蓄电池的冷却基本有水冷和强制风冷两种形式。现以强制风冷形式来介绍动力蓄电池的冷却，依靠冷却鼓风机从车厢吸入空气传送至动力蓄电池，经过壳体与蓄电池模块之间的缝隙，使动力蓄电池的热量从排气口排出。动力蓄电池的冷却过程及冷却系统的结构如图 4.1.12 所示。

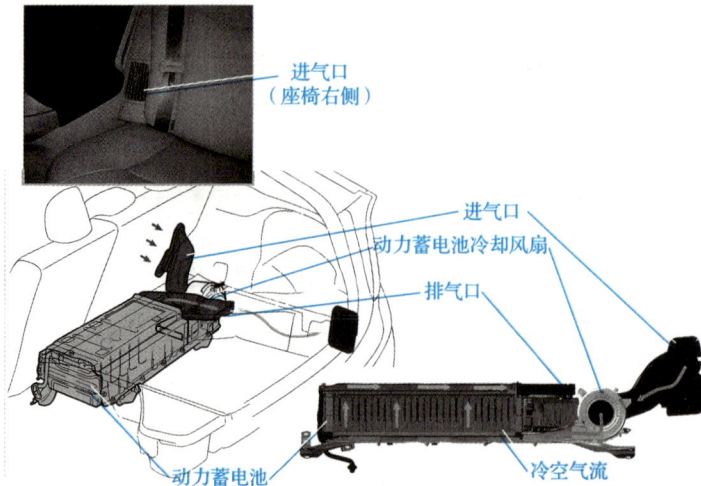

图 4.1.12　动力蓄电池的冷却过程及冷却系统的结构

动力蓄电池冷却鼓风机采用无刷电动机，电动机控制器根据 HV ECU 信号控制鼓风机的运转。动力蓄电池冷却鼓风机控制原理如图 4.1.13 所示。

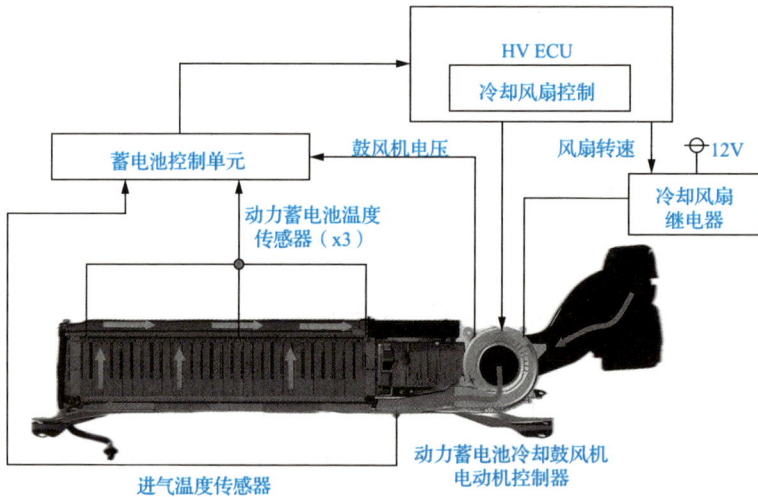

图 4.1.13　动力蓄电池冷却鼓风机控制原理

5）动力蓄电池的 SoC 控制。动力蓄电池的 SoC 可反映蓄电池剩余容量，其数值上定义为电池剩余电荷量的比值。HV ECU 持续进行充电/放电控制，使 SoC 保持在 60%目标值左右的水平（能量监控器的 SoC 显示约为 6 个格）。SoC 目标控制如图 4.1.14 所示。

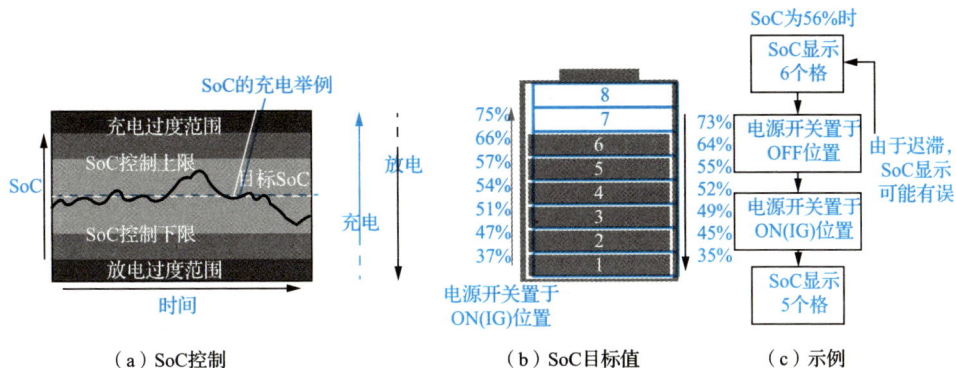

（a）SoC控制　　　　　　（b）SoC目标值　　　（c）示例

图 4.1.14　SoC 目标控制

6）动力蓄电池的电气原理图及端子定义。不同混合动力汽车的动力蓄电池结构及原理是有所不同的。现以红旗 H7 PHEV 为例介绍动力蓄电池的电气原理图及端子定义，其电气原理图如图 4.1.15 所示，端子定义及其功能分别如图 4.1.16 及表 4.1.3 所示。

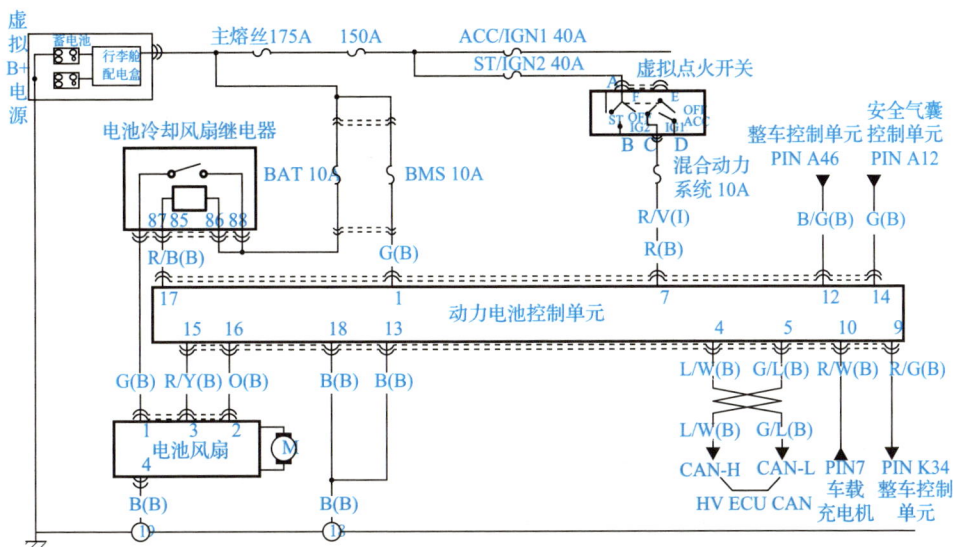

图 4.1.15　红旗 H7 PHEV 动力蓄电池电气原理图

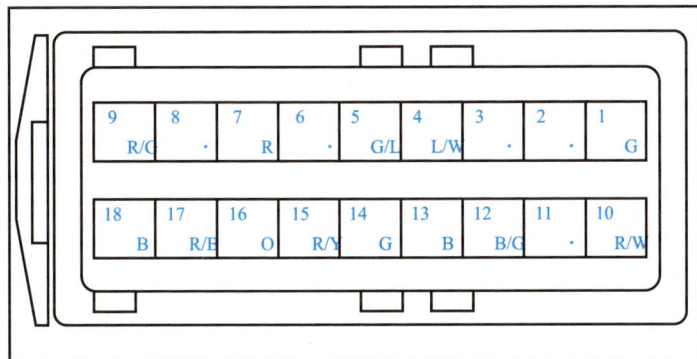

图 4.1.16　红旗 H7 PHEV 动力蓄电池端子定义

表4.1.3　端子功能

端子	功能说明	端子	功能说明
1	蓄电池电源	13	接地线
4	CAN-H	14	安全气囊信号线
5	CAN-L	15	冷却风扇 PWM
9	高压互锁 OUT	16	冷却风扇反馈
10	高压互锁 IN	17	冷却风扇继电器线圈控制
12	电池紧急控制信号	18	接地线

注：PWM（pulse width modulation）是指脉冲宽度调制。

2. 辅助蓄电池

（1）安装位置

混合动力汽车辅助蓄电池的安装位置也随不同车型而异。丰田卡罗拉混合动力汽车辅助蓄电池的安装位置在行李舱里的右侧尾角处，如图4.1.17所示。比亚迪秦混合动力汽车辅助蓄电池的安装位置在行李舱里的动力蓄电池上部，如图4.1.18所示。

辅助蓄电池（密封型号）　　　　　行李舱

图4.1.17　丰田卡罗拉混合动力汽车辅助蓄电池的安装位置

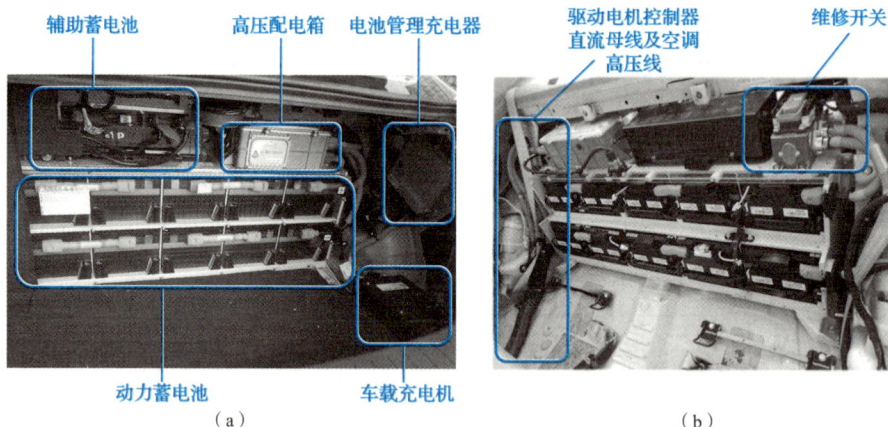

辅助蓄电池　　高压配电箱　　电池管理充电器　　　驱动电机控制器直流母线及空调高压线　　维修开关

动力蓄电池　　车载充电机

（a）　　　　　　　　　　　　　　（b）

图4.1.18　比亚迪秦混合动力汽车辅助蓄电池的安装位置

（2）内部结构及功能（参照比亚迪秦混合动力版）

1）辅助蓄电池与普通铅酸蓄电池相比，增加了一个启动正极柱和一个通信口。

2）辅助蓄电池有3个极柱，分别是启动正极柱（大"+"）、低压正极柱（小"+"）、负极柱（"–"）。其外观及内部结构如图4.1.19所示。

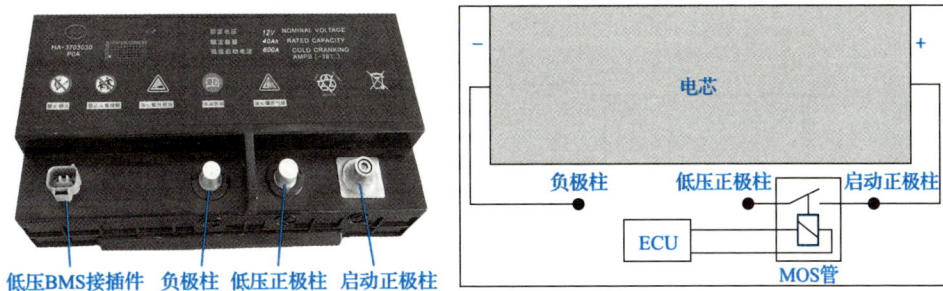

图 4.1.19　辅助蓄电池的外观及内部结构

3）启动正极柱通过连接线束接到发动机起动机正极，在发动机起动过程中此电路接通，辅助蓄电池放电形成回路，起动车辆。低压电路如图 4.1.20 所示。

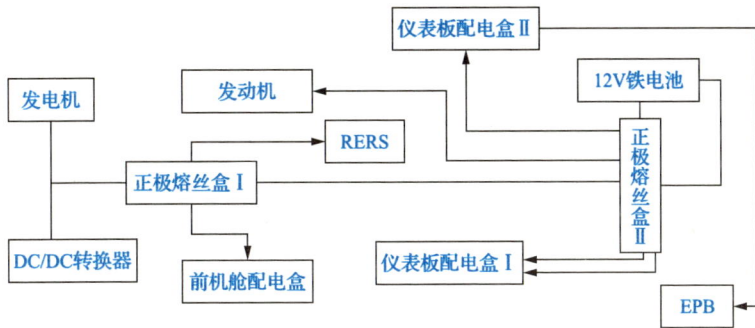

图 4.1.20　低压电路

注：EPB（electrical park brake）是指电子驻车制动系统。

4）低压正极柱开始时是整车负载的供电电源，同时并联在 DC/DC 转换器和发电机正极输出端上。一般情况下，在给辅助蓄电池充电时，车辆使用发电机和 DC/DC 转换器两个供电电源，只有这两个电源输出不足时，低压正极柱才参与整车负载供电，此极柱回路的过电流能力有限，严禁使用此极柱跨接对电起动发动机。

5）辅助蓄电池内部包含电池管理器，其通过通信口与整车模块（HV ECU）交互信息。

6）辅助蓄电池电压低时，启动智能充电功能，通过 DC/DC 转换器将高压电转换为低压电，为辅助蓄电池充电。当无法有效进入智能充电状态时，辅助蓄电池进入休眠状态，此时可在有效关闭前机舱盖、行李舱盖及 4 车门状态下，按左前门微动开关进行唤醒。

（3）辅助蓄电池充电系统（参照卡罗拉混合动力版）

在丰田卡罗拉混合动力汽车上安装有 12V 辅助蓄电池（低压蓄电池），用于给整车的灯光、照明、车辆 ECU 及总线等供电。由于卡罗拉混合动力汽车上发电机发出的电压是高压交流电（高于 200V），不能直接给辅助蓄电池充电，因此要将高压交流电转换成低压直流电才能给辅助蓄电池充电，对应的辅助蓄电池充电系统如图 4.1.21 所示。

图 4.1.21　辅助蓄电池充电系统

从图 4.1.21 中可以看出，DC/DC 转换器把高压直流电转换成低压直流电，通过 AMD 端子给辅助蓄电池充电。

辅助蓄电池附近安装有环境温度传感器，用于检测辅助蓄电池工作环境的温度，其结构如图 4.1.22 所示。

辅助蓄电池有可能存在过充电的情况，如果发生过充电，则辅助蓄电池电解液中的水分会发生电离而产生氢气。为避免氢气聚集而产生爆炸的情况发生，辅助蓄电池还安装了一个导气管（排氢气管），用于将氢气排出行李舱，如图 4.1.23 所示。

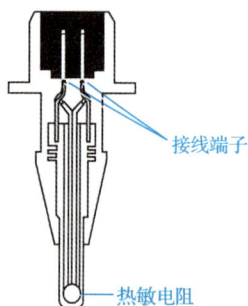

图 4.1.22　环境温度传感器结构

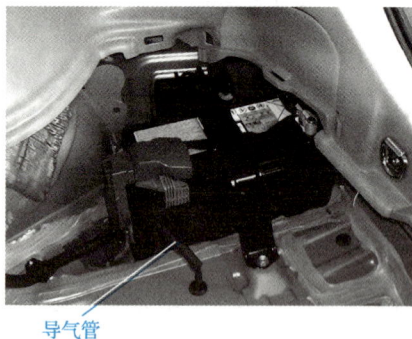

图 4.1.23　辅助蓄电池导气管

二、混合动力汽车蓄电池的维护与保养

1. 辅助蓄电池的维护与保养

（1）清洁与紧固

拆下辅助蓄电池的保护罩，进行全面清洁。

1）用软毛刷对辅助蓄电池的外壳从上表面到四周侧面进行清洁。

2）如果电缆接线柱松动或腐蚀，则紧固或清洁端子，端子的固定螺栓力矩为 5.0N·m。

3）拆下导气管疏通清洁，确定其未阻塞、扭结，再按照原安装状态安装并确认紧固。

（2）检查

1）检查并确认辅助蓄电池电缆及通信口连接到正确的端子上，如果连接有误，则将其连接正确。

2）检查辅助蓄电池是否损坏或变形。如果发现严重损坏、变形或有泄漏，则更换辅助蓄电池。

3）检查辅助蓄电池的电解液液位，如果电解液液位低于下线，则更换辅助蓄电池。

4）检查辅助蓄电池电压：将电源开关置于 OFF 位置并点亮远光灯 30s，去除辅助蓄电池的表面电荷。测量辅助蓄电池正极端子与负极端子之间的电压，若电压值为 12.6～12.8V，则说明辅助蓄电池电压正常；若电压为 12.2～12.6V，则须对辅助蓄电池进行充电（充电时根据充电器说明对辅助蓄电池充电，充电电流应小于 5A）；若电压低于 12.2V，则须更换辅助蓄电池。

5）检查并测量辅助蓄电池充电系统中各熔断器和熔丝的电阻，标准电阻值应小于 1Ω。

2. 动力蓄电池的维护与保养

（1）动力蓄电池维护与保养前的准备

1）做好安全高压防护工作（安装车辆防护套及做好作业人员安全防护），切断高压电路。

2）准备维护与保养混合动力汽车动力蓄电池所需的清洁用具和检测工具。

（2）动力蓄电池外部清洁

工作中的混合动力汽车的动力蓄电池是一个较大的发热体，为了有一个良好的工作环境以利于散热，必须保证动力蓄电池的外部干净、无覆盖物，对其外表面进行彻底清洁。不同混合动力汽车动力蓄电池的安装位置不一样，有些车辆安装在行李舱，有些车辆安装在底盘后部，对车辆进行维护与保养时要特意对动力蓄电池进行清洁护理。

（3）动力蓄电池的检查与检测

1）检查动力蓄电池外部有无损伤。要定期对动力蓄电池的外部壳体（有无变形、凹陷、刮擦、裂纹、砂眼等损伤）进行详细检查。若损伤轻微，则应维修护理；若损伤严重，则应更换。

2）检查动力蓄电池绝缘性。

① 检查动力蓄电池电缆线。拔掉动力蓄电池高压电缆线（橙色），将绝缘电阻表的黑表笔接于线缆外壳，红表笔测量高压线缆线芯，绝缘阻值为无穷大；否则要更换高压电缆。

② 测量动力蓄电池绝缘电阻值。拔掉高压盒端动力蓄电池输入线，车辆钥匙置于 ON 挡，将绝缘电阻表的黑表笔接于车身，红表笔逐个测量动力蓄电池正、负极端子，接正极端子时阻值不小于 $1.4M\Omega$，接负极端子时阻值不小于 $1.0M\Omega$；否则应检修动力蓄电池。

3）检查动力蓄电池 3 个 SMR（参照卡罗拉混合动力版）。

打开行李舱盖，拆下动力蓄电池的护板并找到接线盒总成，示意图如图 4.1.24 所示。使用万用表测量相关端子之间的电阻值，以确定 SMRB、SMRG 和 SMRP 的工作状况。

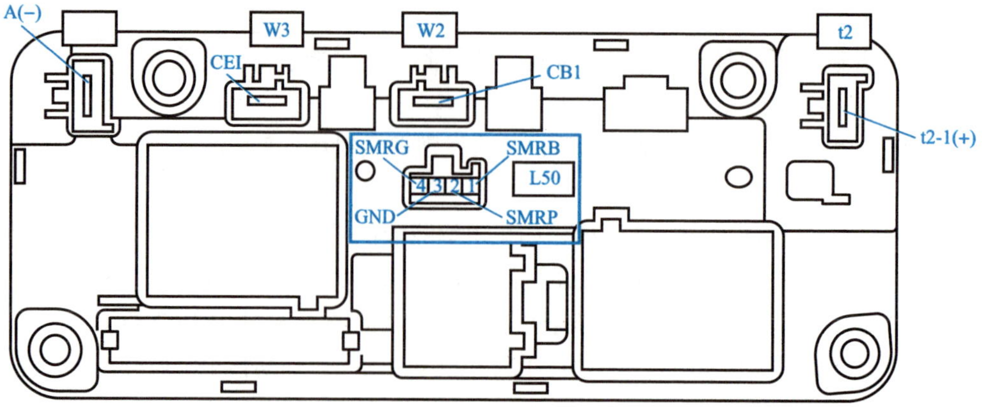

图 4.1.24　接线盒示意图

① 检查 SMRB。

a. 在端子 L50-1（SMRB）和 L50-3（GND）之间未施加辅助蓄电池电压的情况下，测量 W2-1（CB1）和 t2-1（+）之间的电阻，阻值应为 10kΩ 或更大。

b. 在端子 L50-1（SMRB）和 L50-3（GND）之间施加辅助蓄电池电压的情况下，测量 W2-1（CB1）和 t2-1（+）之间的电阻，阻值应小于 1Ω。

c. 在-40～+80℃的温度下，测量端子 L50-1（SMRB）和 L50-3（GND）之间的电阻，阻值应为 20.6～40.8Ω。

如不符合规定，则更换接线盒总成。

② 检查 SMRG。

a. 在端子 L50-4（SMRG）和 L50-3（GND）之间未施加辅助蓄电池电压的情况下，测量 W3-1（CEI）和 A（-）之间的电阻，阻值应为 10kΩ 或更大。

b. 在端子 L50-4（SMRG）和 L50-3（GND）之间施加辅助蓄电池电压的情况下，测量 W3-1（CEI）和 A（-）之间的电阻，阻值应小于 1Ω。

c. 在-40～+80℃的温度下，测量端子 L50-4（SMRG）和 L50-3（GND）之间的电阻，阻值应为 20.6～40.8Ω。

如不符合规定，则更换接线盒总成。

③ 检查 SMRP。

a. 在端子 L50-2（SMRP）和 L50-3（GND）之间未施加辅助蓄电池电压的情况下，测量 W3-1（CEI）和 A（-）之间的电阻，阻值应为 10kΩ 或更大。

b. 在端子 L50-2（SMRP）和 L50-3（GND）之间施加辅助蓄电池电压的情况下，测量 W3-1（CEI）和 A（-）之间的电阻，阻值应为 24.3～29.7Ω。

c. 在-40～+80℃的温度下，测量端子 L50-2（SMRP）和 L50-3（GND）之间的电阻，阻值应为 140～290Ω。

若不符合规定，则应更换接线盒总成。

4）检查动力蓄电池维修开关。使用万用表测量维修开关两端子之间的电阻，其阻值应一直小于 1Ω。如果测量结果不符合规定，则应更换维修开关。

5）检测动力蓄电池电压（参照卡罗拉混合动力版）。

① 按照规定操作步骤进行系统上电操作［安装维修开关，安装辅助蓄电池负极端子电缆，将车辆电源开关置于 ON（READY）位］。

② 检测动力蓄电池电源端子电压：佩戴绝缘手套，使用电压表测量插接器两个端子之间的电压，如图 4.1.25 所示。

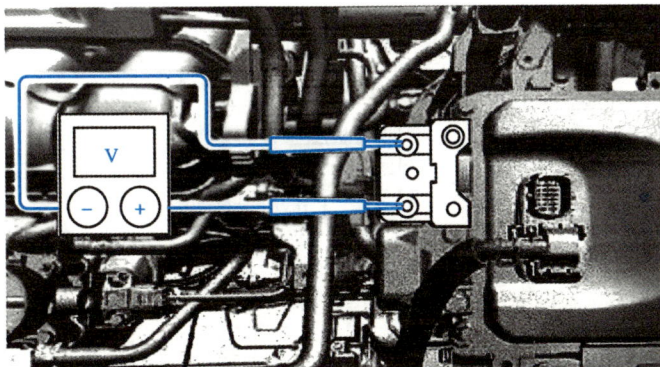

图 4.1.25　测量插接器两个端子之间的电压

动力蓄电池电压正常时，测量的电压应略高于标准值 201.6V。

（4）动力蓄电池冷却系统的维护与保养

混合动力汽车的动力蓄电池在不同温度下会有不同的工作性能，温度的变化会使动力蓄电池的 SoC、开路电压、内阻和可用能量发生变化，甚至会影响动力蓄电池的使用寿命。另外，温度的差异也是导致动力蓄电池内电池模组电压均衡问题的原因之一。为了保证动力蓄电池系统的性能和使用寿命，必须有一套由 BMS 控制的冷却系统对动力蓄电池进行散热，保持动力蓄电池所需的工作温度。

对混合动力汽车动力蓄电池的冷却主要有强制风冷和水冷两种方式。强制风冷方式设计主要考虑动力蓄电池系统结构的设计，风道、鼓风机的位置，鼓风机功率的选择及控制策略等。水冷方式设计主要考虑冷却管道、流场、进出口冷却剂的流量、温度、压降，以及水泵和整车空调压缩机的控制策略等。目前混合动力汽车普遍采用强制风冷的冷却方式。

强制风冷方式的主要优点是结构简单，质量相对较小；不会发生漏液；有害气体产生时能有效通风；成本较低。该方式的缺点是冷空气流与蓄电池壁面之间的换热系数低，冷却、加热速度慢。

现以丰田卡罗拉混合动力汽车动力蓄电池强制风冷方式为例介绍其冷却系统的维护与保养。图 4.1.26 所示为动力蓄电池冷却系统的电控原理。

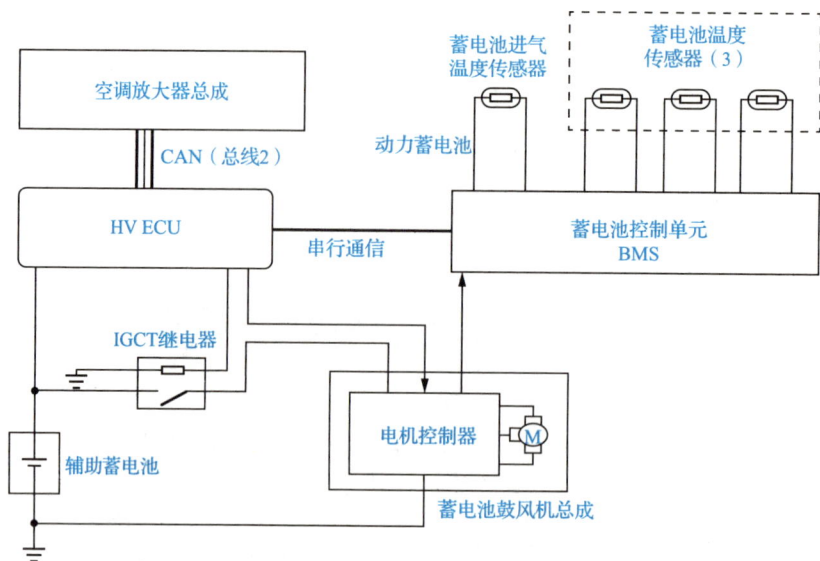

图 4.1.26 动力蓄电池冷却系统的电控原理

1）清洁冷却系统进、出风口。强制风冷式冷却系统对动力蓄电池散热冷却，是由鼓风机吸入外部冷空气，在动力蓄电池内循环驱除热量、降低温度，再由排气口（出风口）排出。这就需要用清洁工具对冷却系统的进、排气口进行定期清洁，保障进、排风畅通。

2）检查与更换蓄电池鼓风机滤网。后排座椅使用频繁，在交通拥挤、尘土过多的区域驾驶车辆等，都易造成鼓风机滤网堵塞，必要时应清洁或更换蓄电池鼓风机滤网。

① 拆卸蓄电池鼓风机滤网。取下后排座椅坐垫，找到侧盖并将其拆下，如图 4.1.27 所示；分离侧盖的 2 个卡夹，然后拆下动力蓄电池 1 号进气滤清器，如图 4.1.28 所示；再从动力蓄电池 1 号进气滤清器上拆下蓄电池鼓风机滤网，如图 4.1.29 所示。

图 4.1.27 拆下后排座椅坐垫侧盖

图 4.1.28 拆下 1 号进气滤清器

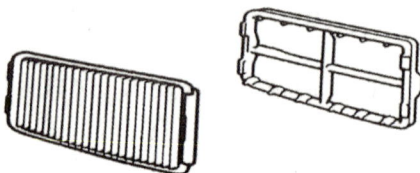

图 4.1.29 拆下蓄电池鼓风机滤网

② 检查蓄电池鼓风机滤网。目视检查蓄电池鼓风机滤网，要求无堵塞或损坏。如果滤网有堵塞，则应使用压缩空气枪对被堵塞的滤网进行清洁，喷气口距离滤网至少 30mm，如图 4.1.30 所示。如果滤网有损坏，则应对滤网进行更换。

图 4.1.30　清洁蓄电池鼓风机滤网

③ 安装蓄电池鼓风机滤网。清洁后的滤网或更换后的滤网，其安装步骤都是一样的。先把蓄电池鼓风机滤网安装到动力蓄电池 1 号进气滤清器上，然后把动力蓄电池 1 号进气滤清器安装到后排座椅坐垫侧盖上，接合 2 个卡夹，再安装后排座椅坐垫侧盖并接合 2 个卡夹和 2 个导销。

3）更换蓄电池鼓风机。

① 拆卸蓄电池鼓风机。

a. 打开行李舱盖，拆下备胎罩。

b. 分离 2 个紧固件并拆下行李舱前装饰罩。

c. 按照要求，拆卸后排座椅总成。

d. 找到车内如图 4.1.31 所示的位置，分离 2 个卡夹，断开插接器，拆卸车内 3 号电子钥匙天线总成，如图 4.1.32 所示。拆卸过程中注意不要使电子钥匙天线总成掉落，若掉落，则需更换新的电子钥匙天线总成。

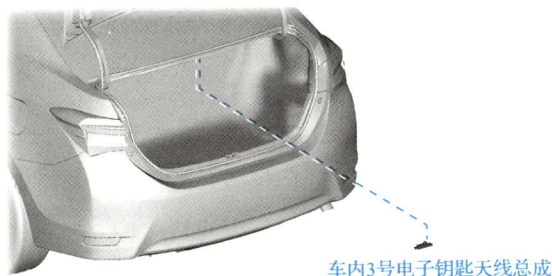

图 4.1.31　车内 3 号电子钥匙天线总成位置

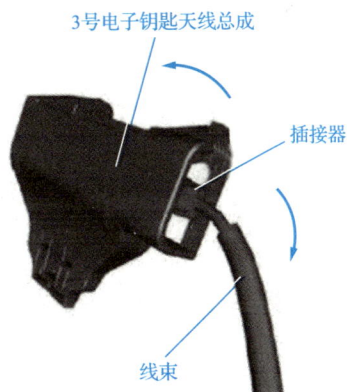

图 4.1.32　断开插接器

e. 如图 4.1.33 所示，拆下卡夹，逆时针扭动动力蓄电池 1 号进气管，分离 2 个卡夹，拆下 1 号进气管。

图 4.1.33　拆卸动力蓄电池 1 号进气管

f. 断开动力蓄电池鼓风机总成（图 4.1.34）的插接器，分离 2 个卡夹。拆卸 3 个螺栓，从动力蓄电池上拆下蓄电池鼓风机总成，如图 4.1.35 所示。

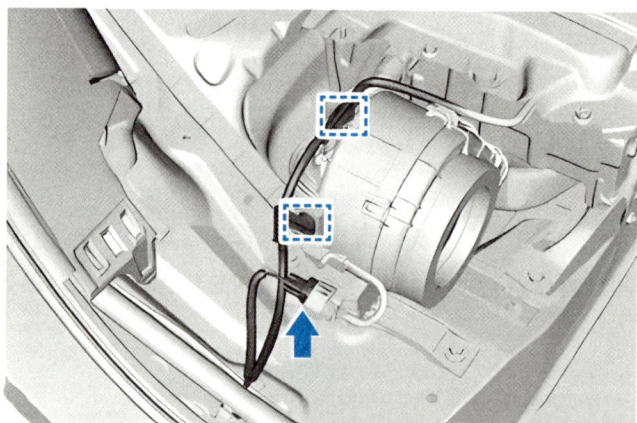

图 4.1.34　分离 2 个卡夹

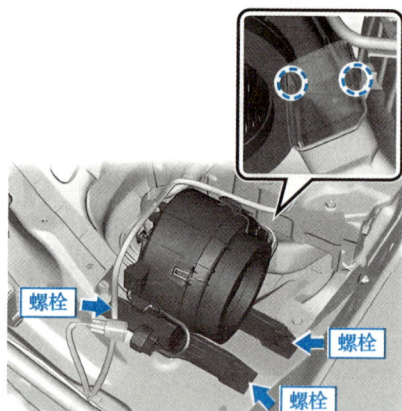

图 4.1.35　拆下蓄电池鼓风机总成

② 安装蓄电池鼓风机。安装过程与拆卸过程相反，注意按照规定力矩拧紧相关螺栓。

三、混合动力汽车动力蓄电池的更换

混合动力汽车的动力蓄电池体积大、质量大，更换时，有些车型需要更换整体动力蓄电池，有些车型需要更换动力蓄电池组，拆卸时应按标准拆卸步骤进行作业，同时要使用专用工具。

1. 混合动力汽车动力蓄电池（或动力蓄电池组）更换前的准备工作

1）做好安全高压防护工作（安装车辆防护套及做好作业人员安全防护），切断高压电路。

2）准备更换混合动力汽车动力蓄电池（或动力蓄电池组）所需的清洁用具和拆装工具。

2. 注意事项

1）拆卸动力蓄电池（或动力蓄电池组）时一定要保证整车电源开关置于 OFF 位置且维修开关处于断开状态。维修开关拔出和恢复时一定要佩戴绝缘手套。

2）拆卸动力蓄电池输出电缆线或取出模组时一定要佩戴绝缘手套。该操作过程由一人单独完成。

3）如果在拆卸动力蓄电池组时，动力蓄电池系统显示有故障，则必须先将故障模组拆除，显示连接好之后才能用诊断仪请求进入维修模式。

4）在维修模式下只能进行车载充电，若进行其他操作则可能会有风险。

5）拆除模组的采集器必须串联在线束上（即连接通信插接器）。

3. 动力蓄电池的更换

1）拆卸动力蓄电池。

① 将电源开关置于 OFF 位置。

② 5s 后断开辅助蓄电池负极线，如图 4.1.36 所示。

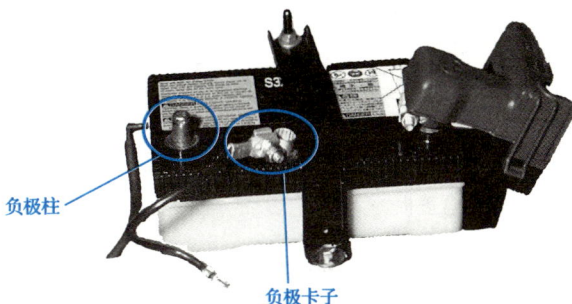

图 4.1.36　断开辅助蓄电池负极线

③ 等待约 5min 后拆下维修开关，并将维修开关放置在安全地方。

④ 断开动力蓄电池连接的低压插接器和高压插接器。

⑤ 验电。确认动力蓄电池高压输出端口的电压低于 60V。

⑥ 拆下 8 个 M10 螺栓。

⑦ 使用专用工具小心取出动力蓄电池，如图 4.1.37 所示。

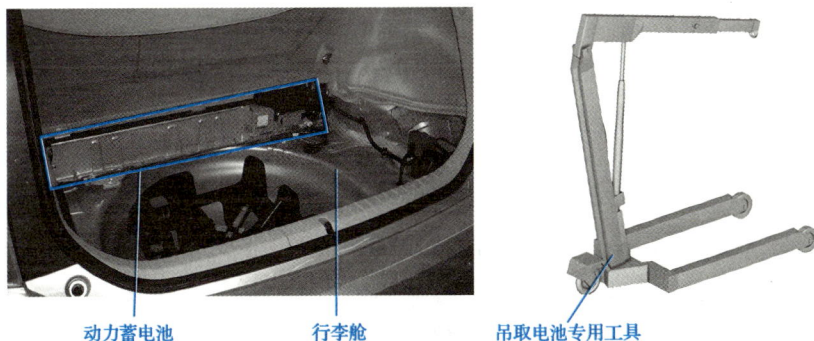

图 4.1.37　用专用工具取出动力蓄电池

2）安装动力蓄电池。安装动力蓄电池时按照与拆卸相反的顺序进行规范安装。

4. 动力蓄电池模组的更换（参照吉利帝豪混合动力汽车）

（1）拆卸动力蓄电池模组

1）打开行李舱盖。

2）断开动力蓄电池模组负极电缆。

3）拆卸维修开关。

① 打开副仪表储物盒盖板，如图 4.1.38 所示。

② 佩戴高压绝缘手套，拇指按住维修开关把手卡扣，其余手指按住把手，垂直拔出维修开关插头，如图 4.1.39 所示。

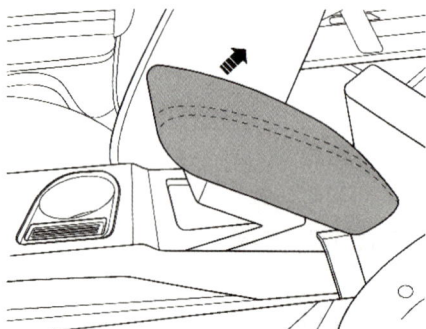

图 4.1.38　打开副仪表储物盒盖板

图 4.1.39　拔出维修开关插头

③ 关闭副仪表储物盒盖板，如图 4.1.40 所示。

4）支撑动力蓄电池总成。

① 将车辆用举升机升起。

② 拆卸动力蓄电池防撞梁 4 颗固定螺栓，取下动力蓄电池防撞梁，如图 4.1.41 所示。

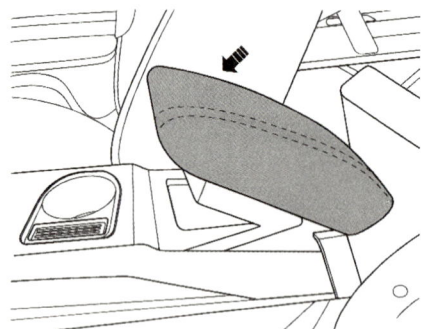

图 4.1.40　关闭副仪表储物盒盖板

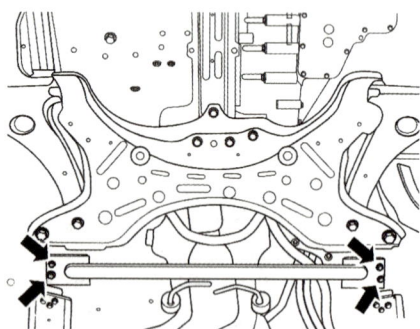

图 4.1.41　拆卸动力蓄电池防撞梁

③ 置入平台车，使用平台车支撑动力蓄电池总成，如图 4.1.42 所示。

5）拆卸动力蓄电池总成。

① 拆卸隔热罩 5 颗固定螺栓，取下隔热罩，如图 4.1.43 所示。

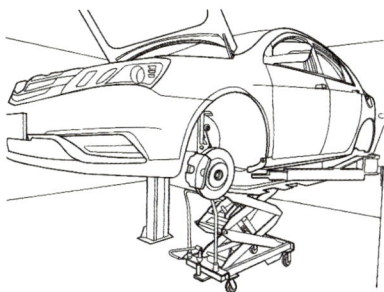

图 4.1.42　使用平台车支撑动力蓄电池总成

图 4.1.43　拆卸隔热罩

② 拆卸卡箍，断开动力蓄电池进水管 1（图 4.1.44）。

③ 拆卸卡挂，断开动力蓄电池出水管 2（图 4.1.44）。

④ 断开动力蓄电池低压线束连接器 3（图 4.1.44）。

⑤ 断开动力蓄电池高压线束连接器 4（图 4.1.44）。

⑥ 断开动力蓄电池慢充线束连接器 5（图 4.1.44）。

⑦ 拆卸动力蓄电池前后左右共 7 颗紧固螺栓 1（图 4.1.45）。

⑧ 拆卸动力蓄电池搭铁螺栓 2（图 4.1.45）。

⑨ 缓慢下降平台车，取出动力蓄电池模组。

（2）安装动力蓄电池模组

1）安装动力电池总成。

① 缓慢举升平台车，调整平台车位置，使动力蓄电池总成上的安装孔与车身对齐。

② 安装并紧固动力蓄电池总成 7 个紧固螺栓 1（图 4.1.45），拧紧力矩为 75N•m。

③ 安装并紧固动力蓄电池搭铁螺栓 2（图 4.1.45）。

④ 连接动力蓄电池慢充线束连接器 5（图 4.1.44）。

⑤ 连接动力蓄电池高压线束连接器 4（图 4.1.44）。

⑥ 连接动力蓄电池低压线束连接器 3（图 4.1.44）。

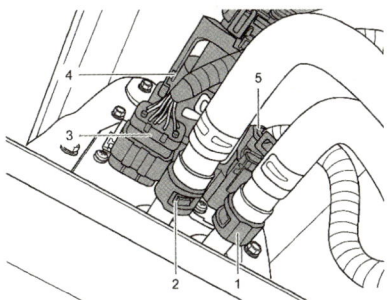

图 4.1.44　拆卸动力蓄电池出水管和线束连接器

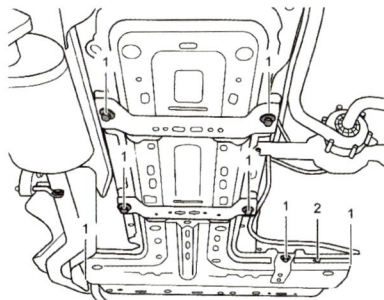

图 4.1.45　拆卸动力蓄电池紧固螺栓和搭铁螺栓

注意：插接时注意"一插、二响、三确认"。

⑦ 连接动力蓄电池出水管 2（图 4.1.44），紧固卡箍。

⑧ 连接动力蓄电池进水管 1（图 4.1.44），紧固卡箍。

⑨ 安装并紧固动力蓄电池防撞梁 4 颗紧固螺栓（图 4.1.41），拧紧力矩为 23N•m。

2）安装维修开关。

① 打开副仪表储物盒盖板（图 4.1.38）。

② 佩戴高压绝缘手套，连接维修开关，如图 4.1.46 所示。

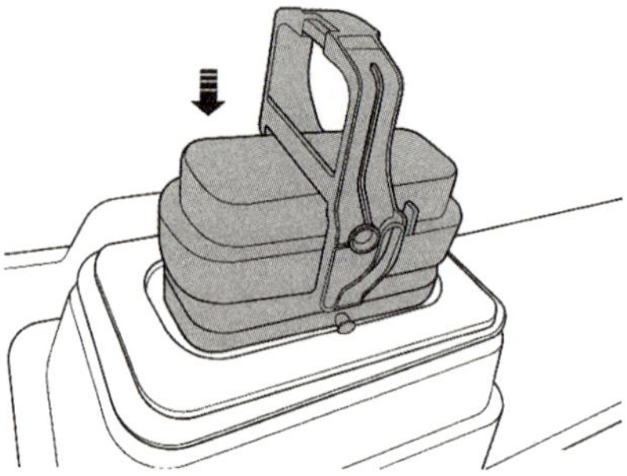

图 4.1.46　连接维修开关

③ 关闭副仪表储物盒盖板（图 4.1.40）。

3）连接动力蓄电池负极电缆。

4）关闭行李舱盖。

知识拓展

新能源汽车动力蓄电池系统研发趋势

新能源汽车发展到当前阶段，动力蓄电池系统应结合整车产品进行重新设计，并根据未来车用动力蓄电池的需求进行设计制造模式的升级，在动力蓄电池基础材料、电池制造和系统技术全产业链上同时下功夫，提高产品质量，降低规模化生产成本，提升产业竞争力。

未来以下几方面的研发工作需要坚持和进一步加强。

1）材料方面。须继续改进磷酸铁锂、锰酸锂、三元材料、复合碳负极材料、钛酸锂、陶瓷涂层隔膜、功能型电解液等现有材料，研发高容量层状正极材料、高电压锂镍锰尖晶石正极材料及其产业化工艺技术；研发与高电压正极材料配套的耐高压电解液；研发耐高温和耐高电压的电池隔膜；研究硅基合金负极材料及其产业化工艺技术。

2）动力蓄电池设计和制造方面。需研发新型极片和电池结构，开发高速合浆新工艺和装备、精密涂布模头和控制系统、高精度涂层测厚系统、高速一体化电池芯制造系统、电池和电池组自动装备线和制造信息化系统等，开发出适合中国国情的自动化生产/测试的关键装备和信息化技术。

3）动力蓄电池系统技术方面。须开展锂离子动力蓄电池的寿命模型及模型影响参数的研究、电池成组方式特性研究、高效大容量锂离子电池组均衡策略研究、单体电池充放电热模型与成组电池包温度场分析和控制方法研究、成组电池优化快速充电方法研究。

4）还需要加强动力蓄电池系统的评价工作，建立动力蓄电池评价体系，全面评价电动车用动力蓄电池产业链的水平，包括针对材料、单体电池、电池模块、BMS、电池系统热管理、电池安全监控、充电方法和充电器、电池组、生产工艺和设备、电池组综合成本、电池再次使用、回收工艺的可行性和回收方法的方便性等方面。

任务实施

小组根据该任务的学习情况，查阅相关资料和利用实训设备（工具、车辆），完成下列工作任务单。

混合动力汽车动力蓄电池性能测试及维护与保养工作任务单

任务名称	混合动力汽车动力蓄电池性能测试及维护与保养		
小组成员		任务成绩	
任务要求	1. 利用教师提供的新能源实训车辆，写出车辆蓄电池的具体结构类型，在实车上确认蓄电池中的各总成部件，并记录安装位置及型号。 2. 记录丰田卡罗拉混合动力汽车动力蓄电池性能测试及维护与保养过程		
安全要求	记录实训中应该注意的安全事项		
混合动力汽车动力蓄电池总成认知记录	1. 实训车辆1： 动力蓄电池总成及类型记录： 部件与总成安装位置记录： 2. 实训车辆2： 动力蓄电池总成及类型记录： 部件与总成安装位置记录：		
丰田卡罗拉混合动力汽车动力蓄电池性能测试及维护与保养过程记录			

考核评价

综合整个学习过程，通过学生的课堂表现、课后巩固、任务完成情况等对学生的知识目标、能力目标、思政要素和职业素养目标达成情况进行评价。

任务教学目标达成情况评价表

班级：_____ 姓名：_____

知识目标达成情况		
目标描述	教师评价	学生自评
是否能够区分混合动力汽车的动力蓄电池类型		
是否能够理解混合动力汽车动力蓄电池的结构组成		

续表

知识目标达成情况		
目标描述	教师评价	学生自评
能否掌握动力蓄电池的工作特性		
评价结论：知识目标达成与否	○是	○否
能力目标达成情况		
目标描述	教师评价	学生自评
是否具备查阅混合动力汽车动力蓄电池相关技术资料的能力		
是否理解混合动力汽车动力蓄电池的工作原理		
能否掌握丰田卡罗拉混合动力汽车动力蓄电池的维护与保养方法及注意事项		
评价结论：能力目标达成与否	○是	○否
思政要素和职业素养目标达成情况		
目标描述	教师评价	学生自评
小组活动展现的团队协作、沟通交流能力		
本课实训参与的积极性		
实训是否严谨、客观、科学		
评价结论：思政要素和职业素养目标达成与否	○是	○否

任务二 混合动力汽车充电系统的维护与保养

课程引入

王先生的丰田卡罗拉混合动力汽车已行驶 60 000km，你作为新能源汽车维修人员需要对充电系统进行维护与保养。你对丰田卡罗拉混合动力汽车的充电系统有全面了解吗？

学习目标

知识目标	能力目标	思政要素和职业素养目标
1. 了解混合动力汽车充电系统的结构。 2. 掌握丰田卡罗拉混合动力汽车充电系统的工作原理。 3. 掌握丰田卡罗拉混合动力汽车充电系统维护与保养项目内容	1. 能查阅丰田卡罗拉混合动力汽车充电系统的相关技术资料。 2. 能对丰田卡罗拉混合动力汽车蓄电池进行充电。 3. 掌握丰田卡罗拉混合动力汽车充电系统的维护保养方法及注意事项	1. 养成认真细致的工作态度和一丝不苟的工作作风。 2. 树立标准意识、安全意识、质量意识

对接 1+X 证书模块 4-2（中级）工作任务 2——智能新能源汽车充电系统

课前预习

根据查找的资料或在实训室观摩，完成下列课前预习（表 4.2.1）。

表 4.2.1　混合动力汽车充电系统的维护与保养预习

1. 混合动力汽车充电系统包括哪些部分？

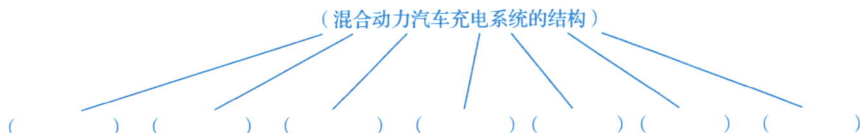

（混合动力汽车充电系统的结构）

（　　　）（　　　）（　　　）（　　　）（　　　）（　　　）（　　　）

2. 简述混合动力汽车动力蓄电池的充电方式。

知识储备

　　混合动力汽车利用效率高、节能环保效果显著、经济实惠，这是因为混合动力系统由发动机匹配传统变速器，与"三电"系统（动力蓄电池、电动机、整车电子控制）各自独立布局，可以实现"纯电-油电混合"及增程驾驶模式。当车辆低速行驶时，由电力驱动；当中、高速行驶时，起动发动机，不仅发动机与电动机一起驱动车轮，还会驱动发电机发电，为动力蓄电池充电，也给辅助蓄电池充电；制动减速时，制动能量转变为电能被回收，为高、低压电池充电。

　　由此可见，混合动力汽车在运行中，动力蓄电池储存电能是关键。为了保证动力蓄电池储能充足，须对混合动力汽车充电系统进行定期维护与保养，保障充电系统的良好工作性能。

一、混合动力汽车充电概述

　　混合动力汽车无论使用外部供电系统、发动机驱动发电机发电，还是通过回收能量给动力蓄电池、辅助蓄电池充电，都需要有一套完整的智能充电系统。智能充电系统中 BMS 和低压充电装置 DC/DC 转换器发挥着重要的作用。

　　动力蓄电池管理电子装置控制单元根据蓄电池组电池的充电状态和温度确定高压动力蓄电池当前可吸收的最大电功率，该数值以 CAN 总线信号形式通过高压互锁回路的信号线路 PT-CAN2 传输至 MG ECU。在此运行的 BMS 协调各项功率要求。充电期间，BMS 控制单元持续确定已达到的充电状态并监控高压动力蓄电池的所有传感器信号。为了确保最佳充电过程，BMS 控制单元也根据这些数值持续计算当前最大充电功率数值并将该数值发送到 MG ECU。在充电过程中，BMS 控制单元还会持续控制动力蓄电池冷却系统，从而确保快速有效的充电过程。

　　同时智能充电系统监测到低压辅助蓄电池的电源电压过低时，智能充电系统启动，控制 DC/DC 转换器工作，将高压直流电转换成低压直流电，为辅助蓄电池充电。

二、混合动力汽车动力蓄电池充电

当前混合动力汽车动力蓄电池的充电方式有电力电网充电、再生制动充电和发动机驱动电机发电充电。对动力蓄电池充电时，通常应该实现 3 种效果：尽快使动力蓄电池恢复额定容量；消除动力蓄电池在放电使用过程中引起的不良后果（动力蓄电池性能被损坏）；对动力蓄电池补充充电，克服蓄电池自放电引起的不良影响（电能内耗）。

1. 电力电网充电

混合动力汽车充电系统主要通过民用电力电网插头和交流充电桩接入交流充电口，通过车载充电装置将民用 220V 交流电转换为直流高压电，为动力蓄电池充电。

（1）混合动力汽车充电系统的结构原理（参照比亚迪唐 PHEV 版）

混合动力汽车的电力电网充电系统主要由电网 220V 的交流电源、交流充电桩、车辆交流充电口、车载充电机、动力蓄电池管理器（BMS）、高压配电箱、动力蓄电池等组成，如图 4.2.1 所示。

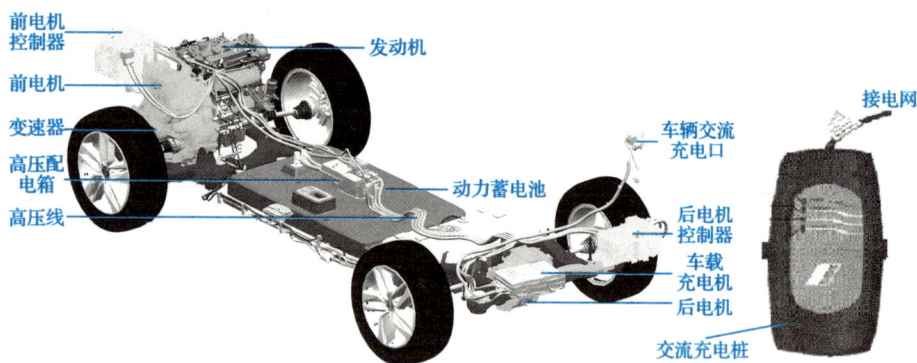

图 4.2.1　比亚迪唐 PHEV 电力电网充电系统

充电过程：检查车辆与充电桩的状况并将充电桩的充电枪安全可靠地连接到车辆交流充电口，打开车辆电源钥匙和充电桩充电开关，车辆仪表充电指示显示正常，充电系统开始对动力蓄电池进行充电。车载充电机接收充电口的 220V 交流电，再将其转换为高压直流电传送给动力蓄电池，此时动力蓄电池的 BMS 全程监控充电系统的充电状况，直至动力蓄电池充电达到额定电压，自动控制停止充电。

（2）混合动力汽车充电系统的典型车载充电机

车载充电机是整车交流充电系统中的重要组成部件，专门用于整车动力蓄电池充电。不同车型车载充电机的结构原理、工作性能、技术参数等有所不同。

1）比亚迪唐 PHEV 汽车的车载充电机。从图 4.2.1 可知：比亚迪唐 PHEV 电力电网充电系统的车载充电机是双向车载充电器，安装在车辆底盘后部的后电机上部，其外观结构如图 4.2.2 所示。

交流充电输入　低压插接件　直流放电输出
交流放电输出　　　　　　　直流充电输入

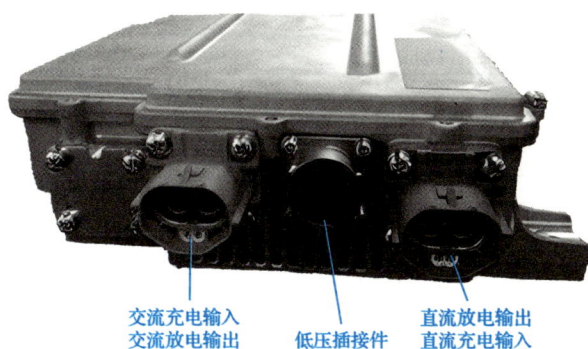

视频：混合动力
汽车车载充电机

图 4.2.2　比亚迪唐 PHEV 双向车载充电机的外观结构

比亚迪唐 PHEV 双向车载充电机的低压插接件端子如图 4.2.3 所示。端子定义如表 4.2.2 所示。

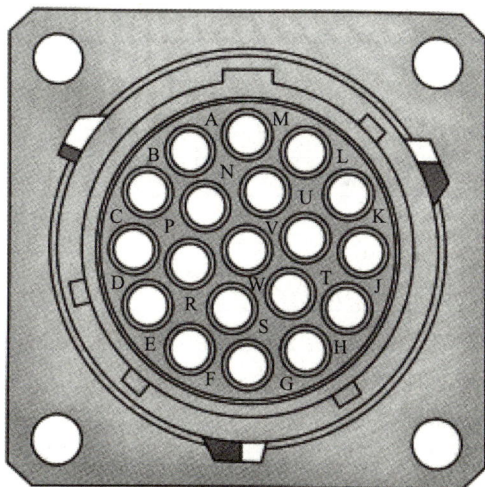

图 4.2.3　比亚迪唐 PHEV 双向车载充电机的低压插接件端子

表 4.2.2　比亚迪唐 PHEV 双向车载充电机的低压插接件端子定义

序号	编码	端子定义	推荐线色	备注
1	A	充电控制确认 CP	G	接交流充电口-01
2	B	—	—	—
3	C	充电感应信号	L	接 BCM-Q21 和 BMC02-20
4	D	充电连接信号	Y	接 BMC02-22
5	E	充电连接确认 CC	W	接交流充电口-02
6	F	—	—	—
7	G	车身电源地	B	车身地
8	H	常电	R	—
9	J	CAN-H	P	动力网 250kbit/s
10	K	CAN-L	V	动力网 250kbit/s

续表

序号	编码	端子定义	推荐线色	备注
11	L	CAN 屏蔽	B	预留
12	M	ON 挡电	G	ON 挡电
13	N	高压互锁	L	接 BMC02-11
14	P	放电触发信号	Y	
15	R	—	L	预留
16	S	开锁电源	Y	预留
17	T	预备电	R	预备电
18	U	—	LG	车身地
19	V	—	BR	

比亚迪唐 PHEV 双向车载充电机的电气特性如表 4.2.3 所示，基本功能如表 4.2.4 所示。

表 4.2.3　比亚迪唐 PHEV 双向车载充电机的电气特性

状态	电气特征	参数
充电	输入电压（AC）/V	180～240
	频率/Hz	50±1
	高压输出功率/kW	3（额定功率）
	高压输出电压（DC）/V	432～820.8
	低压输出电压（DC）/V	14.0±0.5
	高压输出过电压保护点（DC）/V	750
放电	输出功率/（kV·A）	3.3
	欠电压保护（DC）/V	320
其他	防护等级	IP67B 插接件 IP67B
	绝缘电阻/MΩ	对地电阻大于等于 100（测试电压 DC 1000V）
	冷却	风冷

表 4.2.4　比亚迪唐 PHEV 双向车载充电机基本功能

序号	功能	描述
1	AC/DC 转换功能	通过整流模块将交流 220V 民用电转换为直流电
2	DC/DC 交换功能	动力蓄电池输出高压直流电供给转换器；转换器转换后的低压直流电输出供给起动电池
3	DC/AC 转换功能	通过逆变模块将直流电源转换为 220V 民用电
4	电锁功能	仅参与闭锁反馈控制流程
5	保护功能	输入输出过电压、欠电压、过电流、接地等保护
6	CAN 通信功能	与车辆 CAN 总线进行数据流交互，并能通过软件过滤得到有用数据
7	在线 CAN 烧写功能	通过诊断口实现程序更新
8	自检功能	检测产品硬件是否有故障，并记录、储存故障码

2）红旗 H7 PHEV 车载充电机。红旗 H7 PHEV 车载充电机位于行李舱内动力蓄电池右侧，如图 4.2.4 所示。充电机总成结构如图 4.2.5 所示，技术参数如表 4.2.5 所示。

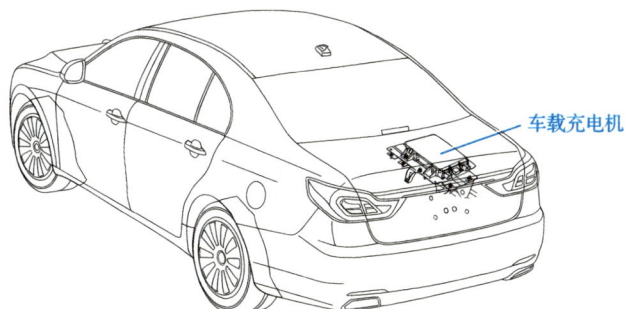

图 4.2.4　车载充电机的安装位置

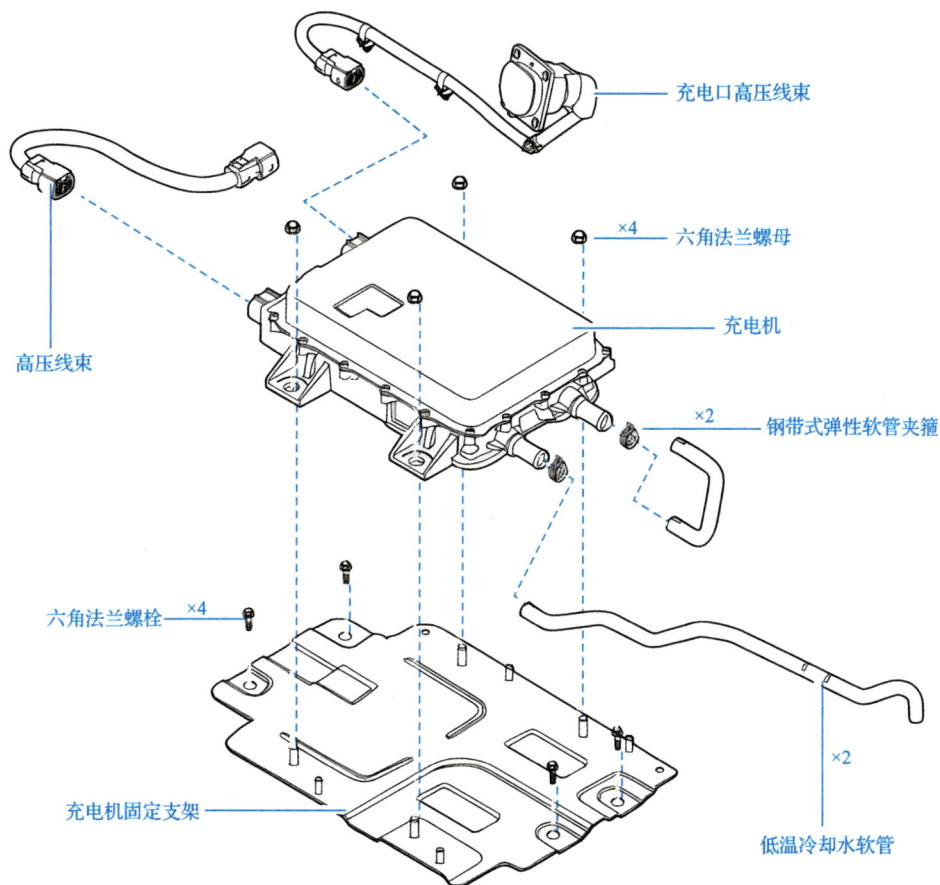

图 4.2.5　充电机总成结构

表 4.2.5 红旗 H7 PHEV 车载充电机的技术参数

项目	技术参数
输出功率/kW	3.3
输入电压（AC）/V	180～260
输入频率/Hz	45～70
输入电流/A	≤16
输出电压（DC）/V	240～430，连续可调
功率因数/%	≥99

车载充电机总成是红旗 H7 PHEV 高压总成中的重要部件，具体功能如表 4.2.6 所示。

表 4.2.6 红旗 H7 PHEV 车载充电机总成的具体功能

序号	功能	描述
1	充电	将电网交流电转换成高压直流电给动力蓄电池充电
2	CAN 通信及故障诊断	通过 CAN 与整车进行通信，在故障发生时能诊断并存储故障码
3	输出电流补偿	补偿高压电池充电中 DC/DC 消耗的电流，使车载充电机总成输出电流与 BMS 的电流请求值一致
4	CP 唤醒及 CAN 唤醒	通过充电桩或控制盒发出的 CP 信号唤醒车载充电机，同时具备 CAN 唤醒功能
5	输入电流控制	能够在《电动汽车传导充电用连接装置 第 2 部分：交流充电接口》（GB/T 20234.2—2015）规定的不同充电模式下，通过自身软件调节，控制不同最大输入电流（充电模式 1 下≤8A；充电模式 2 下≤13A；充电模式 3 下≤63A）进行工作
6	过温保护	工作温度超过（85±5）℃时，应自动保护并停止工作。当温度恢复至正常范围内时，恢复正常工作状态
7	低温保护	工作温度低于（-40±5）℃时，应自动保护并停止工作。当温度恢复至正常范围内时，恢复正常工作状态
8	交流输入端过电压及欠电压保护	交流输入端发生过电压或欠电压时，应自动保护并停止工作。当电压恢复至正常范围内时，恢复正常工作状态
9	高压输出端过电压及欠电压保护	高压输出端发生过电压或欠电压时，应自动保护并停止工作。当电压恢复至正常范围内时，恢复正常工作状态
10	过电流保护	高压输出端或交流输入端发生过电流时，应自动保护并停止工作。当电流恢复至正常范围内时，恢复正常工作状态

红旗 H7 PHEV 车载充电机实质上是一个大功率的智能充电器，通过监测 PWM（pulse width modulation，脉冲宽度调制）占空比调节输出功率，以适应车辆不同的充电要求。红旗 H7 PHEV 车载充电机的工作原理如图 4.2.6 所示，端子功能如表 4.2.7 所示。运行模式有：工作模式（车载充电机接收到工作指令后，对外输出，为高压电池充电）；待机模式（车载充电机从睡眠模式被唤醒，但不对外输出）；睡眠模式（车载充电机接收到睡眠指令后进入睡眠模式）；故障模式（车载充电机检测到故障后，上报故障，停止输出）。

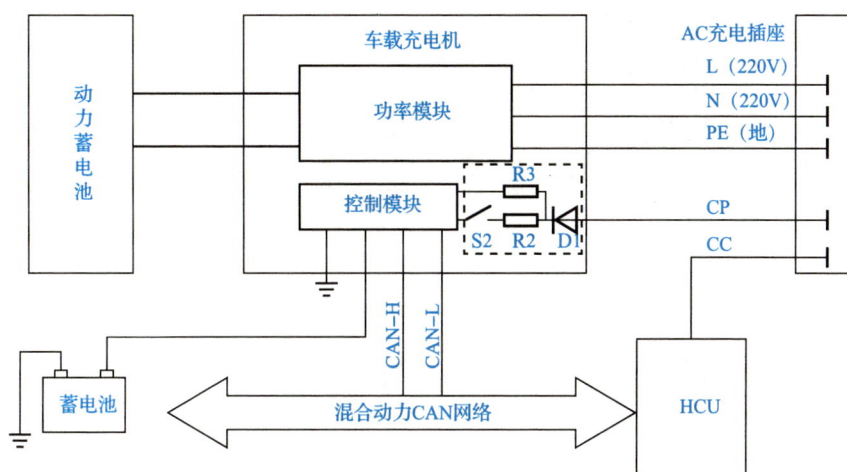

图 4.2.6　红旗 H7 PHEV 车载充电机的工作原理

表 4.2.7　红旗 H7 PHEV 车载充电机的端子功能

端子		功能说明	输入电压/V		
			最大值（Max）	标准值（Typ）	最小值（Min）
1. 低压控制端	1	高压互锁 1	5.5	5	4.5
	2	混动 CAN-H	3.5	—	2.5
	3	混动 CAN-L	2.5	—	1.5
	6	CP 通信	12	—	0
	7	高压互锁 2	5.5	5	4.5
	10	PE（地）	0	0	0
	11	低压 12V+	18	14.5	9
2. 交流输入端	1	PE（地）	0	0	0
	2	N（220V，AC）	265	220	85
	3	L（220V，AC）	265	220	85
3. 高压输出端	1	高压-	0	0	0
	2	高压+	430	350	240
	3	高压互锁 1	5.5	5	4.5
	4	高压互锁 2	5.5	5	4.5

（3）混合动力汽车充电中的高压安全隐患

混合动力汽车在充电中，只要汽车锁闭，充电插头将一直保持锁闭状态。充电插头的电气锁止器可防止充电插头在车辆锁闭时断开。

如果充电过程中出现电气故障（如车辆锁闭故障），可以手动解锁。不同车型的紧急断开装置是不一样的。例如，宝马 F49 PHEV 的紧急断开装置如图 4.2.7 所示，紧急断开电缆位于左前车轮拱罩的发动机舱内，推动按钮可解锁充电插头。比亚迪唐 PHEV 的应急解锁手柄如图 4.2.8 所示。

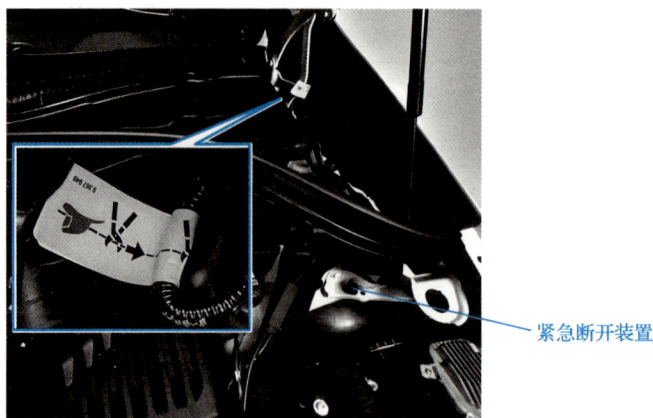

图 4.2.7　宝马 F49 PHEV 的紧急断开装置

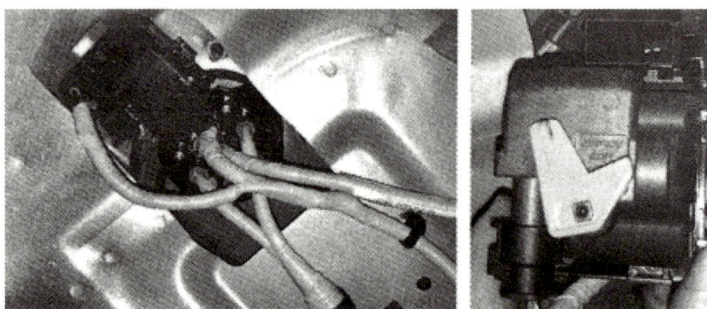

图 4.2.8　比亚迪唐 PHEV 的应急解锁手柄

2. 再生制动充电

再生制动充电是混合动力汽车的重要工作模式，它能在汽车减速或下坡时，根据加速踏板与制动踏板的信号，在保证汽车制动性能不变的前提下，通过将电动机当作发电机运行发电，给动力蓄电池充电。

（1）混合动力汽车再生制动的作用

混合动力汽车再生制动是将汽车的动能和位能转变成电能，回收到混合动力汽车的动力蓄电池中；将电动机作为发电机运行，利用运行过程中产生的电磁阻力进行制动减速，起到减少制动摩擦片的磨损和节能的效果，可以回收大约 30% 的再生制动能量。

（2）再生制动联合控制（参照丰田卡罗拉混合动力版）

丰田卡罗拉混合动力汽车包括制动输入、电源和液压控制部分，取消了传统的制动助力器。当驾驶人员踩制动踏板希望减速时，制动防滑控制 ECU 根据制动踏板位置和踏板力的大小（制动主缸油压的大小）使液压制动执行器实时对前后车轮进行制动力的分配，使车辆减速。紧接着再生制动系统进入工作状态，输出大部分再生制动力矩，电动机发电给动力蓄电池充电，同时其电磁阻力制动车轮减速。当车辆减速到要停止时，再生制动力矩下降到接近 0，此时，液压制动力又起作用，使车辆停止行驶。车辆再生制动联合控制如图 4.2.9 所示。车辆液压制动和再生制动之间的制动力分配根据车速的不同而不同，如图 4.2.10 所示。

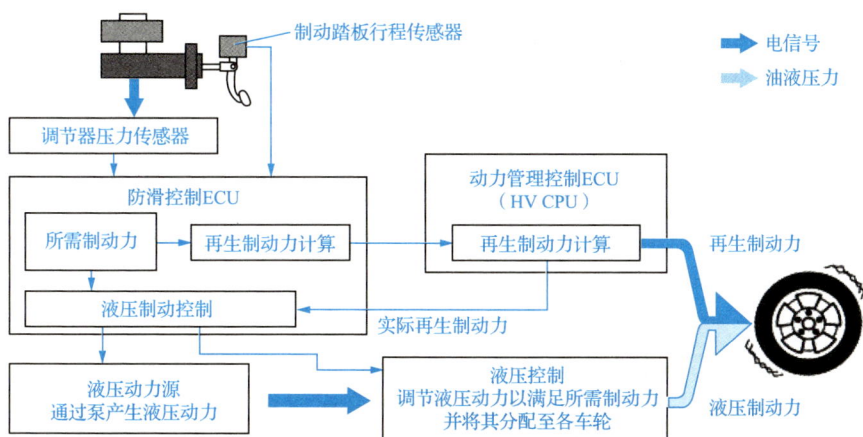

图 4.2.9　车辆再生制动联合控制

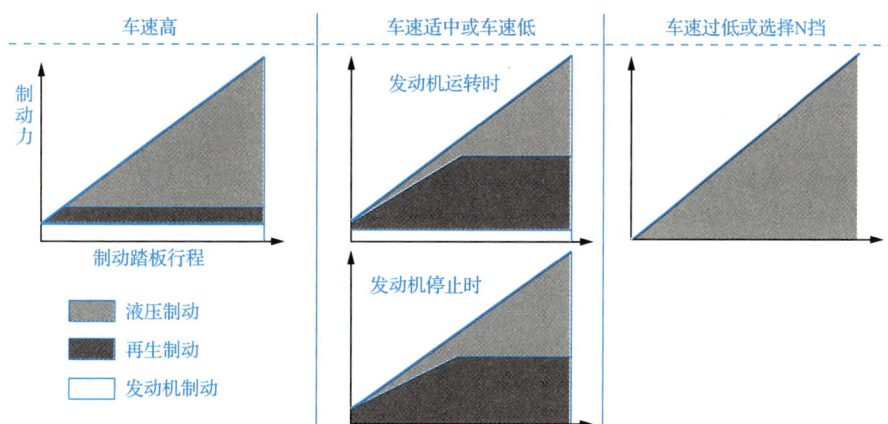

图 4.2.10　车辆液压制动和再生制动之间的制动力分配

3. 发动机驱动电机充电（参照比亚迪唐 PHEV 混合动力版）

比亚迪唐 PHEV 混合动力系统配有：一台 151kW/320N•m 的 2.0T 直喷增压发动机，位于车头前方；一台 110kW 的大功率电机，安装在前桥的上方；另一台 110kW 的大功率电机安装在后驱动桥上。淘汰传统四驱模块中重要的传动轴之后，前后电机的联动桥梁变成了一根电线。比亚迪唐 PHEV 整车结构如图 4.2.11 所示。

图 4.2.11　比亚迪唐 PHEV 整车结构

比亚迪唐 PHEV 发动机驱动电机有以下两种充电模式。

（1）行驶发电（充电）模式

在行驶过程中，用户可以调整 SoC 预设值（15%左右），一旦剩余电量即将小于预设值，系统就自动切换成行驶发电模式，如图 4.2.12 所示。前电机切换至发电机模式给动力蓄电池充电，后电机搭配内燃发动机形成"前油后电"的模式驱动车辆行驶。在城市环境下行驶时，实测每 1.5km 能给动力蓄电池补充 1%～2%的电能，长途行驶时电池电量最高能回充至 70%，为下一段城市纯电行驶带来强有力的电能保障。

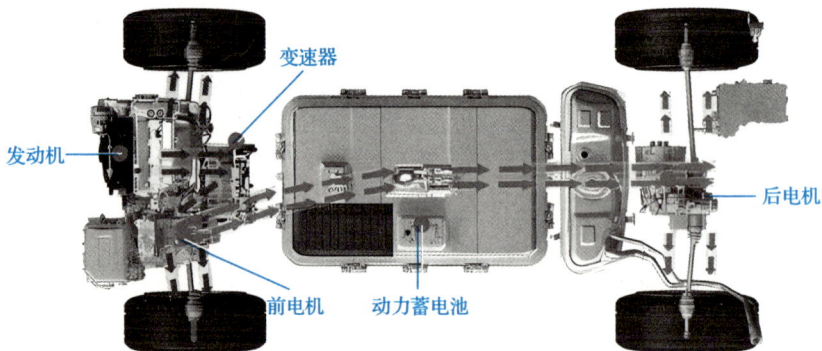

图 4.2.12　行驶发电模式

（2）怠速发电（充电）模式

在 SoC 低于 15%的情况下行驶以及在等红绿灯时系统自动切换至内燃发动机驱动前电机发电为动力蓄电池充电，如图 4.2.13 所示，实测大约 5min 能补充 1%～2%的电能。在必要时可以采取原地发电，在 P 挡模式下把加速踏板踩到底即可激活前电机发电，为动力蓄电池充电。这种模式主要用于应急场景，一旦遇上意外情况，可以通过这样的形式为动力蓄电池充电，保证 220V 的电源输出。

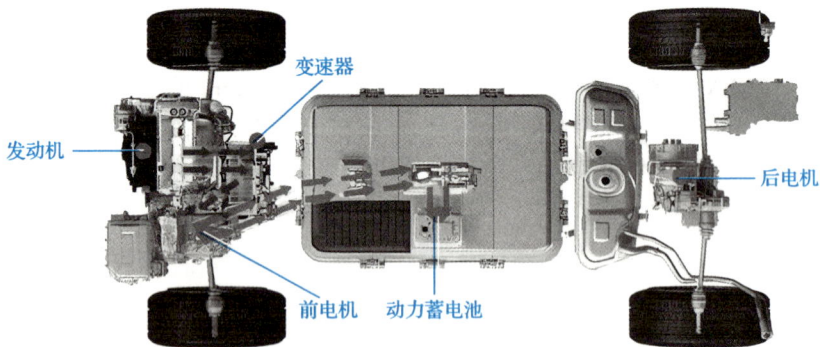

图 4.2.13　怠速发电模式

三、混合动力汽车低压辅助蓄电池充电

混合动力汽车的电气设备，既有高压用电器由动力蓄电池供电，又有低压用电器由低压辅助蓄电池或 DC/DC 转换器供电。DC/DC 转换器是混合动力汽车整车电源管理系统中

的重要组成部件，可代替传统发电机将动力蓄电池的高压直流电转换为 14V 低压系统所需的低压直流电，为整车低压负载供电及低压辅助蓄电池充电，是一种降压电源。

1. 混合动力汽车 DC/DC 转换器的结构及安装位置

不同混合动力汽车 DC/DC 转换器的结构及安装位置是不相同的，有些车型的 DC/DC 转换器与前电机控制器一体，安装在发动机舱内；有些车型的 DC/DC 转换器与车载充电机一体，安装在行李舱内。红旗 H7 PHEV DC/DC 转换器的位置和结构如图 4.2.14 所示，其安装位置为行李舱右后侧车载充电机上方，其实物图如图 4.2.15 所示，其使用水冷方式冷却。

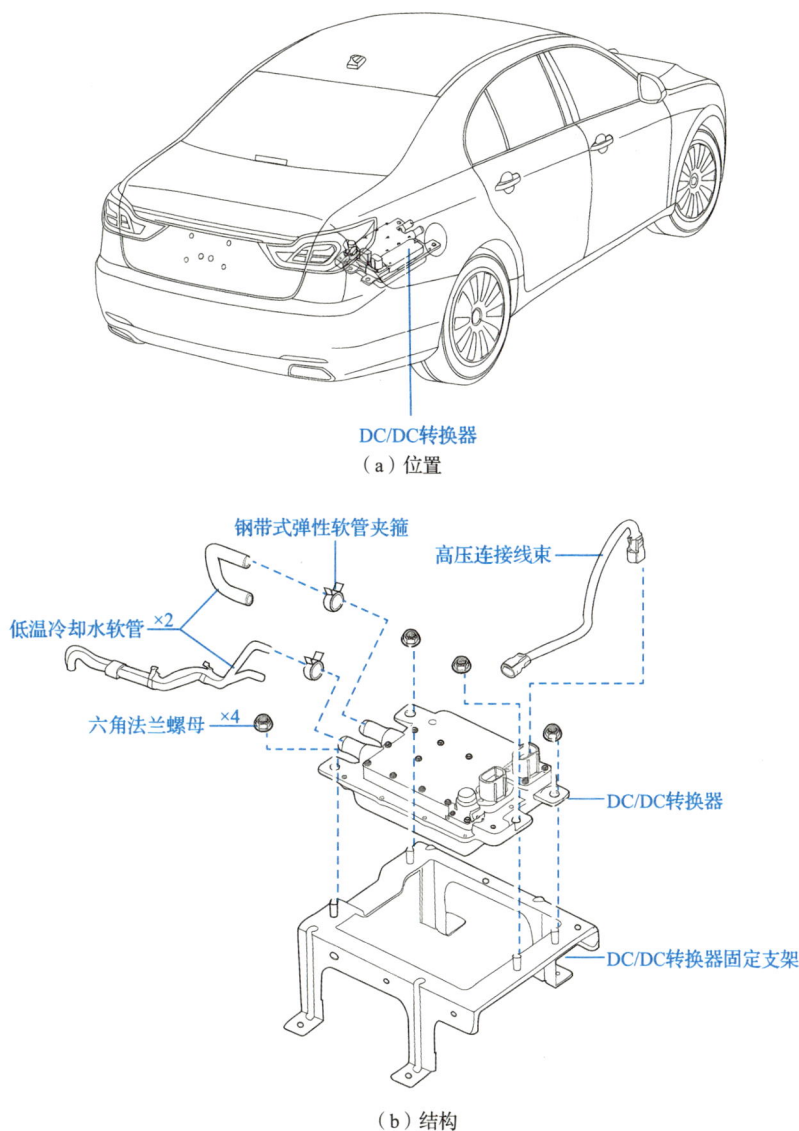

DC/DC转换器
（a）位置

钢带式弹性软管夹箍
高压连接线束
低温冷却水软管 ×2
六角法兰螺母 ×4
DC/DC转换器
DC/DC转换器固定支架

（b）结构

图 4.2.14　红旗 H7 PHEV DC/DC 转换器的位置和结构

图 4.2.15　红旗 H7 PHEV DC/DC 转换器的实物图

红旗 H7 PHEV DC/DC 转换器的技术参数如表 4.2.8 所示。

表 4.2.8　红旗 H7 PHEV DC/DC 转换器的技术参数

额定输出功率/kW	2.2
效率/%	满负荷≥93
输入电压（DC）/V	240～450
额定输出电压/V	14.5±0.2
额定输出电流/A	150
工作温度范围/℃	−40～+85
储存温度范围/℃	−40～+105

2. 红旗 H7 PHEV DC/DC 转换器的工作原理

DC/DC 转换器总成通过 HV ECU 的 CAN 数据总线指令进行休眠、唤醒及输出，同时 DC/DC 转换器总成上报工作状态、工作温度、输出电压及输出电流等信息，其工作原理如图 4.2.16 所示。

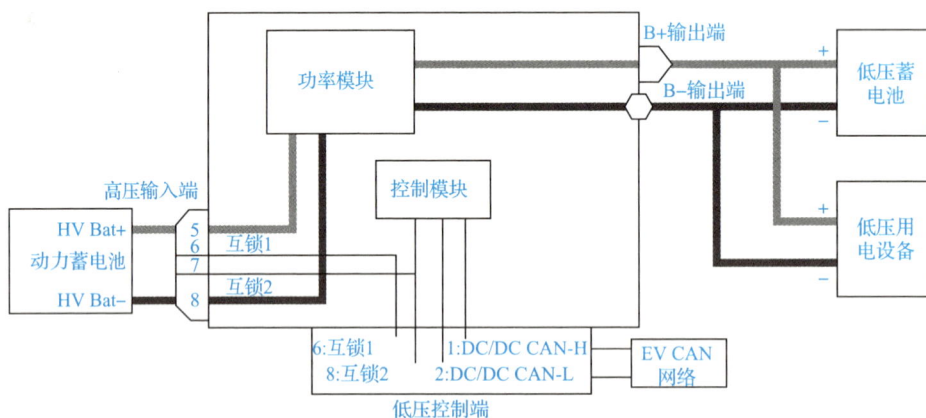

图 4.2.16　红旗 H7 PHEV 汽车 DC/DC 转换器的工作原理

工作特性曲线：负载在 0～100% 范围内变化时 DC/DC 转换器输出的电压在（9.0±0.2）～（16.0±0.2）V 范围内持续输出，输出特性曲线如图 4.2.17 所示。

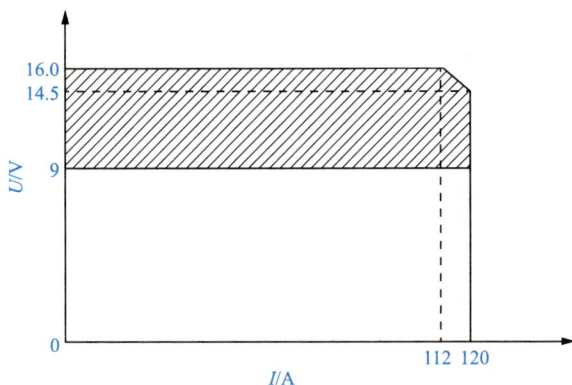

图 4.2.17　DC/DC 转换器输出特性曲线

3. 红旗 H7 PHEV DC/DC 转换器的功能及工作模式

DC/DC 转换器承载着车辆高低电压转换的任务,原理如图 4.2.18 所示。其功能如表 4.2.9 所示。其具有的 4 种运行模式如表 4.2.10 所示。

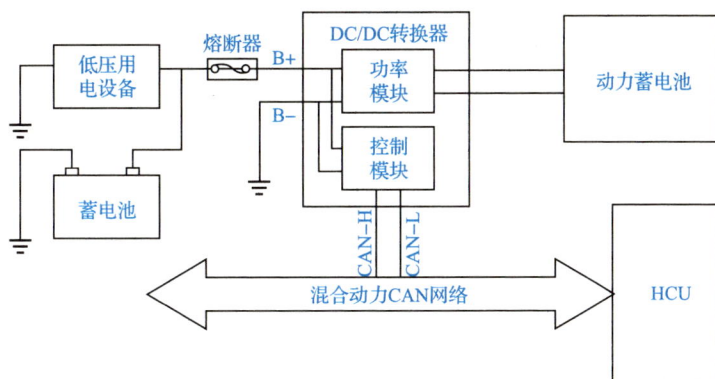

图 4.2.18　高低电压转换工作原理

表 4.2.9　红旗 H7 PHEV DC/DC 转换器的功能

序号	功能	描述
1	唤醒功能	车载充电机接收到 CAN 网络中的任意报文即被唤醒
2	抛负载功能	在 DC/DC 转换器总成负载突然大幅降低的情况下,仍可正常输出电压
3	温度补偿功能	DC/DC 转换器总成输出会随温度的变化而调整工作电压和电流
4	过温防护功能	DC/DC 转换器的工作温度超过(85±5)℃时,能自动防护并停止工作。当温度恢复至正常范围内时,重新恢复正常工作状态
5	高压输入端过电压及欠电压防护功能	高压输入端发生过电压或欠电压时,DC/DC 转换器自动防护并停止工作。当电压恢复至正常范围内时,重新恢复正常工作状态
6	低压输出端短路防护功能	低压输出端短路时,DC/DC 转换器自动防护并停止工作。当短路故障消除后,重新恢复正常工作状态
7	被动放电功能	在高压输入端电容储存能量在 0.2J 的情况下,DC/DC 转换器对该电容执行被动放电

表 4.2.10　红旗 H7 PHEV DC/DC 转换器的 4 种运行模式

序号	运行模式	描述
1	待机模式	DC/DC 转换器唤醒后未接收到工作指令前的状态。此时高压输入端带高压电
2	工作模式	DC/DC 转换器进入工作模式，为整车低压负载供电及为辅助蓄电池充电。此时高压输入端带高压电
3	故障模式	DC/DC 转换器检测到故障后，上报故障，停止输出
4	睡眠模式	DC/DC 转换器接收到睡眠指令后进入该模式

4. 红旗 H7 PHEV DC/DC 转换器的插接器端子功能

红旗 H7 PHEV DC/DC 转换器上有两个插接器：一个是高压电缆 4 端子插接器，另一个是低压信号 12 端子插接器，各端子的功能如表 4.2.11 所示。

表 4.2.11　红旗 H7 PHEV DC/DC 转换器的插接器端子功能

端子		功能说明	输入电压/V		
			最大值（Max）	标准值（Typ）	最小值（Min）
1. 高压输入端	1	高压-	0	0	0
	2	高压+	430	350	240
	3	高压互锁 1	5.5	5	4.5
	4	高压互锁 2	5.5	5	4.5
2. 低压控制端	1	混合动力 CAN-H	3.5	—	2.5
	2	混合动力 CAN-L	2.5	—	1.5
	6	高压互锁 1	5.5	5	4.5
	8	高压互锁 2	5.5	5	4.5

四、混合动力汽车充电系统主要装置的维护与保养

1. 充电系统的清洁与检查

（1）清洁充电系统

① 充电系统清洁前的准备。做好安全高压防护工作（安装车辆防护套及作业人员安全防护装置），切断高压电路（拆除低压蓄电池负极线和维修开关），准备充电系统所需的清洁用具。

② 全面仔细清洁充电系统。对交流充电口，车载充电机，DC/DC 转换器，发电机及充电系统的高、低压线束和插接器等全面仔细清除尘埃、油污、腐蚀氧化物、水液等，并处理好热辐射，避免充电系统部件的老化、损坏。

（2）检查充电系统

1）检查充电插座（交流充电口）（参照宝马 F49 PHEV 混合动力版）。F49 PHEV 上的充电插座及盖板位于前壁板左侧，如图 4.2.19 所示。盖板通过电动机加锁和解锁，电动机的

驱动操作由车载充电机控制。充电插座盖板只有在变速杆位于 P 位且车辆中央锁定系统解锁的状态下才可打开。盖板解锁后，按下充电插座盖板（盖板内安装有霍尔效应传感器）即可打开。

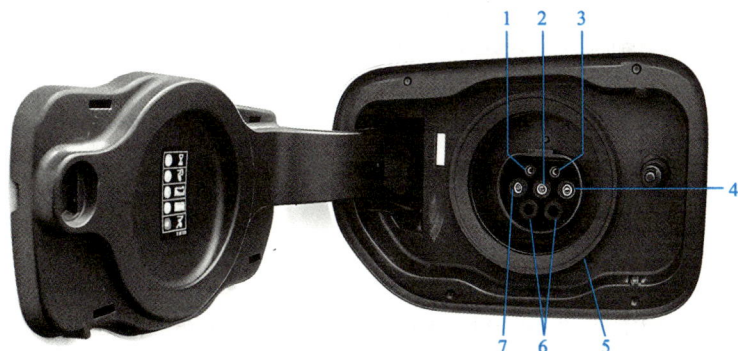

1—接近线路的接口；2—保护接地的接口；3—控制线路的接口；4—相位 L1 的接口；5—定位器照明装置（RGB LED）；
6—闲置接口；7—中性线 N 的接口。

图 4.2.19　充电插座及盖板的位置

当驾驶人员连接交流电网充电枪与充电插座时，车载充电机唤醒 HV ECU，同时车载充电机检查充电的必备条件，并通过 CAN 数据总线接收相关安全条件的信息。位于充电插座上的定位器照明装置（RGB LED）有下列变化时，充电插座处于正常工作状态。

① 在驾驶人员连接或断开充电枪的操作中，充电插座的 RGB LED 起到导向作用。RGB LED 在充电插座盖板打开后即可点亮呈白色。只要 CAN 总线系统启用，RGB LED 就保持点亮状态。充电枪正确连接并经过确认后，RGB LED 关闭，显示初始化状态。

② 初始化：充电枪正确连接后 0～3s（最长时间 10s）开始初始化。在此期间，RGB LED 闪烁显示黄灯，闪烁频率为 1Hz。初始化完成后，动力蓄电池开始充电。

③ 正在充电：动力蓄电池执行充电程序时，RGB LED 闪烁显示蓝灯，闪烁频率为 0.7Hz 左右。

④ 定期充电：当初始化顺利完成并在一定时间后启动充电（即以优惠价格充电）时，显示定期充电或充电准备就绪。在这种情况下，RGB LED 点亮，恒定显示蓝色，不闪烁。

⑤ 充电完成：RGB LED 显示绿色时表示动力蓄电池"充满电"。

⑥ 充电中的故障：如果充电过程中出现故障，则 RGB LED 闪烁红色。RGB LED 在 12s 内闪烁 3 次，频率为 0.5Hz，各组之间的时间间隔为 0.8s。

定位器照明/状态照明的显示功能在连接充电枪或解锁/锁定车辆 12s 后启用。如果汽车在这个过程中再次锁定/解锁，则需要等待 12s。

2）检查 DC/DC 转换器（参照红旗 H7 PHEV 版）。DC/DC 转换器的工作性能直接影响低压辅助蓄电池的充电和低压用电器的工作情况。DC/DC 转换器的基本检查如表 4.2.12 所示。

表 4.2.12　DC/DC 转换器的基本检查

端口阻抗	定义	正常阻抗范围	失效原因分析
高压输入端	脚位 1 对脚位 2	>10kΩ 且 <1MΩ	高压输入电池反接
			高压直流母线过电压
			壳体损坏（有水汽或其他导电异物进入）
			端子损坏
B+输出端	输出正线对机壳	>5kΩ	低压电池反接
			低压直流母线过电压
			壳体损坏（有水汽或其他导电异物进入）
			端子损坏
低压控制端	脚位 1 对机壳	>1MΩ 且 <100MΩ	端子受到外部过电压、过电流
			壳体损坏（有水汽或其他导电异物进入）
			端子损坏
	脚位 2 对机壳	>1MΩ 且 <100MΩ	端子受到外部过电压、过电流
			壳体损坏（有水汽或其他导电异物进入）
			端子损坏
	脚位 6 对机壳	>100MΩ	端子受到外部过电压、过电流
			壳体损坏（有水汽或其他导电异物进入）
			端子损坏
	脚位 8 对机壳	>100MΩ	端子受到外部过电压、过电流
			壳体损坏（有水汽或其他导电异物进入）
			端子损坏

3）检查动力蓄电池接线盒（参照丰田卡罗拉混合动力版）。丰田卡罗拉混合动力汽车的动力蓄电池接线盒如图 4.2.20 所示，进行如下检查。

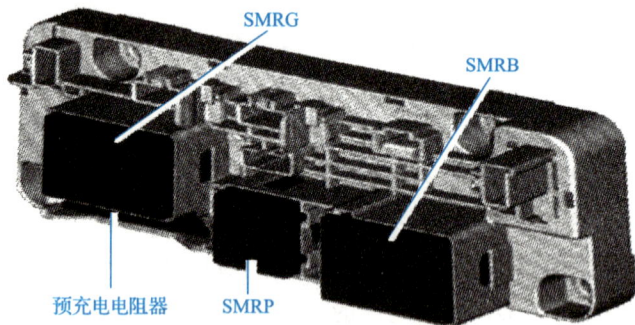

图 4.2.20　动力蓄电池接线盒

① 由图 4.2.20 可知，检查 3 个继电器（SMRB、SMRG、SMRP）的安装是否牢固可靠，预充电电阻器的工作性能是否良好。

② 检查蓄电池电流传感器的工作性能是否良好。内置于动力蓄电池接线盒总成的蓄电池电流传感器，用于检测动力蓄电池的充电和放电电流。

4）检查充电系统（参照比亚迪唐 PHEV 混合动力版）。

① 检查交流充电装置及仪表充电指示灯是否点亮。

a．插上交流充电连接装置。

b．检查电缆上控制盒的"READY"灯是否常亮，"CHAREG"灯是否闪烁。

c．OK→交流充电连接装置正常。

d．NG→更换交流充电连接装置。

e．通过交流充电连接装置连接至电网后，观察车辆仪表充电指示灯是否点亮。

f．用万用表测量车载充电机低压插接件的电压（充电指示灯，K154D-车身地电压正常值小于 1V）。

g．NG→充电连接装置重新配合或更换车载充电机。

② 检查车载充电机感应信号。

a．将交流充电连接装置连接至充电桩或家用电源。

b．判断车载充电机风扇是否工作。

c．用万用表测量车载充电机低压插接件电压（充电请求信号，K154C-车身地电压正常值小于 1V）。

d．NG→更换车载充电机。

③ 检查低压电源是否输入。

a．不连接充电连接装置。

b．用万用表测量车载充电机低压插接件电压（低压蓄电池正负极，K154M-车身地电压正常值为 11～14V，K154G-车身地电压正常值小于 1V）。

c．NG→更换线束。

④ 检查 OFF 挡位充电继电器。

a．不连接交流充电连接装置。

b．取下充电继电器。

c．给控制端子 1、2 加电压，检查继电器是否吸合，正常情况下，端子 3 与 5 导通。继电器端子如图 4.2.21 所示。

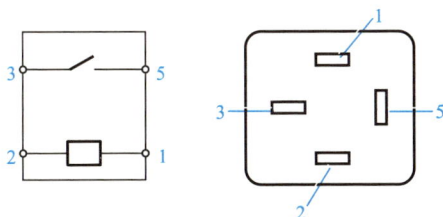

图 4.2.21　继电器端子

⑤ 检查熔丝盒车载充电熔丝。

a．不连接交流充电连接装置。

b. 拆开熔丝盒，测量车载熔丝（30A/32A）是否导通。

c. OK→熔丝盒车载熔丝正常。

d. NG→更换车载充电熔丝。

⑥ 检查交流充电口总成。

a. 拔出交流充电口插接件。

b. 分别测量充电口和插接件两端各对应端子是否导通。

c. OK→交流充电口总成正常。

d. NG→更换交流充电口总成。

⑦ 检查动力蓄电池管理器充电请求信号输入。

a. 将交流充电口连接至充电桩或家用电源。

b. 断开管理器低压插接件，测量线束端电压（充电请求信号，K157-20 和车身地之间电压的正常值小于 1V）。

c. NG→更换线束或检查动力蓄电池管理器。

⑧ 检查 CAN 通信。

a. 将交流充电口连接至充电桩或家用电源。

b. 用万用表测车载充电器低压线束端电压（K157-22 和车身地之间电压的正常值为 1.5～2.5V，K157-15 和车身地之间电压的正常值为 2.5～3.5V）。

c. NG→更换 CAN 线束。

⑨ 检查车载充电机充电输出电压。

a. 将交流充电口连接至充电桩或家用电源。

b. 用万用表测量车载充电机输出端电压（高压+与高压-之间电压的正常值为 432～820.8V）。

c. NG→更换车载充电机。

⑩ 检查整车回路。

a. 检查车载充电机、高压配电箱、动力蓄电池管理器的插接件是否松动、破损或未安装。

b. OK→整车连接正常。

c. NG→重新安装或更换损坏部件。

2. 混合动力汽车预约充电设置（参照比亚迪唐 PHEV 版）

1）在车辆仪表界面显示动力蓄电池电量为 60%左右时，按转向盘的"确认"键可以进入预约充电设置界面，然后可以通过按转向盘的"选择"键加减时间。

2）设置预约充电开始时间后按"确认"键保存，设置已成功，等待充电，仪表开始计时（要取消预约充电功能，可长按转向盘的"确认"键），如图 4.2.22 所示。

3）仪表计时结束，车载充电机收到仪表所发出的允许命令（K154-T 拉低），开始充电，直至结束。

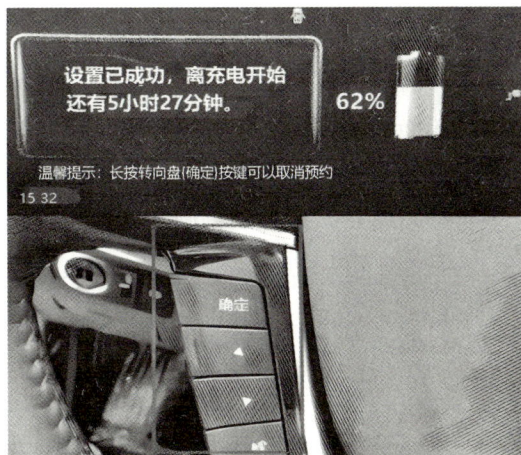

图 4.2.22　预约充电设置

3. 动力蓄电池充电（参照丰田卡罗拉混合动力版）

（1）注意事项

将车辆电源开关置于 OFF 挡位后，在断开低压辅助蓄电池负极端子电缆前，应等待一段时间。因此，继续工作前，应确保已断开低压辅助蓄电池负极端子电缆。

（2）检查低压辅助蓄电池电压

测量低压辅助蓄电池电压，标准电压约为 11V 或更高。如果电压为 10V 或更低，则对低压辅助蓄电池充电（充电通常需要大约 1h）或更换为充满电的辅助蓄电池。

提示：喇叭清晰鸣响。

（3）动力蓄电池充电的准备工作

注意：混合动力系统具有高压电路。如果未以正确方式操作混合动力系统，则可能会导致电击或漏电事故，故应确保正确操作。

① 拆下维修开关，中断高压电路，如图 4.2.23 所示。

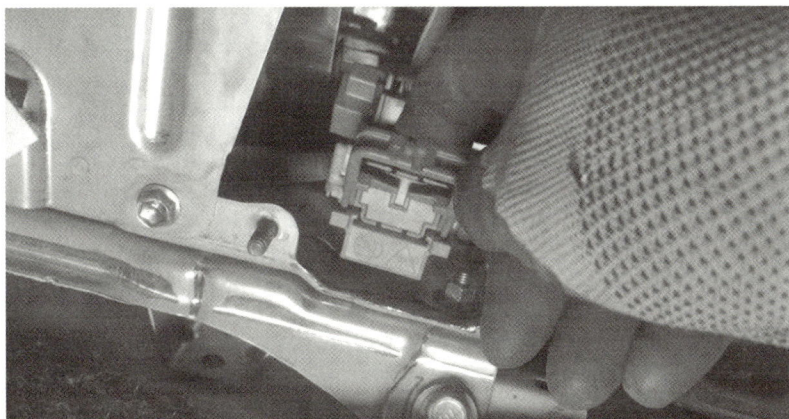

图 4.2.23　拆下维修开关

② 检查动力蓄电池的充电量。如果混合动力系统无法起动，且显示"Hybrid Battery Low Shift Out of N to Recharge"（混合动力蓄电池电量不足）或"Hybrid Battery Low Hybrid System Stopped Shift to P and Restart"（混合动力系统停止切换到 P 挡位并重新起动），则动力蓄电池可能放电。

③ 确认发动机是否起动。如果发动机起动，则在变速杆置于 P 挡位的情况下使其怠速运转，直至发动机停止（自充电完成）。如果发动机无法起动，则对动力蓄电池进行充电。

（4）为动力蓄电池充电

提示：

a. 执行外部充电前，务必使用丰田混合动力汽车故障诊断仪进行故障排除。

b. 每个充电循环中使用丰田混合动力系统 THS 充电器的充电时间为 10min。使用 THS 充电器的充电时间较短 [当动力蓄电池的温度为 25℃时，充电 10min 就足够了；当动力蓄电池的温度为 0℃时，需要 3 个 10min 充电周期，即可使发动机处于可起动状态（系统可进入 READY ON 状态）]。充电开始后，THS 充电器自动停止 10min。

动力蓄电池短时间充电步骤如下。

① 断开动力蓄电池地板底部线束，如图 4.2.24 所示。

注意：用绝缘胶带将断开的插接器绝缘。

图 4.2.24　断开动力蓄电池地板底部线束

② 从动力蓄电池上断开屏蔽搭铁线。

③ 按图 4.2.25 所示顺序连接 THS 充电器，对动力蓄电池进行充电。

注意：首先确保已连接 EV 搭铁线，以防电击。按图 4.2.25 所示顺序连接所有 THS 充电器电缆，以防电击。

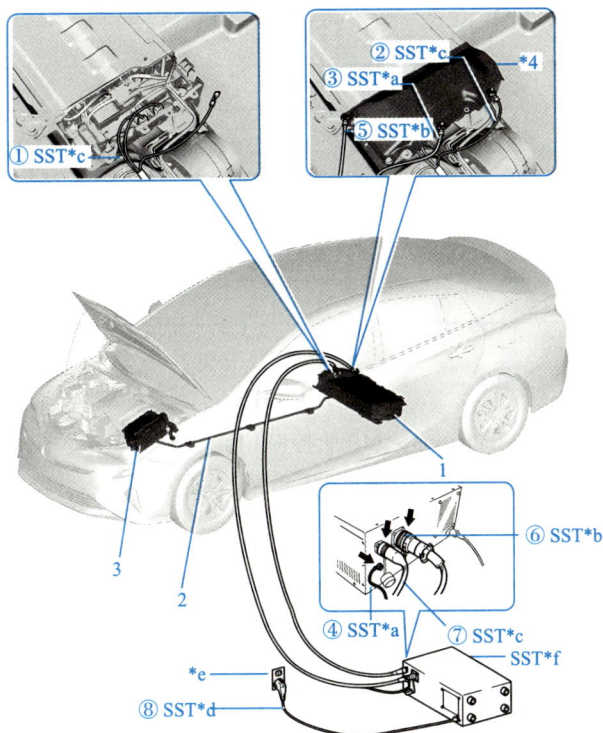

1—动力蓄电池；2—动力蓄电池地板底部线束；3—带转换器的逆变器总成；4—动力蓄电池右侧盖分总成；
*a—EV搭铁线；*b—低压电缆；*c—高压电缆；*d—电源输入插头；
*e—搭铁AC100~240V插座；*f—THS充电器；①~⑧连接顺序号。

图 4.2.25　连接 THS 充电器

📝 知识拓展

比亚迪秦混合动力汽车低压起动电池

1. 低压起动电池插接件

比亚迪秦混合动力汽车低压起动电池的控制信号线束插接件引脚如图 4.2.26 所示。引脚定义如表 4.2.13 所示。

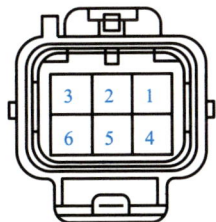

图 4.2.26　插接件引脚

表 4.2.13　引脚定义

端子号	端子定义
1 号引脚	B-CAN-H（250kbit/s）
2 号引脚	B-CAN-L（250kbit/s）
3 号引脚	GND
4 号引脚	低功耗唤醒机械开关
6 号引脚	OFF 挡位充电控制

2. 低压起动电池控制电路

比亚迪秦混合动力汽车低压起动电池控制电路如图 4.2.27 所示。

1）K68-4 引脚：低功耗唤醒功能。低压电池处于休眠状态，通过左前门微动开关拉低，低压电源管理器 BMS 接通 MOS 管，DC 极柱接通。

2）K68-6 引脚：OFF 挡位充电控制。低压电池低压较低，启动智能充电，低压 BMS 拉低 6 号引脚，控制双回路，同时通过 CAN 总线发送低压充电请求命令，DC/DC 转换器工作输出低压电，为低压电池充电。

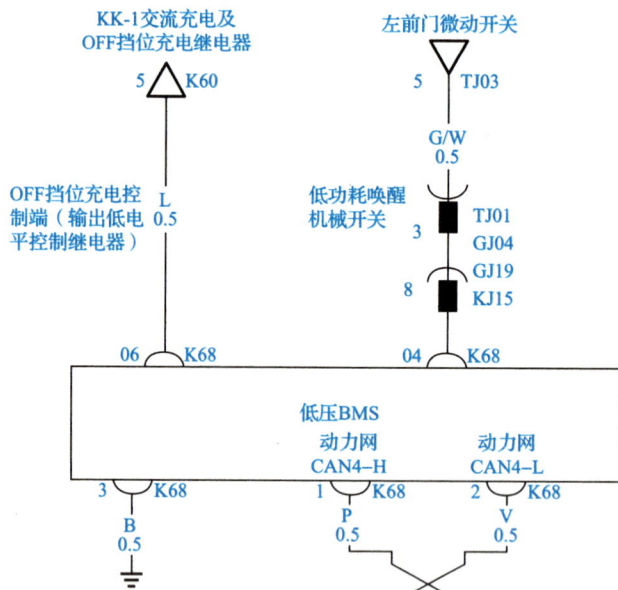

图 4.2.27　低压起动电池控制电路

3. 低压电池充电及跨接方法

丰田卡罗拉混合动力汽车低压电池充电及跨接方法如图 4.2.28 所示。

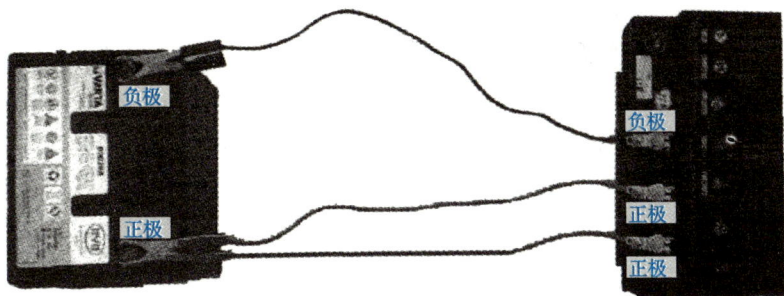

图 4.2.28　低压电池充电及跨接方法

1）拆卸亏电低压电池，但先不断开通信插接件，测量启动正极柱、低压正极柱与负极柱之间的电压，若测得启动正极柱与负极柱之间的电压大于 12.4V，则按动左前门微动开关唤醒低压正极柱输出（或引脚 4 接地），此时测得低压正极柱与启动正极柱的电压值相同，并在 1min 内对低压电池进行充电。

2）使用恒压限流方式对低压电池充电，稳定电压为 15V，电流限制在 30A 以内，充电设备正极连接低压电池低压正极柱，充电设备负极连接低压电池负极。

3）完全亏电的低压电池启动正极柱电压会很低，此时低压极柱同样无法输出，可以先使用充电设备正极连接低压电池启动正极柱，充电设备负极连接低压电池负极，使用恒压限流方式对低压电池充电，稳定电压为 15V，电流限制在 30A 以内，充电 10s 后将充电设备正极连接低压电池低压正极柱完成充电。

4）低压电池完成充电的时间一般为 2～3h，最后充电电流变为 0～1A，充电过程完成。

注意：因为从低压正极柱充电才能有过充保护，所以步骤 2）和步骤 3）最终都是通过低压正极柱充电的，切勿一直从启动正极柱充电。稳压源电压控制在 15V 以内，否则容易引起过充风险。

任务实施

小组根据该任务的学习情况，查阅相关资料和利用实训设备（工具、车辆），完成下列工作任务单。

混合动力汽车充电系统的维护与保养工作任务单

任务名称	混合动力汽车充电系统的维护与保养		
小组成员		任务成绩	
任务要求	1. 利用教师提供的新能源实训车辆，写出充电系统结构名称，在实车上确认充电系统中的各总成部件，并记录安装位置及型号。 2. 记录丰田卡罗拉混合动力汽车充电系统维护与保养过程		
安全要求	记录实训中应该注意的安全事项		

续表

混合动力汽车充电系统 结构认知记录	1. 实训车辆 1: 充电系统结构记录: 部件与总成安装位置记录: 2. 实训车辆 2: 充电系统结构记录: 部件与总成安装位置记录:
混合动力汽车充电系统 的维护与保养过程记录	

考核评价

综合整个学习过程，通过学生的课堂表现、课后巩固、任务完成情况等对学生的知识目标、能力目标、思政要素和职业素养目标达成情况进行评价。

任务教学目标达成情况评价表

班级：_____　　姓名：_____

知识目标达成情况		
目标描述	教师评价	学生自评
是否能够了解混合动力汽车充电系统结构		
是否能够理解混合动力汽车充电系统的工作原理		
能否掌握充电系统维护与保养项目内容		
评价结论：知识目标达成与否	○是	○否
能力目标达成情况		
目标描述	教师评价	学生自评
是否具备正确查阅混合动力汽车充电系统相关技术资料的能力		
能否对丰田卡罗拉混合动力汽车蓄电池进行充电		
是否掌握丰田卡罗拉混合动力汽车充电系统的维护与保养方法及注意事项		
评价结论：能力目标达成与否	○是	○否
思政要素和职业素养目标达成情况		
目标描述	教师评价	学生自评
小组活动展现的团队协作、沟通交流能力		
本课实训参与的积极性		
实训是否严谨、客观、科学		
评价结论：思政要素和职业素养目标达成与否	○是	○否

项目五
混合动力汽车整车控制系统的维护与保养

任务一　整车电子控制单元及车载网络系统的维护与保养

课程引入

张先生感觉自己的比亚迪唐 PHEV 动力不是很足，偶尔多个指示灯会报警，经混合动力汽车维修人员确认，汽车车载网络系统有接触不可靠的部件或线束。你作为混合动力汽车维修人员能通过维护与保养来解决张先生这台汽车存在的问题吗？

学习目标

知识目标	能力目标	思政要素和职业素养目标
1. 了解混合动力汽车整车电子控制单元的基本工作原理。 2. 了解混合动力汽车车载网络系统的一般构造及运行原理。 3. 掌握整车控制系统与车载网络系统的维护与保养方法	1. 能正确查阅各类混合动力汽车的相关技术资料。 2. 能对混合动力汽车整车控制系统及车载网络系统进行基本的检查作业。 3. 能对混合动力汽车整车控制系统及车载网络系统进行维护与保养	1. 培养全局思维及举一反三解决问题的能力。 2. 增强逻辑思维能力和沟通交流的能力

对接 1+X 证书模块 5-1（中级）工作任务 1——智能新能源汽车车载网络管理

课前预习

根据查找的资料或在实训室观摩，完成下列课前预习（表 5.1.1）。

表 5.1.1　整车电子控制单元及车载网络系统维护与保养预习

1. 整车电子控制单元决定了整车的哪些性能？

（HV ECU控制策略决定了整车的）

（　　　　）（　　　　）（　　　　）（　　　　）

2. 简述车载网络的特点。

知识储备

一、整车电子控制单元

混合动力汽车整车电子控制单元 HV ECU，即混合动力汽车整车控制器，是混合动力汽车的核心控制部件。

ECU 作为现代汽车电子的核心元件之一，在车辆上的应用越来越多，每个工作部件都可能有一个对应的 ECU，以便对该部件的功能进行精确管理；不同 ECU 系统之间需要进行相互协作，以保障车辆的正常、安全运行，因此需要各 ECU 之间进行信息交换，从而实现相互协作。HV ECU 在车辆控制系统结构中处于第二层级，它对全车所有的下级 ECU 进行管理，协调各个系统之间的工作状态，确保车辆安全、经济、动力等性能的最优性。

HV ECU 的具体功能有能量管理、转矩协调与分配、电机电池协调管理、安全监控、全车故障诊断、制动能量回收等。HV ECU 控制策略决定了整车的驾驶性、动力性、安全性及经济性。HV ECU 解析驾驶需求输入信号，如踏板输入和车速信号，并利用这些信号来管理系统的能量输出、转矩分配、电机控制、动力蓄电池和传统动力系统等。因此，HV ECU 性能的好坏，在一定程度上决定了整个车辆驾驶性能的优劣。

随着混合动力汽车技术的不断发展，整车控制系统越来越复杂，HV ECU 作为车载网络的重要组成 ECU，仍然必须具备最基本的结构。HV ECU 主要由微处理器（CPU）、存储器（ROM、RAM）、输入/输出（I/O）接口、模/数转换器（A/D 转换器），以及整形、驱动等大规模集成电路组成。ECU 外壳通常采用导热性能良好的铝合金制作，外形以方形为主，元件上设计有许多细密的插槽，用来连接众多的输入/输出电路，它和其他电子控制元件一起组成了混合动力汽车的"大脑神经中枢"系统，随时监控车辆运行的各种状态数据，并按照预先设计的程序计算各种数据信息，经过处理后，把各个控制参数发送给各相关的下级 ECU，由下级 ECU 控制对应部件总成执行各种预定的控制动作，实现对应功能。

HV ECU 的工作电压分为 12V 和 24V 直流电，其电压范围一般为 9～16V/21～32V，工作温度范围为-40～+85℃，防护等级为 IP67，在实际运行过程中，HV ECU 损坏的概率非常小。HV ECU 除处理数字信号外，还具有故障自诊断、保护和学习功能。当电气系统产生故障时，它能在 RAM 中自动记录故障，并采取保护措施。如果故障影响车辆的安全运行，则会强制停车；故障对整车安全影响较小时，则通过读取存储器中的程序维持车辆的运转，使车辆能被开到修理厂。在正常情况下，RAM 也会不停地记录驾驶人员驾驶车辆行驶中的数据，为适应驾驶人员的驾驶习惯提供最佳的控制状态，这个程序也称自适应程序，不过一旦 RAM 断电，所有的数据就会丢失。

二、车载网络

随着车辆电子元件的日益增多，线路也越来越复杂。为了简化电路和降低成本，提高车辆经济性能，现代汽车上的多个 ECU 之间的数据交换是通过多路复用通信网络技术连接起来的，通过它将整车的 ECU 形成一个网络系统，即"CAN-BUS"数据总线。

CAN-BUS（controller area net-work bus）一般称为 CAN 数据总线，是由以研发和生产汽车电子产品著称的德国 BOSCH 公司开发的，并最终成为国际标准（ISO 11898），是国际上应用最广泛的现场总线之一。在汽车产业中，出于对安全性、舒适性、方便性、低功耗、低成本的要求，各种各样的电子控制系统被开发出来。由于这些系统之间通信所用的数据类型及对可靠性的要求不尽相同，由多条总线构成的情况很多，线束的数量也随之增加。为适应"减少线束的数量""通过多个 LAN 进行大量数据的高速通信"的需求，CAN 总线被开发出来。CAN 总线是一种串行数据通信协议，在 CAN 总线通信接口中集成了 CAN 协议的物理层和数据链路层的功能，可完成对通信数据的成帧处理，包括位填充、数据块编码、循环冗余检验、优先级判别等工作。CAN 总线采用了多主竞争式总线结构，具有多主站运行、分散仲裁的串行总线及广播通信的特点，网络内的节点个数在理论上不受限制。总线上的任意节点可在任意时刻主动地向网络上的其他节点发送信息而不分主次，因此可在各节点之间实现自由通信。

CAN 总线的特点如下。

1）数据通信没有主从之分，任意一个节点可以向任何其他（一个或多个）节点发起数据通信，依据各节点信息的优先级先后顺序来决定通信次序，高优先级节点信息在 134μs 通信。

2）多个节点同时发起通信时，优先级低的避让优先级高的，不会对通信线路造成拥塞。

3）通信距离最远可达 10km（此时速率低于 5kbit/s），速率可达到 1Mbit/s（此时通信距离小于 40m）。

4）CAN 总线传输介质可以是双绞线、同轴电缆。

CAN 总线适用于大数据量短距离通信或长距离小数据量通信，实时性要求比较高，在"多主多从"或各节点平等的现场中使用。

三、整车控制系统及车载网络系统

下面以比亚迪唐 DM 为例，对混合动力汽车整车控制系统和车载网络进行介绍。

HV ECU 作为混合动力汽车电子控制系统的核心控制部件，其优劣直接反映了车辆的动力性和经济性的好坏，肩负管理整个车辆各部件的重要功能，是混合动力汽车控制策略的实施部件。其具有信息采集、分析决策及控制三大功能。比亚迪唐 DM 2021 的整车控制系统结构如图 5.1.1 所示。

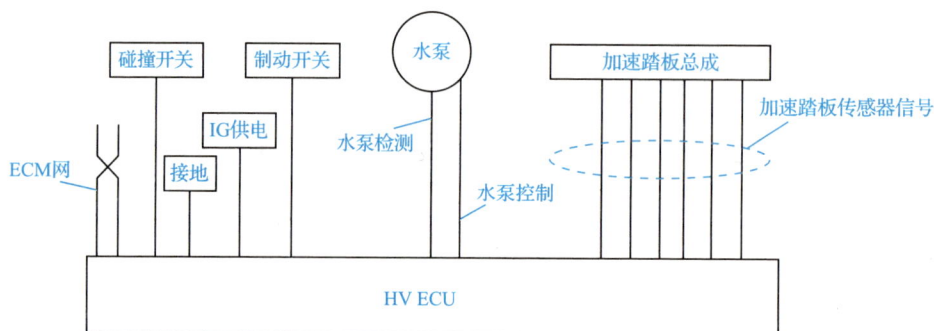

图 5.1.1　比亚迪唐 DM 2021 的整车控制系统结构

　　信号采集方式可分为直接采集和通过 CAN 网络发动机控制模块（engine control module，ECM）采集。其主要采集的数据有：节气门深度信号、碰撞信号、制动开关信号、发动机转速、电机转速、离合器状态、变速器输入转速、动力蓄电池电量、充放电信号等数据信息。

　　HV ECU 在 ECM 网中的位置可由图 5.1.2 获知，其可以同挡位传感器、三合一驱动器、多合一控制器、ECM、变速器控制器、BGS 电机控制器、二合一驱动总成、PAD 多媒体总成等进行数据交换。

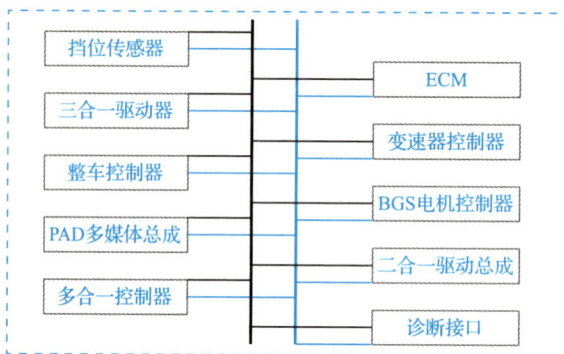

图 5.1.2　整车控制系统示意图

　　HV ECU 通过对所采集信息进行分析，可获知目前车辆的运行状态和驾驶人员的需求，并通过策略分析得出驾驶人员需要的功率和转矩数值、最佳效率的发动机和电机运转数值，以及充放电功率和变速器控制状态。

　　得到具体控制数据后，HV ECU 通过 CAN 总线将数据信息下发到每个需要参与的下级部件 ECU 中，ECU 控制对应部件做出准确控制动作。

　　比亚迪唐 DM 的整车控制网络采用分体式布局，可以提高系统的可扩展性，便于维护。图 5.1.3 所示为比亚迪唐 DM 的动力 CAN 结构图，该车车载网络主要有 4 个，分别是动力网、舒适网、ECM 网和 ESC 网，其中 ESC 网主要针对车辆运动状态进行控制，如 ABS、车身稳定系统等，在比亚迪唐的动力 CAN 结构图中未展示。动力网数据传输速率较高，能较快地进行数据传输，主要用于车辆动力系统控制、管理调节动力蓄电池放电、高压部件工作等。舒适网基本沿用传统燃油车的结构，主要负责车门车窗、座椅、灯光等控制，数据传输速率低。ECM 网作为动力系统控制管理，对发动机、电机、变速器等动力及传动部件进行精确控制。

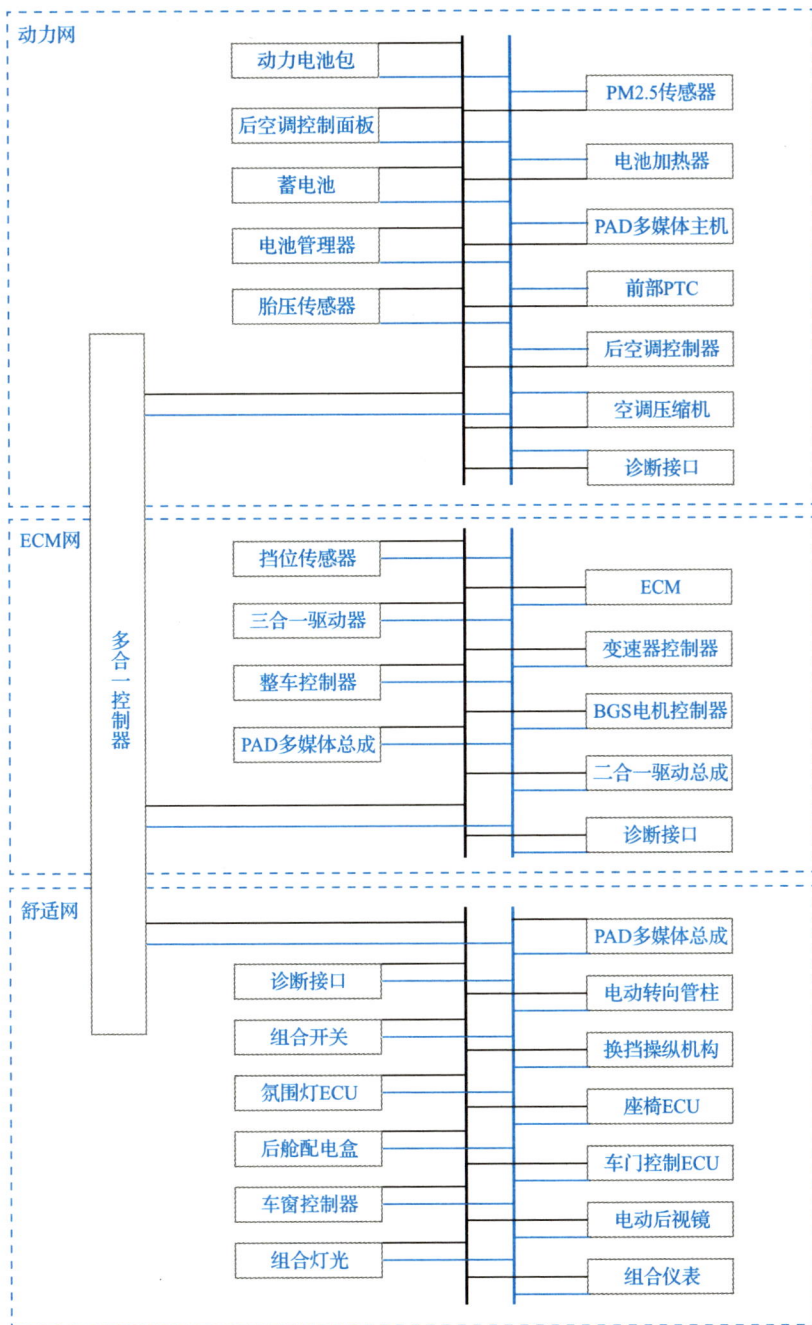

图 5.1.3　比亚迪唐 DM 的动力 CAN 结构图

四、整车控制系统和车载网络系统的维护与保养

通常对整车控制系统的维护与保养作业较少，在进行维护与保养时注意检查 HV ECU 壳体有无变形、破损、撞击痕迹，有无水淹痕迹；用干毛巾等清洁壳体上的灰尘等脏污；检查插接器是否连接可靠，有无松动、破损痕迹。

微课：整车控制系统的维护与保养

对于车载网络而言，在车辆正常使用的情况下可能出现的故障较少，常见故障基本上是由于插接件固定质量不佳、线束老化破损等情况造成的，其维护与保养较为简单。

整车车载网络维护与保养方法如下。

（1）检查线束插接器

注意插接器连接的紧固，防止因插接器松动导致信息传输故障。在拔插插接器时，一定要先确定插接器的锁止结构，插入时注意引脚是否对准、是否出现引脚歪斜等状况。每次拔插插接器时都应对插接器的表面进行清洁，插入前用高压气体吹净引脚位置。

（2）检查双绞线

CAN 总线的传递介质可以是双绞线，也可以是光纤，目前两者都有应用。在检查时应注意查看线束有无严重弯折、有无破损等，及时清理外部脏污。

（3）检查系统运行状态

利用解码器读取各系统数据，如果不能进入某一系统，则该系统可能损坏，应及时检修。

知识拓展

红旗 H7 PHEV 整车控制单元（HCU）端子功能

HCU 的输入/输出端子分成两组，一组以 A 定义，一组以 K 定义，如图 5.1.4 所示。端子 A 组、K 组的功能如表 5.1.2 和表 5.1.3 所示。

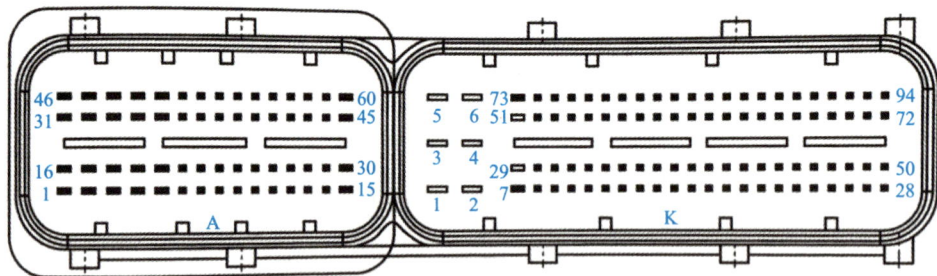

图 5.1.4　HCU 输入/输出端子 A 组、K 组

表 5.1.2　端子 A 组的功能

端子	功能名称
A1	150 型常开继电器驱动信号
A2	比例压力阀反馈输入
A4	比例压力阀驱动输出
A5	200 型常闭继电器驱动信号

端子	功能名称
A7	低温冷却水泵驱动信号
A17	比例流量阀反馈输入
A18	比例流量阀驱动输出
A37	发动机暖风水泵驱动信号
A43	IG 信号输入
A46	电池紧急控制信号
A53	低压电源管理继电器
A58	慢充连接确认

表 5.1.3　端子 K 组的功能

端子	功能名称	端子	功能名称
K6	地	K45	EMS 故障反馈
K7	12V 常电	K48	CAN2-H
K8	冷却液温度传感器引脚 C	K49	CAN2-L
K9	加速踏板传感器地 1	K50	CAN2-S
K10	加速踏板传感器供电 1	K51	加速踏板传感器地 2
K11	加速踏板传感器信号 1	K52	加速踏板传感器供电 2
K12	互锁输出	K55	加速踏板传感器信号 2
K19	MCU 模拟 IG 信号输出	K56	主油路压力传感器信号
K21	电机急停控制信号	K70	CAN3-H
K23	START 输入	K71	CAN3-L
K26	CAN1-H	K72	CAN3-S
K27	CAN1-L	K73	主油路压力传感器地/ 前离合器压力传感器地
K28	CAN1-S	K74	主油路压力传感器供电/ 前离合器压力传感器供电
K29	12V 常电	K78	前离合器压力传感器信号
K33	互锁信号回采	K80	冷却液温度传感器引脚 A
K45	EMS 故障反馈	K92	LIN
K48	CAN2-H		

任务实施

根据所学的知识对比亚迪唐混合动力汽车的整车控制系统和车载网络进行维护与保养作业，并完成表格（表 5.1.4）的填写。

表 5.1.4 比亚迪唐混合动力汽车的整车控制系统和车载网络维护与保养

检查项目	检查内容	检查结果	签字栏
HV ECU	外观检查		
线路检查	外观检查		
插接器检查	外观及松动检查		
系统运行状态检查	解码器读取故障码及相关数据流		

考核评价

综合整个学习过程，通过学生的课堂表现、课后巩固、任务完成情况等对学生的知识目标、能力目标、思政要素和职业素养目标达成情况进行评价。

任务教学目标达成情况评价表

班级：_____ 姓名：_____

知识目标达成情况		
目标描述	教师评价	学生自评
是否能对混合动力汽车 HV ECU 进行认知		
是否能够理解混合动力汽车车载网络的特点		
能否掌握混合动力汽车整车控制系统的结构原理		
评价结论：知识目标达成与否	○是	○否
能力目标达成情况		
目标描述	教师评价	学生自评
是否能找到混合动力汽车的 HV ECU 的位置		
是否能正确确认 CAN 数据总线		
是否能对整车控制系统进行维护与保养		
评价结论：能力目标达成与否	○是	○否
思政要素和职业素养目标达成情况		
目标描述	教师评价	学生自评
小组活动展现的团队协作、沟通交流能力		
本课实训参与的积极性		
实训是否严谨、客观、科学		
评价结论：思政要素和职业素养目标达成与否	○是	○否

任务二 整车工作模式测试检查

课程引入

一位卡罗拉混合动力汽车的车主来店反映自己的爱车在行驶中整车工作模式不是很灵敏，需要测试保养。你作为维修人员能完成该车辆的整车工作模式测试保养吗？

学习目标

知识目标	能力目标	思政要素和职业素养目标
1．了解混合动力汽车动力系统的工作模式。 2．掌握混合动力汽车混合动力系统各行驶工况的动力传递。 3．掌握混合动力汽车混合动力系统的工作模式切换原理	1．能正确查阅各类混合动力汽车的相关技术资料。 2．能在混合动力汽车上熟知工作模式切换开关的安装位置。 3．熟练掌握混合动力汽车在不同路况行驶中的工作模式切换方法。 4．掌握混合动力汽车整车工作模式的检查方法	1．遵规守纪，爱护设备，团结队友，钻研技术。 2．养成严谨细致、认真负责、精益求精的工作态度

对接 1+X 证书模块 5-2（中级）工作任务 2——智能新能源汽车工作模式

课前预习

根据查找的资料或在实训室观摩，完成下列课前预习（表 5.2.1）。

表 5.2.1 混合动力汽车整车工作模式控制预习

1．丰田卡罗拉混合动力汽车有哪些整车工作模式？

（丰田卡罗拉混合动力汽车整车工作模式）

（   ）（   ）（   ）（   ）（   ）

2．请说明丰田卡罗拉混合动力汽车的混合动力系统起动情况。

知识储备

由于混合动力汽车具有两种能量动力来源，因此车辆行驶时最重要也是最具有挑战性的就是整车工作模式控制，即根据行驶状况、道路状况和天气情况等，将车辆所需的来自发动机的驱动力和来自电动机的驱动力进行分配耦合，以获得最佳的燃油经济性、最少的废气排放和最长能量储存系统（动力蓄电池）的使用寿命。要对车辆的整车工作模式转换，驾驶人员要根据车辆行驶中的环境条件、工作状态和工作模式进行对应转换控制。

在进行整车工作模式控制时，首先，HV ECU 要获取车辆上的各种相关信息，如车速、发动机转速、发电机转速、电动机转速、动力蓄电池 SoC、电压、电流、加速踏板开度位置、变速器挡位、制动踏板位置、各种温度、时间等，再根据这些信号或信号组合，判断车辆处于的工作状态和工作模式，然后按照相应的程序发出动作指令，实现对动力与能量流的高效控制，并且在监控到系统发生故障时，发出故障警告信息，采取限制系统运行或失效保护措施，保证系统的安全。图 5.2.1 所示为 THS-Ⅱ控制系统。

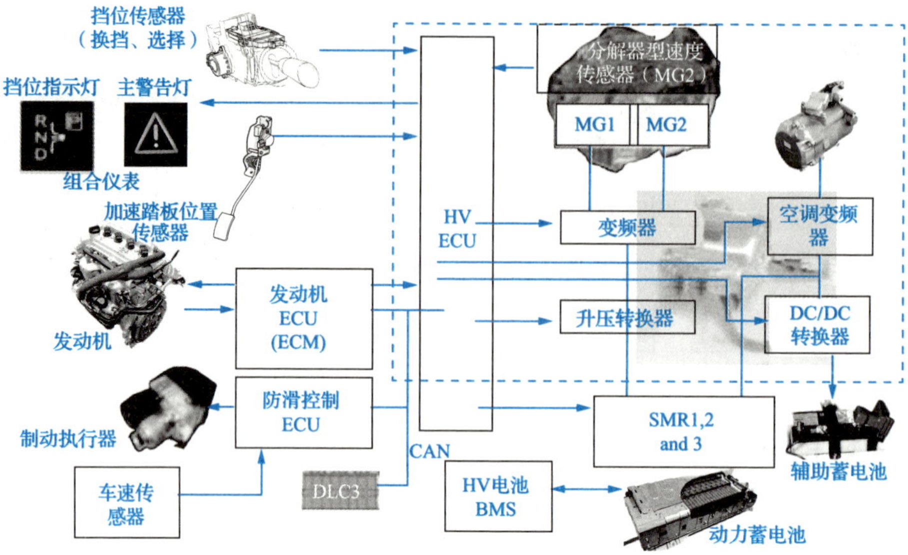

图 5.2.1　THS-Ⅱ控制系统

一、混合动力汽车混合动力系统的工作模式

1. 混合动力系统起动（READY ON 状态）

1）当踩下制动踏板时，通过按下电源开关起动混合动力系统。此时，"READY"灯一直闪烁直至完成系统检查。"READY"灯点亮时，混合动力系统起动且车辆可以行驶。

2）即使驾驶人员将电源开关置于 ON（READY）挡位，混合动力车辆 ECU 有时也无法起动发动机。发动机仅在发动机冷却液温度、SoC、动力蓄电池温度和电气负载需要起动发动机等条件下起动。

3）行驶后，驾驶人员停止车辆并将挡位置于 P 挡位开关时，混合动力汽车 HV ECU 使发动机继续运转。发动机将在 SoC、动力蓄电池温度和电气负载状态达到规定值后停止。

4）驾驶过程中不得不停止混合动力系统时，按住电源开关约 2s 或更长时间，或者连续按下电源开关 3 次或更多次，可强行停止混合动力系统。此时，电源切换至 ON（ACC）挡位。

2. 纯电动（EV）模式

满足下面所有条件时，可使用 EV 模式。

1）混合动力系统温度不高（外界空气温度高时、车辆上坡行驶或以高速行驶后，混合动力系统的温度会比较高）。

2）混合动力系统温度不低（外界空气温度低时、车辆停止运行很长时间后，混合动力系统的温度将会比较低）。

3）SoC 约为 50%或更高。

4）发动机冷却液温度约为 0℃或更高。

5）车速约为 30km/h 或更低（发动机冷机条件）。

6）车速约为 45km/h 或更低（发动机暖机条件）。

7）加速踏板开度为待定值或更低。

8）低压大用电量电器关闭。

9）巡航控制系统未工作。

满足所有工作条件时，按下 EV 模式开关，可使车辆进入 EV 模式，EV 模式指示灯将点亮，车辆处于 EV 工作模式。如果未满足任一工作条件而按下 EV 模式开关，EV 模式指示灯闪烁 3 次且蜂鸣器鸣响，以告知驾驶人员 EV 模式开关操作被拒绝，车辆无法进入 EV 模式。

车辆在 EV 模式下行驶时，动力蓄电池提供电能，供电机驱动车辆，可以满足各种工况行驶，如起步、倒车、怠速、匀速行驶等，如图 5.2.2 所示。

3. 混合动力（HEV）模式

当混合动力汽车不能满足 EV 模式条件时，就要切换为 HEV 模式，一般有 3 种 HEV 工作模式。

（1）稳速发电工作模式

当动力蓄电池电量不足时，混合动力系统从 EV 模式自动切换到 HEV 模式。车辆使用发动机驱动，在车辆以较稳定的车速行驶时，发动机输出的一部分转矩会驱动发电机发电，对动力蓄电池进行充电，如图 5.2.3 所示。

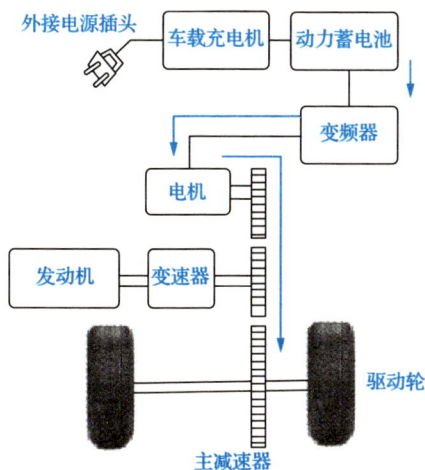

图 5.2.2　纯电动（EV）模式　　　　图 5.2.3　稳速发电工作模式

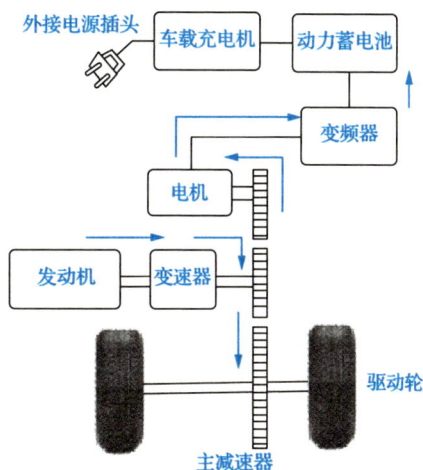

（2）混合动力工作模式

当用户从 EV 模式切换到 HEV 模式后，车辆由发动机和电动机共同驱动，实现了最佳的动力性，但仍能保证混合动力系统具有良好的经济性，如图 5.2.4 所示。

（3）燃油驱动工作模式

当动力蓄电池电量严重不足或高压电气系统有故障时，可单独使用发动机驱动车辆，实现高压电气系统的独立性，如图 5.2.5 所示。

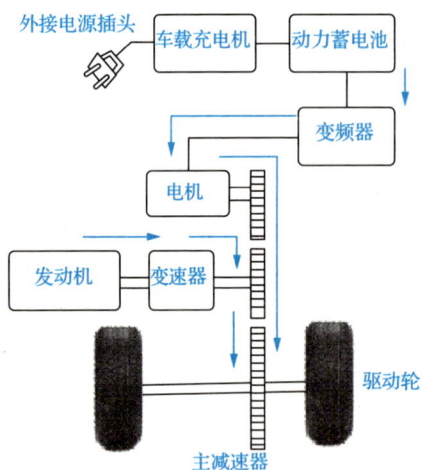

图 5.2.4　混合动力工作模式

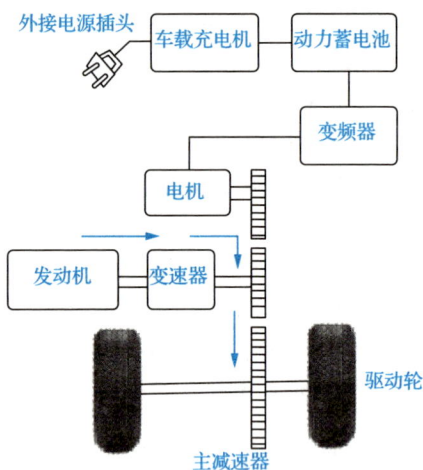

图 5.2.5　燃油驱动工作模式

4. PWR 模式和 ECO 模式

在 PWR 模式期间，混合动力汽车的 HV ECU 总成通过在加速踏板操作的初始阶段快速提高动力输出来优化加速感。在 ECO 模式期间，混合动力汽车的 HV ECU 总成通过缓慢产生原动力（与加速踏板操作相对应）来优化燃油经济性和行驶性能。混合动力汽车的 PWR 模式和 ECO 模式对动力输出进行优化，如图 5.2.6 所示。

5. 能量回馈工作模式

混合动力汽车在减速时，电机将车辆所要降低的动能转化为电能储存在动力蓄电池内，如图 5.2.7 所示。

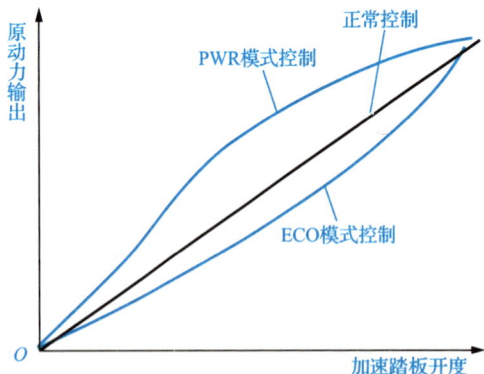

图 5.2.6　PWR 模式和 ECO 模式

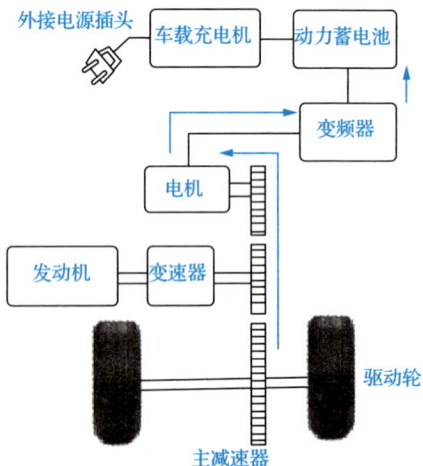

图 5.2.7　能量回馈工作模式

二、混合动力汽车各行驶工况下的动力传递路线

丰田第二代混合动力系统使用发动机和 MG2 提供原动力驱动车辆行驶，MG1 用作发电机给动力蓄电池充电或驱动车辆。混合动力系统根据下列行驶状况对发动机、MG1 和 MG2 的运转进行优化组合，驱动车辆，如图 5.2.8 所示。

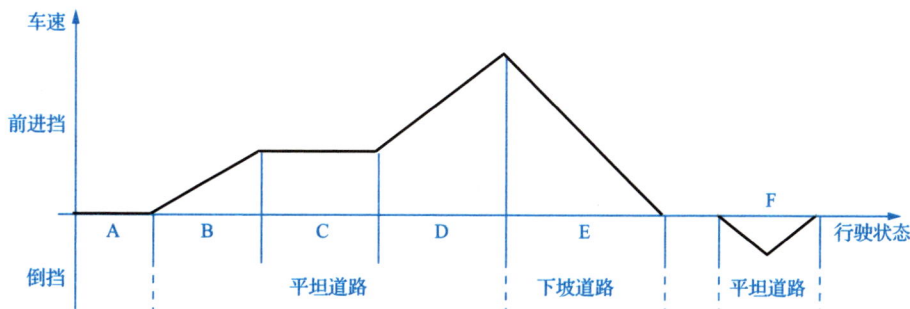

图 5.2.8　典型车辆行驶工况

对于混合动力系统，了解电机旋转方向和转矩间的关系有助于理解电机的作用。表 5.2.2 表明了正转矩或负转矩和正旋转或负旋转进行不同组合时驱动和发电的关系。

表 5.2.2　电机旋转方向和转矩间的关系

旋转方向	转矩状态	零部件的作用
正向（+）旋转	正转矩	驱动
	负转矩	发电
反向（-）旋转	正转矩	发电
	负转矩	驱动

1. 起步

车辆起步时，由 MG2 为车辆提供动力，如图 5.2.9 所示。仅由 MG2 驱动运行时，如果所需的驱动转矩增加，则激活 MG1 以起动发动机。

车辆在正常情况下起步时的动力传递路线如图 5.2.10 所示，同时该图反映了发动机、MG1、MG2、动力分配行星齿轮机构、电机减速行星齿轮机构之间的连接关系。起步时使用 MG2 的原动力行驶，MG2 带动后排太阳齿轮逆时针（-）转动，由于后排行星架固定，后排齿圈顺时针转动，带动齿套顺时针（+）转动，通过两级减速机构及差速器驱动车辆行驶。在此状态下行驶时，前排齿圈顺时针转动，由于发动机停止，前排行星架的转速为 0，前排太阳齿轮逆时针转动并带动 MG1 转子逆时针转动。

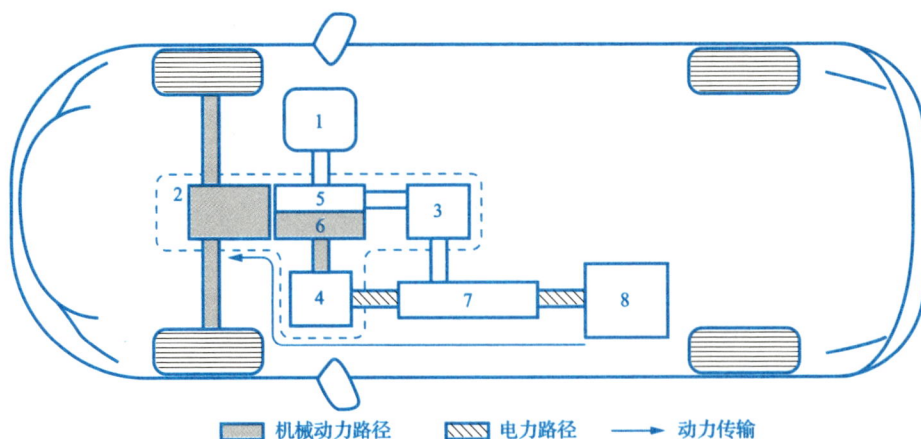

1—发动机（停止）；2—混合驱动桥总成；3—MG1（自由旋转）；4—MG2（主动）；5—动力分配行星齿轮机构；
6—电机减速行星齿轮机构；7—带转换器的逆变器总成；8—动力蓄电池。

图 5.2.9　车辆起步时的动力传输情况

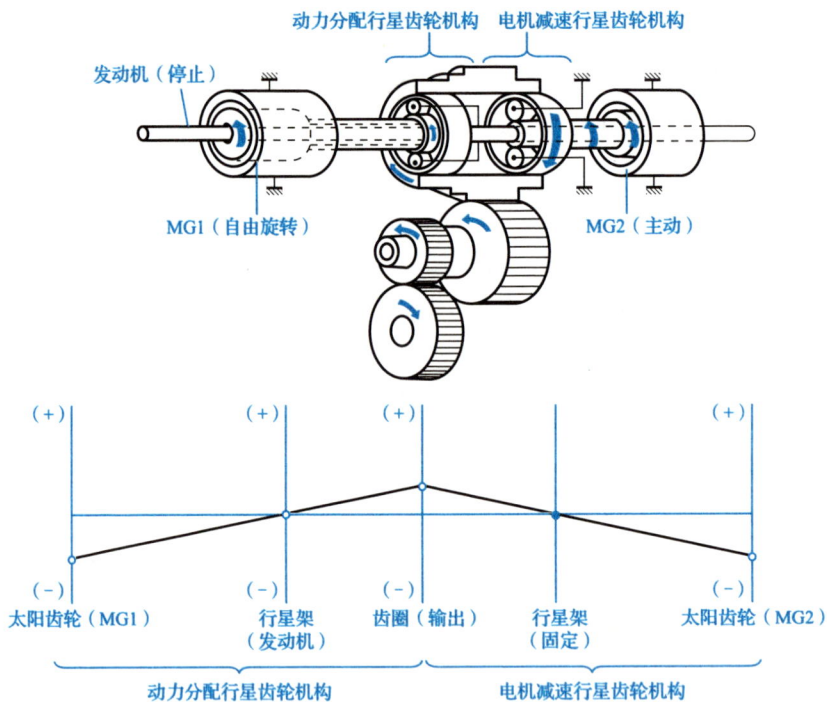

图 5.2.10　车辆在正常情况下起步时的动力传递路线

2. 定速巡航

车辆在低负载和定速巡航状态下行驶时，发动机和 MG2 均工作。动力分配行星齿轮机构传输发动机原动力，其中一部分原动力直接输出，剩余的原动力则通过 MG1 发电，利用变频器的电力路径，该电能被传输至 MG2，作为 MG2 的原动力输出，如图 5.2.11 所示。如果动力蓄电池的 SoC 水平低，则由发动机驱动 MG1 进行充电。

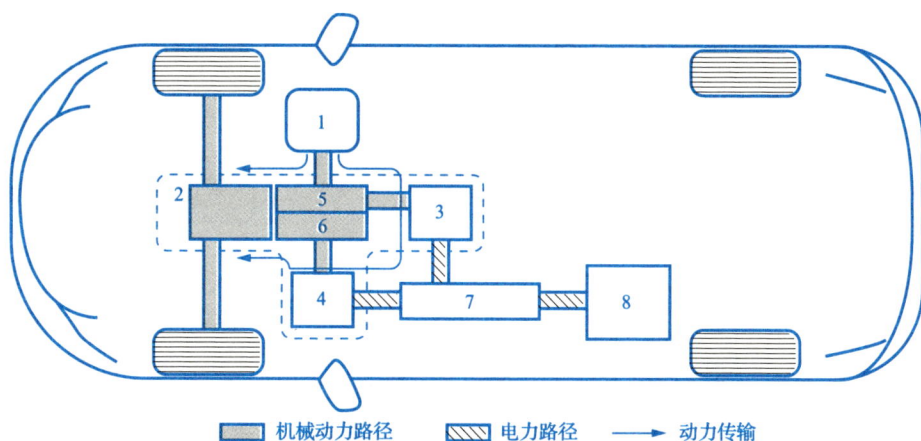

机械动力路径　　电力路径　　→动力传输

1—发动机（主动）；2—混合驱动桥总成；3—MG1（发电）；4—MG2（主动）；5—动力分配行星齿轮机构；
6—电机减速行星齿轮机构；7—带转换器的逆变器总成；8—动力蓄电池。

图 5.2.11　定速巡航

定速巡航时的动力传递路线如图 5.2.12 所示。MG2 带动后排太阳齿轮逆时针转动，由于后排行星架固定，后排齿圈顺时针转动，带动齿套顺时针转动，通过两级减速机构及差速器驱动车辆行驶；发动机转矩以顺时针方向作用于前排行星架，因前排齿圈随齿套顺时针转动，由于前排太阳齿轮也顺时针方向转动并带动 MG1 转子顺时针转动，MG1 发电。

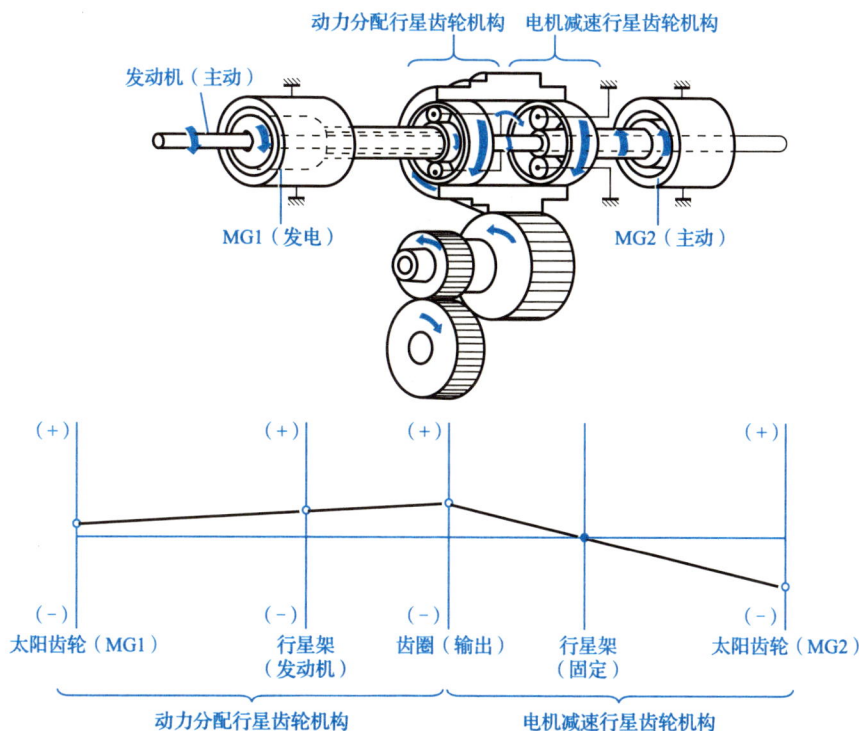

图 5.2.12　定速巡航时的动力传递路线

3. 节气门全开加速

车辆行驶状况从低负载巡航变为节气门全开加速时，系统用来自动力蓄电池的电能为 MG2 补充原动力，如图 5.2.13 所示。

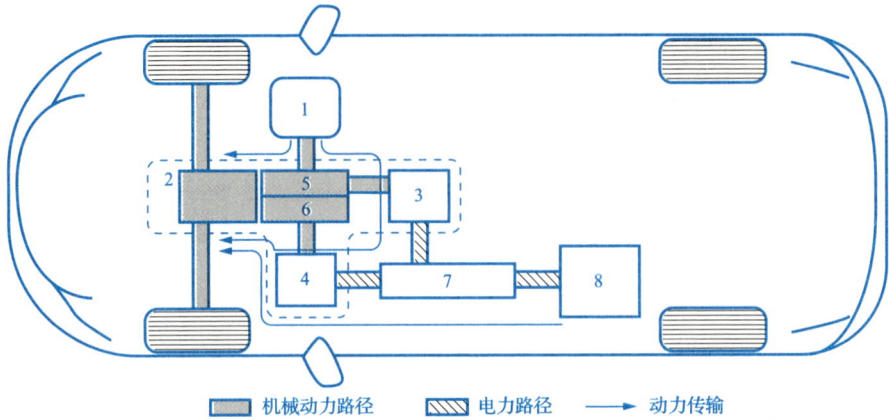

机械动力路径　　电力路径　　→ 动力传输

1—发动机（主动）；2—混合驱动桥总成；3—MG1（发电）；4—MG2（主动）；5—动力分配行星齿轮机构；6—电机减速行星齿轮机构；7—带转换器的逆变器总成；8—动力蓄电池。

图 5.2.13　节气门全开加速

当需要更多的发动机动力时，相关齿轮的转速发生如下改变以提高发动机转速：发动机转矩以顺时针方向作用于前排行星架，因前排齿圈随齿套顺时针转动，于是前排太阳轮也顺时针方向转动并带动 MG1 转子顺时针转动，MG1 发电。节气门全开加速时的动力传递路线如图 5.2.14 所示。

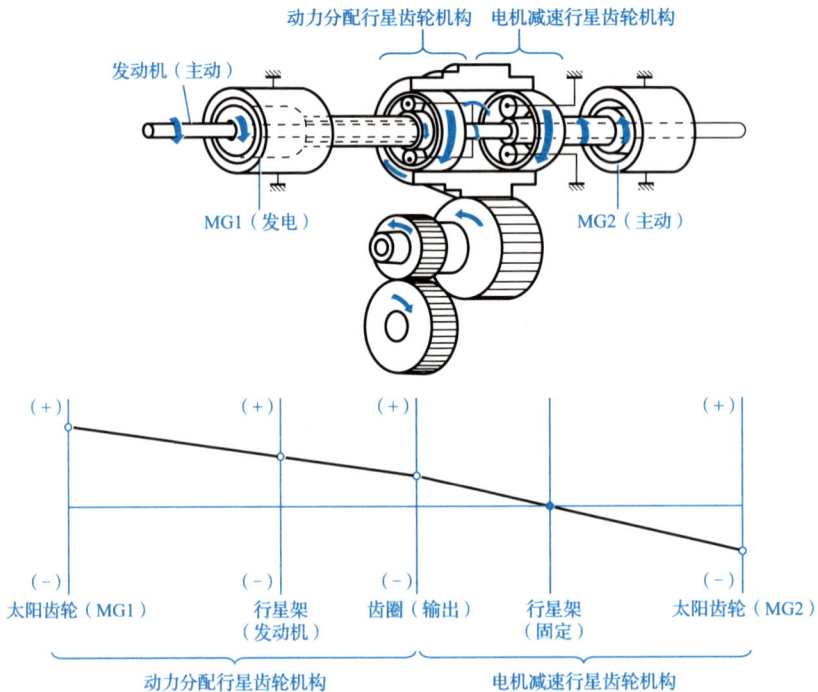

图 5.2.14　节气门全开加速时的动力传递路线

4. 减速

在选择 D 位的情况下使车辆减速时，发动机关闭且原动力为 0。此时，车轮驱动 MG2，使 MG2 作为发电机运行，从而为动力蓄电池充电，如图 5.2.15 所示。如果车辆从较高车速减速，则发动机将保持预定转速而非停止，以保护行星齿轮机构。

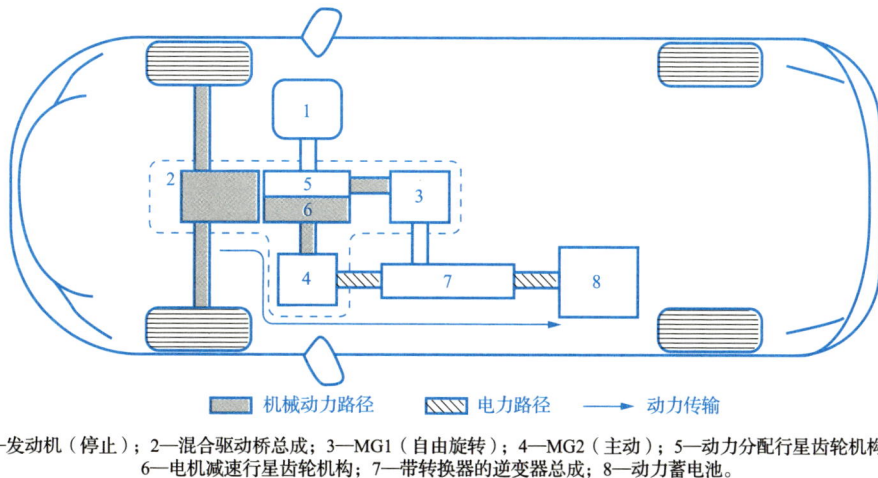

机械动力路径　　电力路径　　→ 动力传输

1—发动机（停止）；2—混合驱动桥总成；3—MG1（自由旋转）；4—MG2（主动）；5—动力分配行星齿轮机构；
6—电机减速行星齿轮机构；7—带转换器的逆变器总成；8—动力蓄电池。

图 5.2.15　减速

减速期间，齿圈由车轮驱动旋转，如图 5.2.16 所示。在此情况下，由于发动机不输出动力，前排行星架的转速为 0，而且 MG1 未产生任何转矩，因此没有转矩作用于前排太阳轮，前排太阳轮沿逆时针方向自由旋转以平衡旋转的前齿圈。

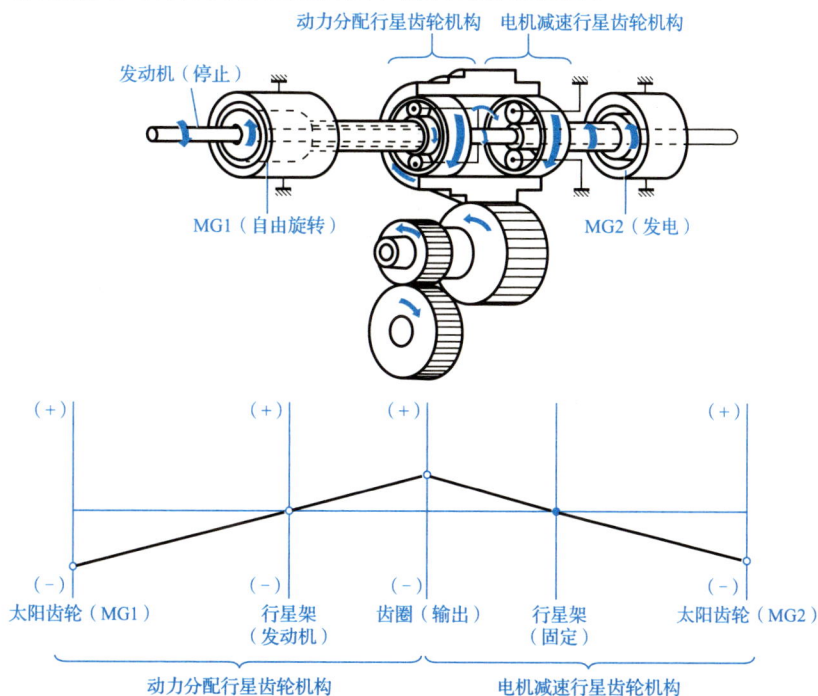

图 5.2.16　减速时的动力传递路线

5. 倒车

车辆以倒车行驶时，所需动力由 MG2 提供，如图 5.2.17 所示。此时，MG2 顺时针方向旋转，发动机保持停止，且 MG1 沿正常方向旋转而不发电。

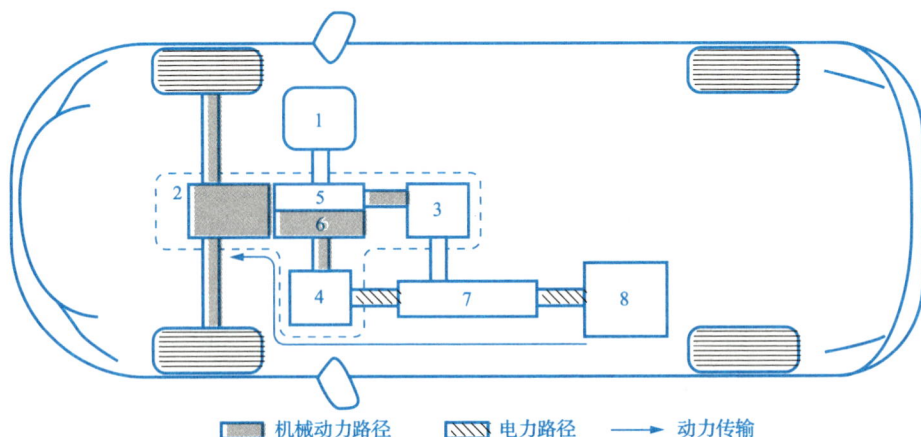

| 机械动力路径 | 电力路径 | → 动力传输 |

1—发动机（停止）；2—混合驱动桥总成；3—MG1（自由旋转）；4—MG2（主动）；5—动力分配行星齿轮机构；
6—电机减速行星齿轮机构；7—带转换器的逆变器总成；8—动力蓄电池。

图 5.2.17　倒车

该工况下的行星齿轮结构的状态与"起步"中描述的相反，如图 5.2.18 所示。由于发动机停止工作，前排行星架的转速为 0，前排太阳轮沿顺时针方向自由旋转以平衡旋转的齿圈。

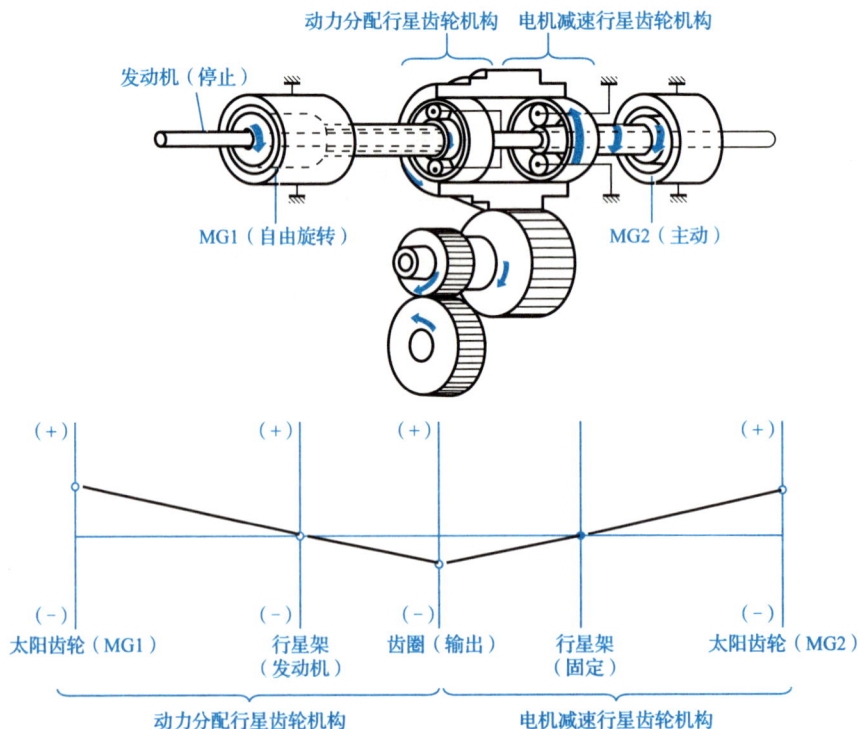

图 5.2.18　倒车时的动力传递路线

三、混合动力汽车整车工作模式检查

通过实车路驾观察感受来检查丰田卡罗拉混合动力汽车的工作模式状况。

1）打开车门，坐到驾驶人员座椅位置，系好安全带。

2）踩下制动踏板，按下电源开关。

3）车辆加电，仪表盘显示"READY"，加电正常。

4）按下转向盘上的信息选择按钮，调节出能量监视器界面，如图 5.2.19 所示。

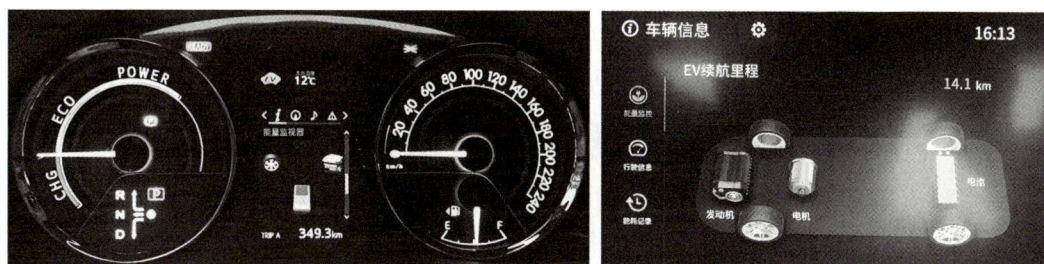

图 5.2.19　能量监视器界面

5）将电子变速杆拨至 D 位，松开驻车制动和行车制动。

6）踩下加速踏板，车辆起步行驶。

7）按下 EV 模式按键。

8）观察仪表盘能量监视器，此时动力蓄电池提供能量，驱动车辆行驶。如果动力蓄电池剩余电量不足，则不能进入 EV 模式，如图 5.2.20 所示。

图 5.2.20　不能进入 EV 模式

9）按下 ECO 模式按键，加速行驶。

10）观察仪表盘能量监视器，此时由动力蓄电池单独驱动车辆行驶，如图 5.2.21 所示，或者由动力蓄电池和发动机共同提供能量，驱动车辆行驶，如图 5.2.22 所示。

11）按下 PWR 模式按键，加速行驶。

12）观察仪表盘能量监视器，此时动力蓄电池和发动机共同提供能量，驱动车辆行驶，如图 5.2.22 所示。

图 5.2.21 动力蓄电池单独驱动车辆　　　　图 5.2.22 动力蓄电池和发动机驱动车辆

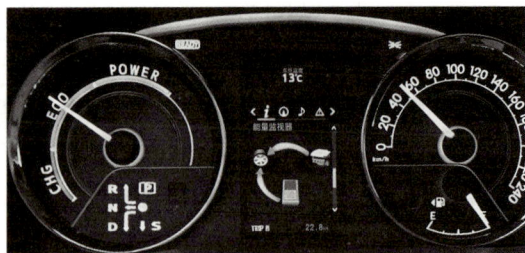

13）松开加速踏板，踩下行车制动踏板。

14）观察仪表盘能量监视器，制动能量回收，如图 5.2.23 所示。

图 5.2.23　制动能量回收

15）同时观察仪表盘左侧混合动力系统指示仪，指针在 CHARGE 区域。

16）制动车辆直至停车。

17）拉起驻车制动，关闭电源开关，解除安全带，离开驾驶座椅。

18）关闭车门。

知识拓展

比亚迪唐混合动力汽车工作模式切换

比亚迪唐混合动力汽车工作模式切换开关如图 5.2.24 所示。

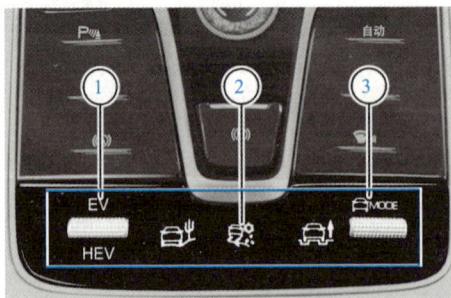

①—EV/HEV按键；②—全地形模式按键；③—MODE按键。

图 5.2.24　模式切换开关

1. EV-ECO 驱动模式

向前拨动 EV/HEV 模式按键，仪表上 EV 指示灯点亮，表示整车处于 EV 驱动模式。

连续拨动 MODE 模式按键，直至仪表上 ECO 指示灯点亮，进入经济模式（ECO 驱动模式），也就是 EV-EVO 驱动模式，如图 5.2.25 所示。该模式可使车辆在保证动力的情况下，最大限度节约电量。

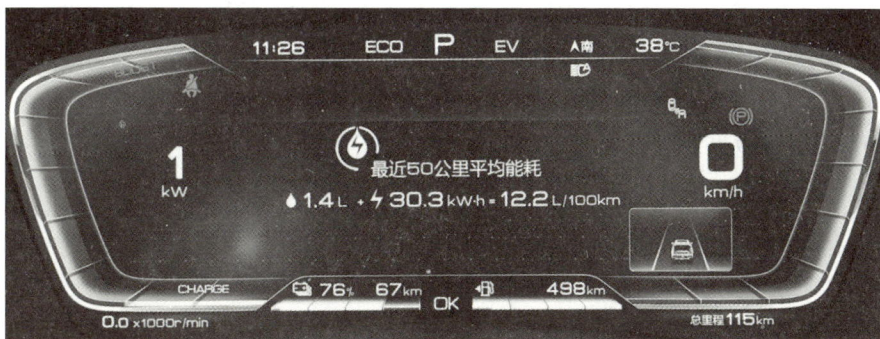

图 5.2.25　EV-EVO 驱动模式

2. EV-NORMAL 驱动模式

向前拨动 EV/HEV 模式按键，仪表上的 EV 指示灯点亮，表示整车处于 EV 驱动模式。连续拨动 MODE 模式按键，直至仪表上的 NORMAL 指示灯点亮，进入普通模式（EV-NORMAL 驱动模式），如图 5.2.26 所示，该模式可同时兼顾舒适性与用电量。

图 5.2.26　EV-NORMAL 驱动模式

3. EV-SPORT 驱动模式

向前拨动 EV/HEV 模式按键，仪表上的 EV 指示灯点亮，表示整车处于 EV 模式。连续拨动 MODE 模式按键，直至仪表上的 SPORT 指示灯点亮，进入运动模式（EV-SPORT 驱动模式），如图 5.2.27 所示，以保证较好的动力性能。

图 5.2.27　EV-SPORT 驱动模式

4. HEV-ECO 驱动模式

向后拨动 EV/HEV 模式按键，仪表上的 HEV 指示灯点亮，表示整车处于 HEV 模式。连续拨动 MODE 模式按键，直至仪表上的 ECO 指示灯点亮，进入经济模式（HEV-ECO 驱动模式），如图 5.2.28 所示，以提供最佳燃油经济性。

图 5.2.28　HEV-ECO 驱动模式

5. HEV-NORMAL 驱动模式

向后拨动 EV/HEV 模式按键，仪表上的 HEV 指示灯点亮，表示整车处于 HEV 模式。连续拨动 MODE 模式按键，直至仪表上的 NORMAL 指示灯点亮，进入普通模式（HEV-NORMAL 驱动模式），如图 5.2.29 所示，提供最佳舒适性同时兼顾燃油经济性。

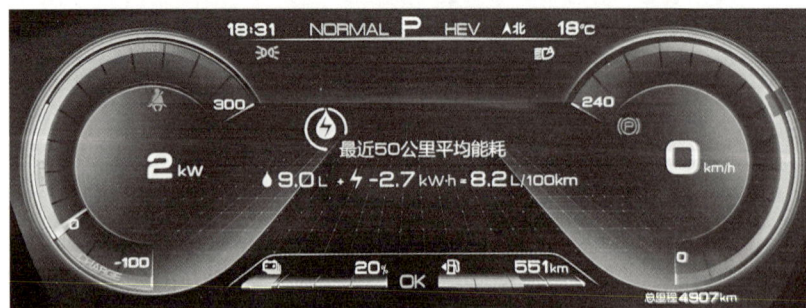

图 5.2.29　HEV-NORMAL 驱动模式

6. HEV-SPORT 驱动模式

向后拨动 EV/HEV 模式按键，仪表上的 HEV 指示灯点亮，表示整车处于 HEV 模式。连续拨动 MODE 模式按键，直至仪表上的 SPORT 指示灯点亮，进入运动模式（HEV-SPORT 驱动模式），如图 5.2.30 所示，以提供最佳的动力性。

图 5.2.30　HEV-SPORT 驱动模式

7. MAX EV 驱动模式

MAX EV 驱动模式为驾驶人员提供了"持续用电不用油"的需求，最大限度地保证了车辆纯电行驶。

若电池电量较充足的情况下需要进入 MAX EV 驱动模式，则向前拨动 EV/HEV 模式按键持续约 3s，直到仪表上的 EV 指示灯显示蓝色，如图 5.2.31 所示。此时输出功率受到一定限制，直到电量下降到较低电量时，整车将自动切换到 HEV-ECO 驱动模式。

图 5.2.31　MAX EV 驱动模式

8. 沙地模式

驾驶人员按下沙地模式开关选择进入沙地模式，再按一次沙地模式开关退出沙地模式，此模式适用于沙地路面，如图 5.2.32 所示。

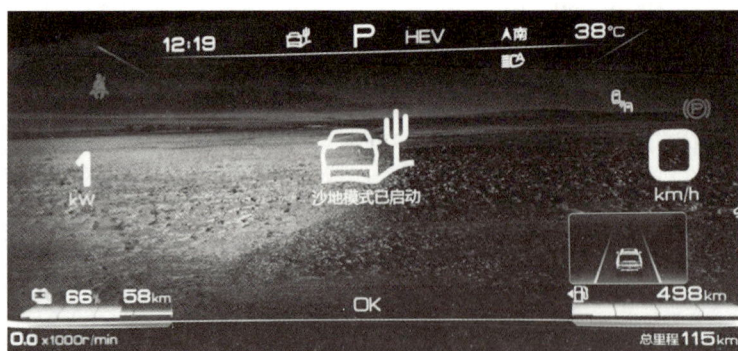

图 5.2.32 沙地模式

9. 雪地模式

驾驶人员按下雪地模式开关选择进入雪地模式，再按一次模式开关，退出雪地模式。此模式适用于雪地等湿滑路面，如图 5.2.33 所示。

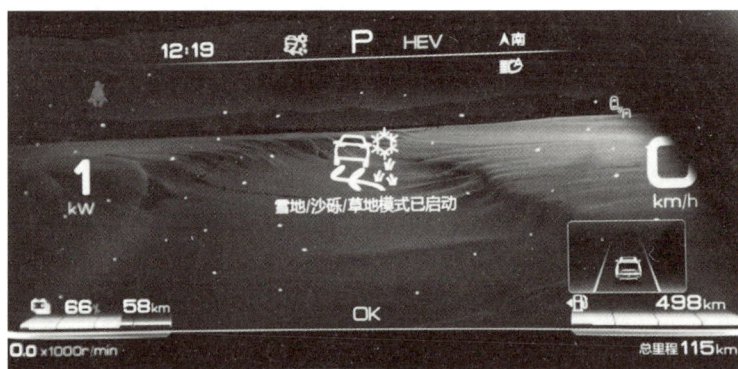

图 5.2.33 雪地模式

10. 泥泞地模式

驾驶人员按下泥泞地模式开关选择进入泥泞地模式，再按一次泥泞地模式开关，退出泥泞地模式。此模式适用于泥泞地等湿滑路面，如图 5.2.34 所示。

图 5.2.34 泥泞地模式

11. 双模系统工作模式注意事项

车辆在汽油和电力的组合下运转时，应特别注意以下事项：

动力电池在低温环境下的性能会下降。为防止动力电池损坏，会存在以下情况：温度低时，车辆会限制充电、放电功率及电量；温度低于-30℃或者高于60℃，车辆无法充电；温度低于-35℃或者高于60℃，车辆无法放电。建议在-20℃以上环境中使用车辆。如遇以上特殊环境，建议使用发动机驱动车辆。

电池的最佳使用温度为25℃，温度过高或过低时，电池会限制输出功率，纯电里程也会缩短。

⚙ 任务实施

小组根据该任务的学习情况，查阅相关资料和利用实训设备（工具、车辆），完成下列工作任务单。

混合动力汽车整车工作模式检查工作任务单

任务名称	检查混合动力汽车工作模式		
小组成员		任务成绩	
任务要求	1. 利用教师提供的混合动力实训车辆，写出车辆的具体类型，在实车上确认工作模式切换开关，并记录模式开关的位置。 2. 线上、线下收集信息，列举不同类型混合动力汽车的工作模式切换种类（3种以上）		
安全要求	记录实训中应该注意的安全事项		
混合动力汽车动力系统的工作模式切换开关、工作模式切换方法	1. 实训车辆1： 车辆型号及类型记录： 工作模式切换开关安装位置及工作模式切换记录： 2. 实训车辆2： 车辆型号及类型记录： 工作模式切换开关安装位置及工作模式切换记录：		
混合动力汽车动力系统工作模式切换时的整车工作状态检查	写出混合动力汽车实训车辆动力系统工作模式切换时的整车工作状态检查过程		

考核评价

综合整个学习过程，通过学生的课堂表现、课后巩固、任务完成情况等对学生的知识目标、能力目标、思政要素和职业素养目标达成情况进行评价。

任务教学目标达成情况评价表

班级：＿＿＿＿＿＿＿　　姓名：＿＿＿＿＿＿＿

知识目标达成情况		
目标描述	教师评价	学生自评
是否能对混合动力汽车各工况行驶进行区分		
是否能够理解混合动力汽车各工作模式的特征		
能否掌握混合动力系统各工作模式的切换方法		
评价结论：知识目标达成与否	○是	○否
能力目标达成情况		
目标描述	教师评价	学生自评
能否找到混合动力汽车工作模式切换开关的位置		
能否正确切换混合动力汽车的工作模式		
能否检查混合动力汽车不同工作模式时的工作状态		
评价结论：能力目标达成与否	○是	○否
思政要素和职业素养目标达成情况		
目标描述	教师评价	学生自评
小组活动展现的团队协作、沟通交流能力		
本课实训参与的积极性		
实训是否严谨、客观、科学		
评价结论：思政要素和职业素养目标达成与否	○是	○否

任务三　电子换挡装置的维护与保养

课程引入

电子换挡装置是目前汽车的主流配置，但很多顾客对该装置的使用存有疑虑，你作为一名汽车销售人员能否为顾客们详细介绍电子换挡装置的基本情况？

学习目标

知识目标	能力目标	思政要素和职业素养目标
1．了解电子换挡装置的基本类型。 2．了解常见电子换挡装置的结构及工作原理。 3．掌握混合动力汽车电子换挡装置的维护与保养项目内容	1．能正确查阅混合动力汽车不同类型电子换挡装置的相关技术资料。 2．能对电子换挡装置的工作过程进行描述。 3．能对混合动力汽车电子换挡装置进行维护与保养	1．培养信息意识，提升信息素养，增强信息检索能力。 2．培养一丝不苟、精益求精的工匠精神

对接1+X证书模块5-3（中级）工作任务3——智能新能源汽车换挡控制系统维护与保养

课前预习

根据查找的资料或在实训室观摩，完成下列课前预习（表 5.3.1）。

表 5.3.1　电子换挡装置维护与保养预习

1. 电子换挡装置的类型：

（电子换挡装置常见类型）

（　　　　）（　　　　）（　　　　）（　　　　）

2. 说明混合动力汽车电子换挡装置的特点。

知识储备

随着汽车技术的飞速发展，汽车上的电控配置变得越来越便捷，越来越先进，也越来越智能化，自 1907 年福特汽车最早应用自动变速器开始，机械换挡的方式一直作为汽车主流。随着电子工业的发展，用户对汽车舒适性、智能化的要求不断提高，短时间内，在豪华车及中高级车上开始大面积普及各种造型不一的电子换挡系统，其新颖的外形、便捷的操纵方式，在很大程度上提升了车内整体的豪华度和科技感，满足了消费者追求高品质的心理。

一、换挡装置的分类及原理

换挡装置可分为机械换挡装置和电子换挡装置。

1. 机械换挡装置

机械换挡装置采用拉索或拉杆球头等进行机械传动，将驾驶人员的换挡动作通过机械部件联动传递至变速器内，实现变速器的挡位变换。其特点是：传动结构复杂，安装布置位置固定，部件安装配合要求高，占用空间大，使用过程中能直接感受到变速器的反馈作用力，舒适性不佳，机械部件需要定期维护与保养，养护操作不方便。

机械换挡装置在使用一定时间后，通常会出现机械部件磨损，导致机件配合间隙变大，从而出现换挡操作控制精度下降、操作卡滞、费力等问题，因此机械换挡装置在追求舒适性越来越高的轿车市场中应用得越来越少。

2. 电子换挡装置

为满足消费者对汽车越来越高的要求，实现车辆的智能化控制，电子换挡装置应运而生。电子换挡装置的本质是一个电控开关元件，其本身同变速器之间没有直接的机械连接。电子换挡装置将驾驶人员的动作转化为电信号编码后，通过车载网络传递给变速器控制模块，变速器控制模块接收到信号后，对信号进行解析比对，控制对应的执行机构进行对应动作，从而实现变速器的挡位变换。

二、电子换挡装置的常见类型

电子换挡装置布置灵活方便，对空间、位置要求不高，其外形、结构各式各样。目前市面上常见的电子换挡装置有以下几种类型。

1. 传统式电子换挡装置

传统式电子换挡装置是指电子变速杆布置在中控台上，电子变速杆同传统的手动变速器相仿，保留了传统机械变速杆的操控感觉，其本身作为电子换挡装置，又具备操作便捷、响应速度快的优点。传统式电子换挡装置占用空间比较大，会影响中控台的设计布置，造成部分按键操作上的不便，但其电子变速杆造型设计较为自由，符合大多数人的操纵习惯，可靠性较高。传统式电子换挡装置如图 5.3.1 所示。

2. 怀挡式电子换挡装置

怀挡式电子换挡装置布置在转向盘下方，其换挡杆替换了刮水操纵杆的位置。这种布置方式的好处在于，最大限度地给中控台留出了布置空间，带来更多的储物空间，同时提高了操作的便利性。怀挡式电子换挡装置如图 5.3.2 所示。

图 5.3.1　传统式电子换挡装置

图 5.3.2　怀挡式电子换挡装置

3. 旋钮式电子换挡装置

旋钮式电子换挡装置安装在中控台上，将旋钮开关旋至需要的挡位，就能实现换挡，部分车型上的旋钮开关还具有升降功能，营造出很强的科技感、仪式感，其外形设计较为丰富。目前旋钮式电子换挡装置多在新能源车上使用，操作时没有明显的停顿感，操作的便捷性、可靠性不佳。旋钮式电子换挡装置如图 5.3.3 所示。

4. 按键式电子换挡装置

按键式电子换挡装置用按钮替代了变速杆这一传统装置，最大限度地节省了中控台的空间。按键外观设计多种多样，各具特色，但这种换挡装置在操作时需要驾驶人用眼睛确认，便捷性和可靠性不佳。按键式电子换挡装置如图 5.3.4 所示。

图 5.3.3　旋钮式电子换挡装置

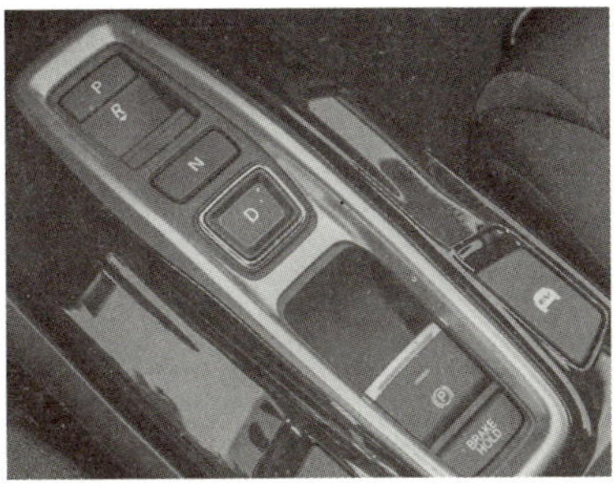

图 5.3.4　按键式电子换挡装置

三、电子换挡装置的结构及工作过程

根据电子换挡装置布置要求的不同，其结构类型也不同。电子换挡装置作为一个检测驾驶人员操作意图并带有通信和诊断功能的电子模块，其基本结构原理一致。下面以旋钮式电子换挡装置为例，介绍电子换挡装置的一般结构。

电子换挡装置由非接触式霍尔位置传感器、控制模块（PCB）、面板、旋钮、背景灯、棘轮、棘爪等组成。带升降功能的电子换挡装置还包括升降电机、升降螺杆等，其结构与装配图如图 5.3.5 所示。

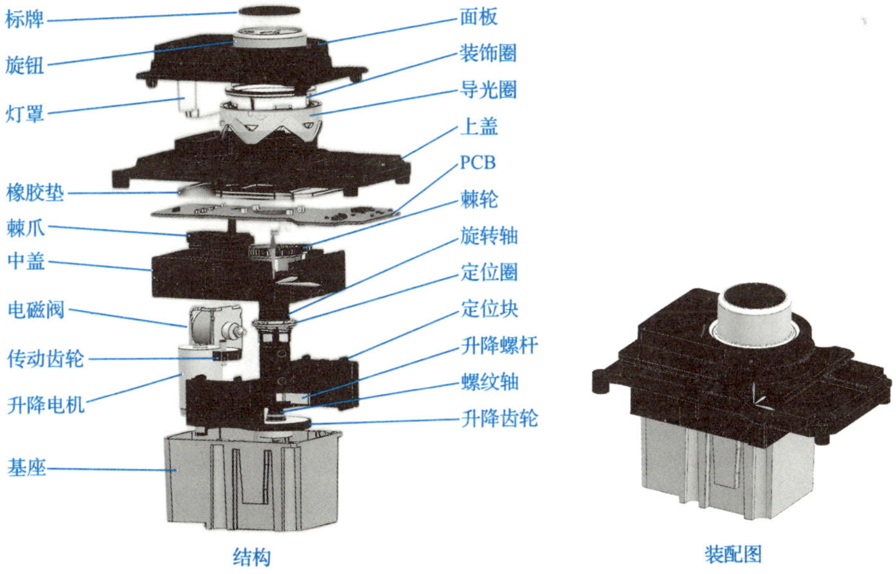

图 5.3.5　旋钮式电子换挡装置的结构与装配图

工作过程：驾驶人员转动旋钮到 D 挡，棘爪到位后卡住棘轮，驾驶人员能接收到反馈振动，提醒驾驶人员到达需求挡位，旋钮带动霍尔传感器旋转部分在磁场内产生位移，感应线圈产生感应电动势；控制模块接收到这一电信号，对信号进行分析，将该信号发送至车载网络中；变速器控制模块从网络中接收该信号，并做出对应执行操作，使车辆在 D 挡模式运行。

四、电子换挡装置的特点

机械换挡装置结构较复杂，换挡操作的动作大，而电子换挡装置没有复杂的机械结构，换挡过程相对简便，只需轻轻触动按键或拨动电子变速杆就可以实现换挡，过程非常简单。

电子换挡装置可以根据需求灵活设置位置，可以减少驾驶人员换挡时手部移动的幅度，使驾驶人员换挡操作更便捷。

电子换挡通过车载计算机管理，实现智能化控制，对换挡行为进行判断，可以避免驾驶人员误换挡操作。例如，在行车过程中，驾驶人员误触碰到其他挡位，车载计算机判定为操作不合理，阻止换挡操作，进而保护变速器。

由于电子变速杆没有了复杂的机械结构，只需布置开关、铺设线路，因此变速杆机构的体积也大大减小，对于整车布置、轻量化等方面都有着极大的贡献。

电子换挡装置可省去机械换挡装置上被机械变速杆的传动机构所占据的庞大空间，从而留出更大的储物空间。

五、电子换挡装置的维护与保养

电子换挡装置在使用过程中相对于机械换挡装置的维护与保养工作量大大降低，由于没有复杂的机械系统，因此不需要定期对活动部件进行检查润滑，但电子换挡装置对电信号较为依赖，故在使用过程中应做好相关线束的检查工作。下面以比亚迪唐 DM 为例介绍电子换挡装置的线路及一般保养思路。图 5.3.6 所示为比亚迪唐 DM 电子换挡操纵机构面板总成线路连接图。

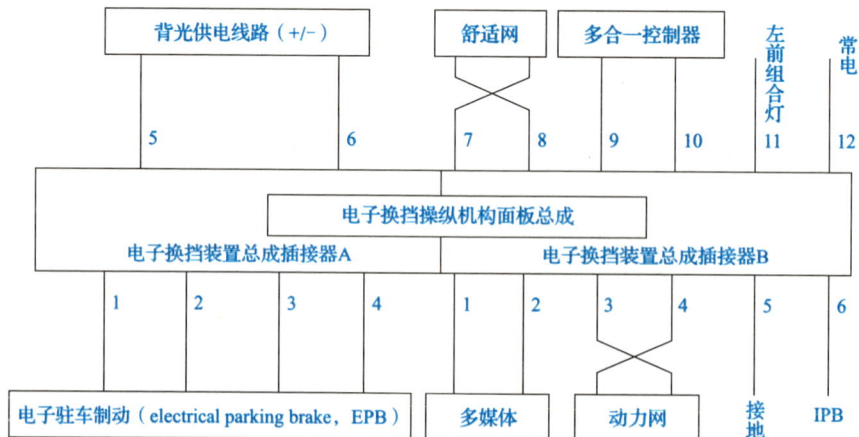

图 5.3.6　电子换挡操纵机构面板总成线路连接图

由图 5.3.7 可知，该部件由 12 号端子供给 12V 直流电，为整个总成部件提供电源，由于挡位信号产生后，由电子换挡控制单元将信号发送给 ECM 网，再由该网络上的其他控制单元接收并利用，因此，3、4 号端子为挡位信号的发出部位，7、8 号端子连接到舒适网中，其信号用于舒适系统。5 号端子作为总成部件的接地点，其接触是否良好直接影响该部件各种信号的准确性，起着十分重要的作用。电子驻车按钮信号由插接器 A 的 1、2、3、4 号端子及插接器 B 的 6 号端子提供，以实现驻车制动。

一般情况下，电子换挡装置利用车载网络进行数据传输且具有自诊断功能。比亚迪唐 DM 的电子换挡装置没有单独的执行元件，其换挡动作的执行由变速器控制单元控制变速器内部阀体实现，利用挡位传感器、方向传感器确认换挡动作的执行情况，因此，其电子换挡装置的主要维护与保养内容是对电子换挡操纵机构进行机械和电子方面的常规检查。具体内容如下。

1）车辆起动通电，踩住制动踏板，反复操纵电子变速杆，感知电子变速杆挂入挡位时是否有轻微的切入感。将电子变速杆向前或向后挂入后，松开电子变速杆，查看电子变速杆是否能自动回到中间位置。操纵电子变速杆时，观察仪表显示器及电子变速杆操纵面板，查看两者能否同时正确指示挂入挡位。踩住制动踏板，按下驻车按钮，查看车辆是否能实现驻车制动。

2）利用解码器，读取电子换挡模块的故障码，如果有故障码，则应消除；如果无法消除，则应进行对应维修。

3）利用解码器，读取电子换挡模块数据流，查看换挡操纵装置换挡数据流是否正常。

4）由于电子换挡装置安装在中控台上，其线束、插接器被面板包裹，因此无法直观检查其线束、插接器的状态。在进行该部分维修时，一定要注意线束的包扎与紧固、插接器的清洁与紧固作业，防止线束松动导致运行过程中出现摩擦破损，造成相关故障。

知识拓展

比亚迪秦混合动力汽车挡位控制系统

比亚迪秦混合动力汽车采用先进的线控换挡系统，该系统消除了电子变速杆与变速器之间的机械连接，通过电控方式选择 D 挡、R 挡和 P 挡。挡位信号由挡位控制器总成进行采集及处理，挡位控制器在布置时靠近挡位执行器总成，避免因线束过长导致信号不稳的现象。换挡完毕后，电子变速杆可以自动回正，以减少误操作。

1. 组成及安装位置

挡位控制系统由 P 挡按钮、换挡操纵机构、P 挡控制器、挡位控制器组成，其安装位置如图 5.3.7 所示。

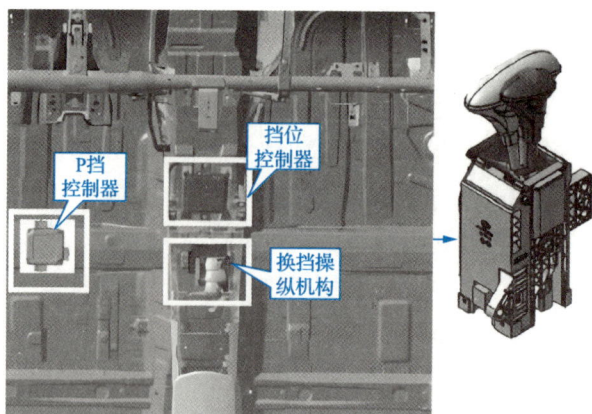

图 5.3.7 挡位控制系统的安装位置

2. 控制原理

比亚迪秦混合动力汽车挡位控制系统的控制原理如图 5.3.8 所示。

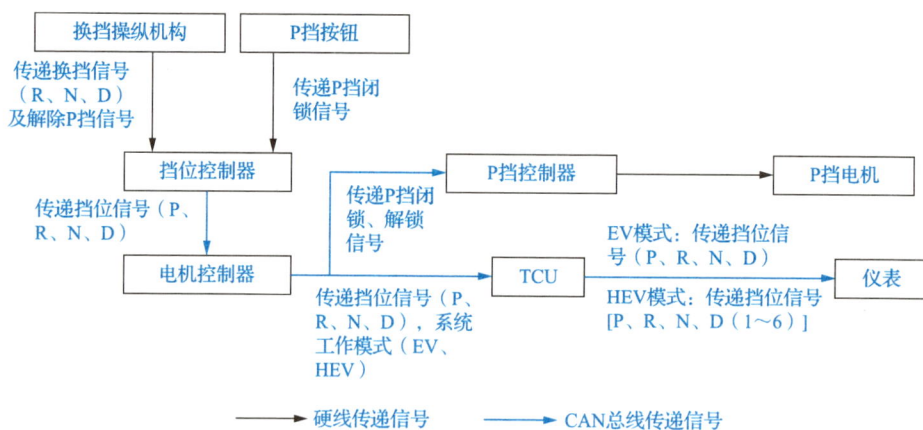

图 5.3.8 挡位控制系统的控制原理

3. 挡位切换条件

比亚迪秦混合动力汽车挡位切换条件如表 5.3.2 所示。

表 5.3.2 挡位切换条件

切入挡位	当前挡位			
	P	R	N	D
P	—	车速小于等于 3km/h	车速小于等于 3km/h	车速小于等于 3km/h
R	电源模式为 OK 挡,有制动踏板状态	—	电源模式为 OK 挡	电源模式为 OK 挡,车速小于等于 3km/h
N	有制动踏板状态	电源模式为 ON/OK 挡	—	电源模式为 ON/OK 挡
D	电源模式为 OK 挡,有制动踏板状态	电源模式为 OK 挡,车速小于等于 3km/h	电源模式为 OK 挡	—

任务实施

根据所学的知识对比亚迪唐混合动力汽车电子换挡装置进行维护与保养作业，并完成表格（表5.3.3）的填写。

表5.3.3　比亚迪唐混合动力汽车电子换挡装置维护与保养作业

检查项目	检查内容	检查结果	签字栏
换挡情况	换挡操作是否顺畅，电子变速杆复位是否正常		
故障码检查	读取系统故障码		
数据流检查	检查换挡数据流是否正常		

考核评价

综合整个学习过程，通过学生的课堂表现、课后巩固、任务完成情况等对学生的知识目标、能力目标、思政要素和职业素养目标达成情况进行评价。

任务教学目标达成情况评价表

班级：_____　　姓名：_____

知识目标达成情况		
目标描述	教师评价	学生自评
是否能对混合动力汽车电子换挡装置进行认知		
是否能够理解电子换挡装置常见类型的结构		
能否掌握混合动力汽车电子换挡装置的结构原理		
评价结论：知识目标达成与否	○是	○否
能力目标达成情况		
目标描述	教师评价	学生自评
能否找到混合动力汽车电子换挡装置的位置		
能否对混合动力汽车的各挡位顺利切换		
能否对混合动力汽车的电子换挡装置进行维护与保养		
评价结论：能力目标达成与否	○是	○否
思政要素和职业素养目标达成情况		
目标描述	教师评价	学生自评
小组活动展现的团队协作、沟通交流能力		
本课实训参与的积极性		
实训是否严谨、客观、科学		
评价结论：思政要素和职业素养目标达成与否	○是	○否

项目六

混合动力汽车辅助系统的维护与保养

任务一　混合动力汽车空调系统的维护与保养

课程引入

目前有一台比亚迪唐DM 2018款汽车来维修厂保养，车主反映空调系统使用效果不佳。你作为一名汽车维修人员能否对该车空调系统进行检查与保养？

学习目标

知识目标	能力目标	思政要素和职业素养目标
1．了解混合动力汽车空调系统的基本组成结构与运行原理。 2．掌握混合动力汽车空调系统的维护与保养项目。 3．掌握混合动力汽车空调系统维护与保养流程	1．能正确查阅混合动力汽车空调系统的相关技术资料。 2．熟知混合动力汽车空调系统中各部件的安装位置。 3．能对混合动力汽车空调系统进行熟练的维护与保养	1．树立顾客至上的服务意识，服务社会，奉献社会。 2．养成认真细致的工作态度，发扬一丝不苟、精益求精的工匠精神

对接 1+X 证书模块 6-1（中级）工作任务 1——智能新能源汽车空调系统维护与保养

课前预习

根据查找的资料或在实训室观摩，完成下列课前预习（表 6.1.1）。

表 6.1.1　混合动力汽车空调系统维护与保养预习

1. 混合动力汽车空调供暖系统主要包括哪些部件？

（混合动力汽车空调供暖系统中的主要部件）

（　　　　）（　　　　）（　　　　）（　　　　）

2．说明混合动力汽车空调系统的工作原理。

知识储备

空调系统是汽车舒适系统的重要组成部分，它的主要作用是对车厢内的空气进行制冷、加热、换气和净化，为驾乘人员提供舒适的乘车环境，降低驾驶人员的疲劳强度，提高行车安全。空调是车辆必须具备的基本装备，其运行状态是否良好，关系着车辆使用性能的好坏，因此，对于设备维修与养护人员而言，掌握正确的空调系统维护与保养方法十分重要。

一、空调系统保养的意义

汽车空调系统的保养作业分为日常维护与保养和定期维护与保养。日常维护与保养一般由驾驶人员或一般汽车维修人员进行，在保养时可能会发现许多没有明显故障现象的早期故障，而这些故障的早期发现和及时处理，对延长汽车空调装置的使用寿命起着重要作用。定期维护与保养则由汽车空调保修工进行，汽车空调保修工除进行驾驶人员所负责的例行日常维护与保养项目的检查和调整外，还应按汽车空调专门的维护周期进行相关项目作业。

二、混合动力汽车空调系统的结构

混合动力汽车空调系统与纯电动汽车空调系统的结构基本相同，混合动力汽车延续了传统燃油汽车空调系统的工作原理。混合动力汽车空调系统的制冷动力由电动机驱动压缩机工作提供，供暖系统通常采用 PTC（positive temperature coefficient，正温度系数）加热器和发动机余热提供热量。以比亚迪唐混合动力版为例，其空调系统主要由电动压缩机、冷凝器、空气调节系统总成、制冷管路、PTC 加热器、暖风管路、风道、鼓风机及电池热管理控制器等零部件组成，具有制冷、供暖、除霜除雾、通风换气、空气净化、空气 PM2.5 检测 6 种功能，其结构和布置如图 6.1.1 所示。目前混合动力汽车及纯电动汽车空调系统多采用涡旋式压缩机，电动机和压缩机合为一体，供给高压直流电。供暖系统由 PTC 加热器和发动机冷却液产生热量，PTC 加热器由动力蓄电池供电，电压较高，因此需要特别注意高压防护的问题，在进行混合动力汽车空调系统维护与保养时一定要做好高压安全防护，不建议非专业人员进行该项作业。

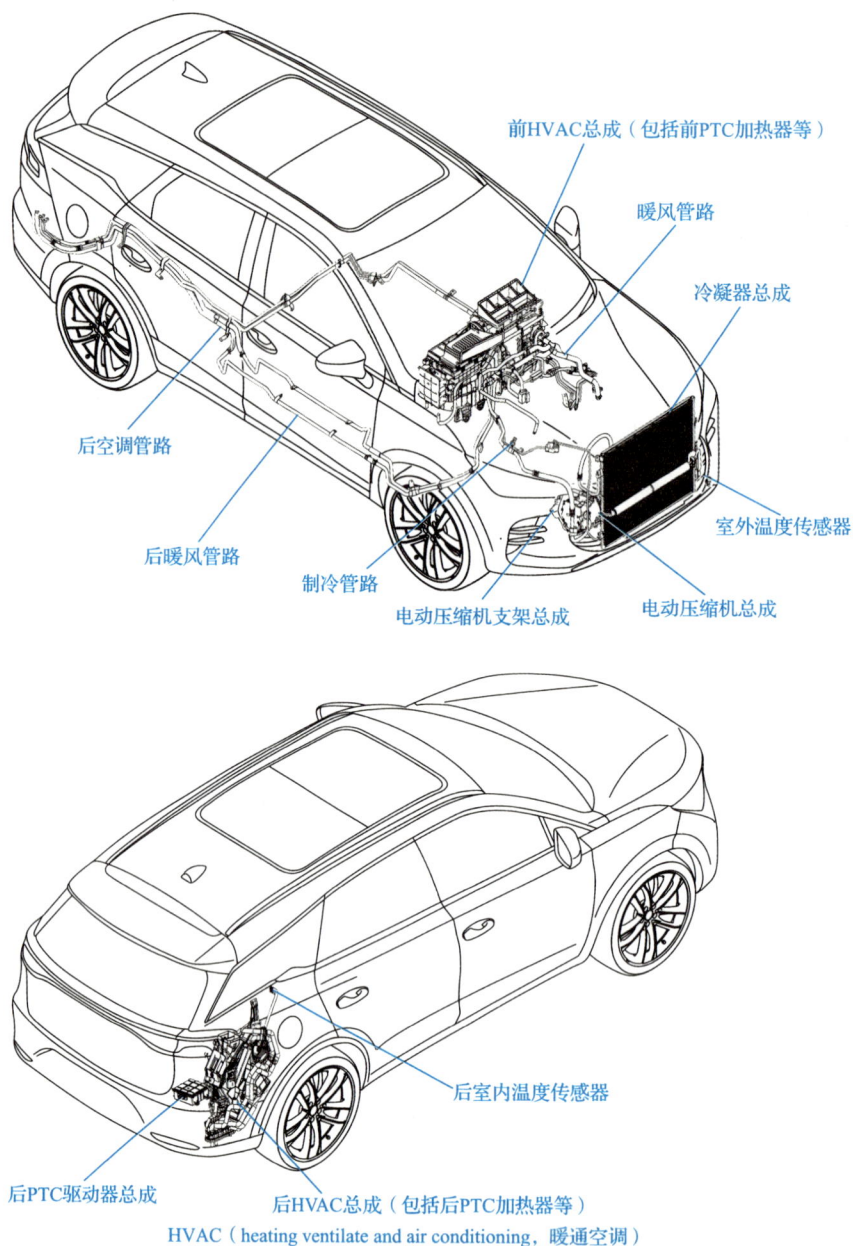

前HVAC总成（包括前PTC加热器等）

暖风管路

冷凝器总成

后空调管路

室外温度传感器

后暖风管路

制冷管路

电动压缩机支架总成

电动压缩机总成

后室内温度传感器

后PTC驱动器总成

后HVAC总成（包括后PTC加热器等）

HVAC（heating ventilate and air conditioning，暖通空调）

图 6.1.1　空调系统的结构及布置

三、混合动力汽车空调系统的工作原理

1. 制冷系统的工作原理

由空调驱动器驱动的电动压缩机将气态的制冷剂从蒸发器中抽出，并将其压入冷凝器中。高压气态的制冷剂经冷凝器时液化而进行热交换（释放热量），热量被车外的空气带走。

高压液态的制冷剂经膨胀阀的节流作用而降压，低压液态的制冷剂在蒸发器中汽化而进行热交换（吸收热量），蒸发器附近被冷却了的空气通过鼓风机吹入车厢。气态的制冷剂又被压缩机抽走，泵入冷凝器。如此，使制冷剂进行封闭的循环流动，不断地将车厢内的热量排到车外，使车厢内的气温降至适宜驾乘人员需求的程度。

2. 供暖系统的工作原理

供暖系统采用水暖式制热，HEV 模式时通过发动机冷却液制热，EV 模式时通过加热PTC 加热器制热。供暖系统主要由 PTC 驱动器、热交换器、暖风管路及鼓风机、风道及控制机构等组成。在 HEV 模式下，发动机工作时，被发动机气缸燃烧高温加热的冷却液在发动机冷却系统水泵的作用下，经暖风进水管进入热交换器，通过鼓风机吹出的空气将冷却液散发出的热量送到车厢内或风窗玻璃，用以提高车厢内的温度和除霜。在热交换器中进行了散热的冷却液经暖风出水管被水泵抽回。如此循环，实现暖风供热。在 EV 模式下，通过鼓风机吹出的热空气是被 PTC 加热器加热散发出的热量，送到车厢内或风窗玻璃，用以提高车厢内温度和除霜，实现暖风供热。

四、空调系统的维护与保养

1. 日常维护与保养

日常维护与保养是由车主或一般汽车维修人员对空调系统进行的基础性清洁检查作业，主要通过看、听、摸、测等方法进行检查，以提前发现空调系统的不正常情况，并进行处理，防止产生较为严重的故障，达到延长空调装置使用寿命的目的。由于混合动力汽车空调系统涉及高压部件，因此不建议非专业人员进行相关高压部件的清洁保养作业。车内部分的空调系统是汽车空调日常维护与保养的主要对象，其维护与保养流程如下。

（1）拆卸更换空调滤清器

空调滤清器作为空调系统中主要的过滤装置，长时间使用后，其上会附着很多的尘土、花粉、粉尘及细菌等物质，严重影响车内空气的质量，造成车内异味，细菌的滋生还会危害驾乘人员的身体健康等。如果空调滤清器堵塞严重，则会造成风道出风量不足、制冷制热效果不佳等，所以应定期及时更换空调滤清器（图 6.1.2），并对出风系统进行清洗。空调滤清器通常安装在杂物箱下方，如图 6.1.3 所示。

图 6.1.2　空调滤清器

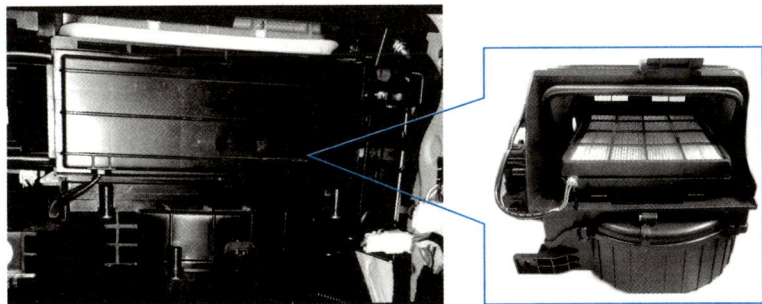

图 6.1.3　空调滤清器的安装位置

空调滤清器的更换步骤如下。

1）打开杂物箱，将杂物箱两侧的塑料卡扣向中间挤压，提起杂物箱。

2）抽出空调滤清器，如果空调滤清器中无过多杂质，而且空调出风没有异味，则可以选择用高压气体吹干净空调滤清器上的尘土等杂质，然后继续使用。如果已经有 2 年左右没有更换，则建议更换空调滤清器。

（2）清洗风道

风道长时间使用后，会有大量的粉尘、细菌吸附在管壁上，这些粉尘也可能产生异味，因此也需要对其进行清洗。在清洗风道时需要使用专用的清洗剂和除臭剂进行清洗、杀菌、消毒、除异味。

清洗风道的操作步骤如下。

1）将空调打开，选择外循环，风量调节到最大。

2）将专用清洗剂喷管对准空调滤清器安装腔，摇匀后喷入。

3）空调运行 10min，让清洗剂充分地在风道内作用，然后关闭空调。

（3）安装空调滤清器

按照与拆卸相反的顺序进行安装。

2. 定期维护与保养

汽车空调系统在冬季和夏季使用较为频繁，各部件在长时间使用过程中难免出现问题，定期维护与保养的目的就是对各主要部件进行维护与保养，以延长部件的使用寿命，保障空调系统的可靠运行。

定期维护与保养的一般流程如下。

1）检查汽车空调系统的管路连接状况，观察连接处等是否有渗油迹象。若发现有油液渗出，则应进行相应密封处理。

2）检查空调冷凝器（图 6.1.4），仔细观察冷凝器散热片，散热片间应当干净、无堵塞物，如有脏污应进行清洁作业。

图 6.1.4　空调冷凝器

3）检查空调系统（图 6.1.5）。打开空调或暖风，测试鼓风机各挡位，观察出风量是否正常。

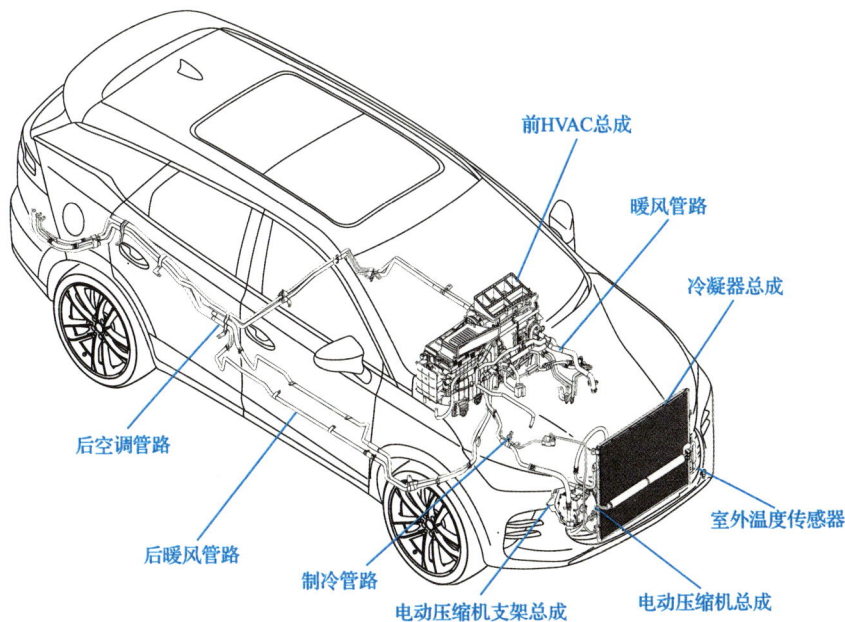

图 6.1.5　比亚迪唐混合动力汽车的空调系统

4）检查汽车空调有无异常响声和异常气味。如果出现异响，则应找出异响故障点，处理完成后才可使用空调。如果出现异味，可能的原因是空调滤清器长时间未更换，滋生细菌等，则可更换空调滤清器；若更换后异味没有消失，则应对风道进行清洁和消毒杀菌作业。

5）检查压缩机附近高、低压管是否有温度差异，正常情况下，低压管路温度应低于高压管路温度，如图 6.1.6 所示。

6）检查冷凝器进口和出口处温度，正常情况下，进口处温度应高于出口处温度。

7）检查膨胀阀前、后管路温度，正常情况下，后管路温度低于前管路温度。

8）在 EV 模式时，检查 PTC 加热系统是否工作，打开供暖系统，运行几分钟后，测试出风口温度是否达到合适值，如图 6.1.7 所示。在 HEV 模式时，以相同方法检查发动机冷却液制热效果是否正常，水管是否密封良好。

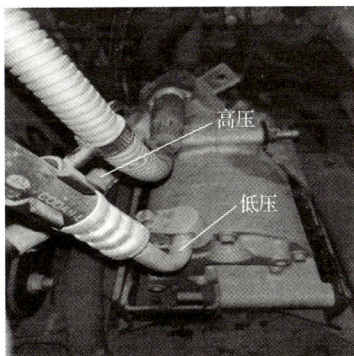

图 6.1.6　压缩机附近高、低压管路示意图

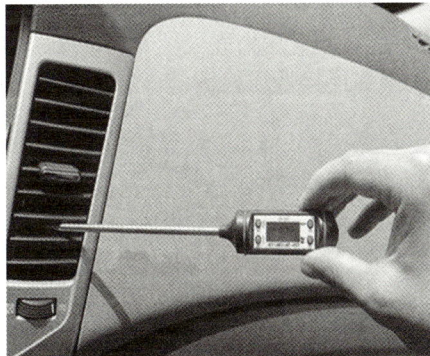

图 6.1.7　出风口温度测量

9）检查制冷系统和 PTC 加热系统的电路连接状况是否良好，有无断路或脱接现象。
定期维护与保养应是在日常维护与保养的基础上增加和重点检查主要部件的作业。

3. 重点检查的部件或系统

重点检查的主要部件有电动压缩机总成、蒸发器、冷凝器、电气系统等。

（1）电动压缩机总成

在电动压缩机运转的情况下，检查其是否有异常响声，如果有，则说明压缩机的轴承、
阀片、活塞环或其他部件有可能损伤或润滑油过少；检查压缩机的高、低压端有无温差；
运转中，如压缩机有振动，应检查压缩机的主传动机构，同时要检查润滑油液面的高度。

（2）蒸发器、冷凝器

检查蒸发器和冷凝器的清洁状况、通道是否畅通，以保证其能通过最大的通气量。

（3）膨胀阀

检查膨胀阀有无堵塞，安装位置是否正常，是否满足使用要求；膨胀阀能否根据温度
的变化自动调节制冷剂的供给量。

（4）高、低压管

检查软管有无裂纹、鼓包、老化或破损现象，硬管是否有裂纹或渗漏现象；是否会碰
到硬物或运动件；管道螺栓是否紧固。

（5）冷凝器和蒸发器风机

检查冷凝器和蒸发器风机工作时有无异常响声，叶片有无破损，螺栓连接是否牢固，
电动机轴承有无缺油现象。

（6）电气系统

检查 PTC 加热器的安装位置是否正常，线路连接是否正常；检查各传感器连接是否牢
靠，信号输出是否正常，通信是否正常。

（7）PTC 加热装置

在 EV 模式下，打开空调供暖功能，稳定运行 10min，检查出风口是否有足够量的热风
吹出，一般情况下 PTC 加热器可以加热到 85℃，同时用鼻子闻热风中是否有焦煳味（供暖
系统为 PTC 加热器直接加热空气的供暖系统），如果出现焦煳味，则说明 PTC 加热装置可
能出现故障需要检修。

4. 使用歧管压力表检查空调系统的运行状态

1）连接歧管压力表（图 6.1.8）到空调系统中，红色快接头连接高压检测孔（图 6.1.9），
蓝色快接头连接低压检测孔，打开红、蓝连接管路上的手控阀。

图 6.1.8　歧管压力表

图 6.1.9　空调高、低压检测孔

2）打开空调，使空调运行几分钟直至正常状态。

3）检查制冷剂的量。打开空调，空调系统正常工作，观察歧管压力表上的视液镜，如果视液镜内没有气泡，或者仅在增加或降低压缩机转速时出现少量的气泡，则说明制冷剂适量；如果增减压缩机转速，始终能看到有浑浊状的气泡流动，则说明管路内制冷剂不足；如果始终看不到气泡，则说明制冷剂过量。

4）观察高、低压表头读数，汽车空调压力正常值的范围一般为：高压压力为1.0～2.7MPa，低压压力为0.1～0.25MPa。如果出现空调制冷效果较差，表头压力数值呈现以下几种情况。

① 低压低，高压也低，则说明制冷剂不足或压缩机故障。系统出现制冷剂严重不足时，需要考虑空调系统是否有泄漏的情况。如果系统密封性良好，则可以通过加注足量的制冷剂进行维修；如果加注足量制冷剂后，仍然出现高、低压都低的情况，则可以检查压缩机是否工作不正常。

② 低压高，高压也高，则可能是膨胀阀处于常开状态，导致高、低压力混合，应当更换膨胀阀。

③ 低压到真空，高压低，系统彻底不制冷，则为膨胀阀关闭故障。

④ 低压有时正常，有时为真空；高压有时正常，有时低。这是因为空调系统中有水分，水分在系统管路中受冷结冰，堵塞管路后导致低压管路出现真空现象，冰受热融化，堵塞处管路疏通，系统再次正常工作，压力恢复。处理方式为将含水制冷剂完全更换。关于制冷剂和冷冻油的加注方法、管路密封性能检测方法，应参照传统燃油车进行。

📝 知识拓展

比亚迪唐混合动力汽车高压电子空调压缩机

比亚迪唐混合动力汽车使用高压电子空调压缩机，其外形如图6.1.10所示，技术参数如表6.1.2所示。

图6.1.10 比亚迪唐混合动力汽车高压电子空调压缩机的外形

表6.1.2 比亚迪唐混合动力汽车高压电子空调压缩机的技术参数

项目	技术参数
冷冻油	型号POE，加注量120mL
工作电压/V	690
制冷剂	型号R134a，加注量650g

项目	技术参数
蒸发压力/MPa	0.3
冷凝压力/MPa	1.5
蒸发温度/℃	0.84
冷凝温度/℃	54

比亚迪唐混合动力汽车高压电子空调压缩机的控制电路如图 6.1.11 所示。

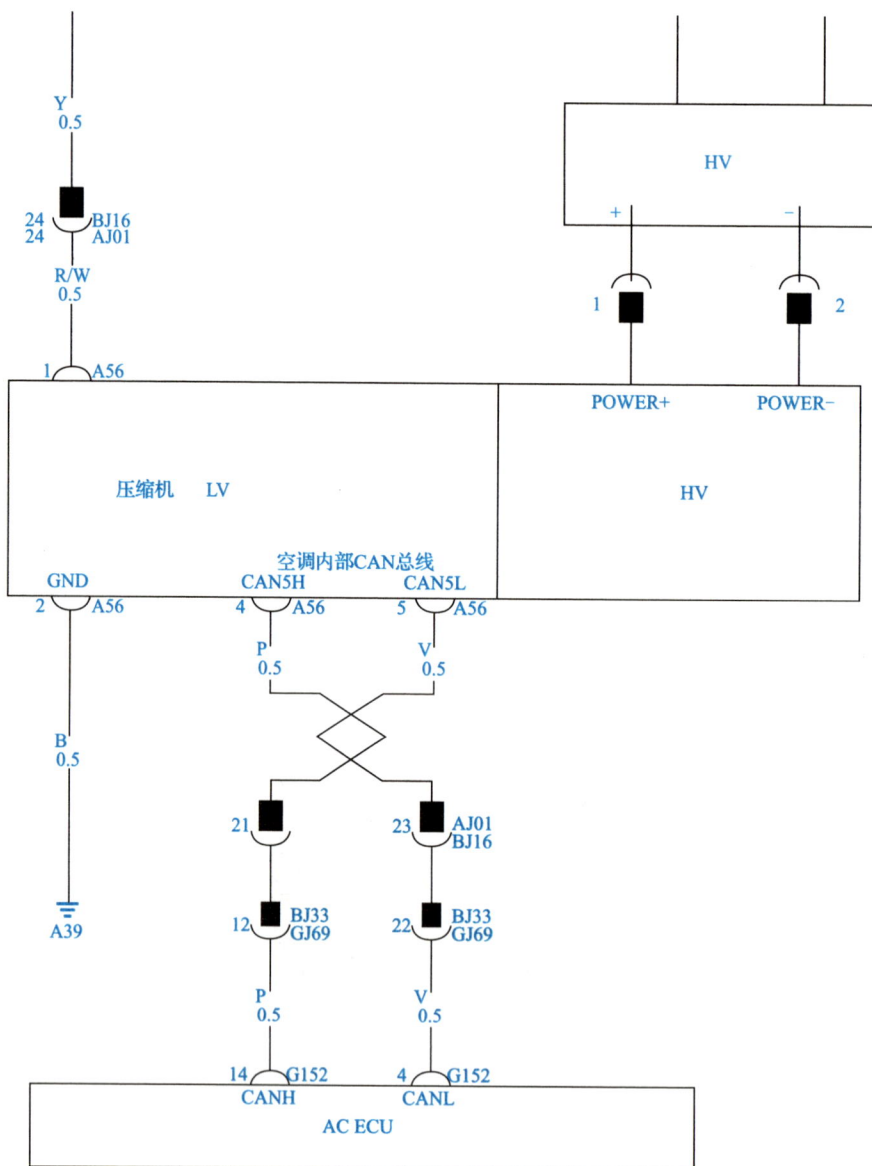

图 6.1.11　比亚迪唐混合动力汽车高压电子空调压缩机的控制电路

1）控制单元对压缩机的控制依据：环境温度传感器、室内温度传感器、出风口温度/湿度传感器、发动机转速传感器和冷却液温度传感器等信号。

2）PCM 切断压缩机的条件：节气门开度大于 90%，空调压力超过限值，低压蓄电池电压低于 10V，发动机冷却液温度高于 117℃，PCM 与空调控制单元通信故障，环境温度低于 4℃，发动机怠速过低。

3）压缩机控制信号的分类如下。

① 开关信号，如图 6.1.12 所示。

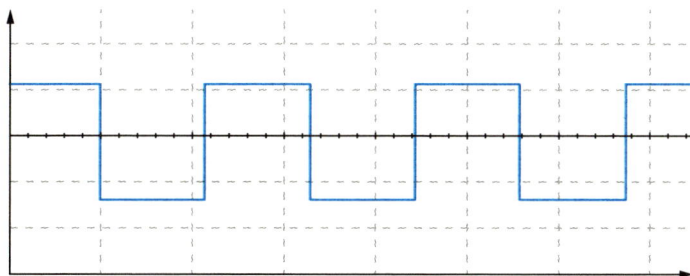

图 6.1.12 开关信号

② 占空比信号，如图 6.1.13 所示。

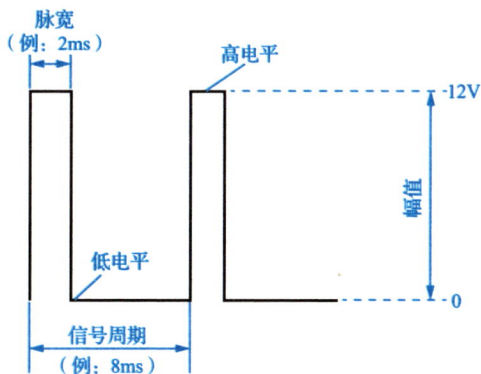

图 6.1.13 占空比信号

任务实施

根据所学的知识对比亚迪唐空调系统进行维护与保养作业，并完成表格（表 6.1.3）的填写。

表 6.1.3 比亚迪唐空调系统维护与保养作业

检查项目	检查内容	检查结果	签字栏
空调系统管路连接状况	有无渗油、松动等状况		
空调冷凝器	清洁状况，有无堵塞，有无异常变形		
制冷剂检查	制冷剂的量是否充足		

检查项目	检查内容	检查结果	签字栏
出风系统检查	风机工作是否正常，面板操作是否正常，出风量是否合适		
异响及异味检查	风机、压缩机等旋转部件有无异响，出风有无异味		
检查压缩机	压缩机高、低压管路有无温度差异		
检查冷凝器	冷凝器进出口有无温度差		
检查膨胀阀	膨胀阀进出管路有无温度差异		
检查PTC加热系统	PTC加热系统是否正常，有无异味		
检查空调系统电气线路	空调系统电气线路连接是否牢靠，插接头等是否松动		

歧管压力表的使用			
操作项目	操作流程	数据记录分析	签字栏
歧管压力表的连接			
歧管压力表的读数			
歧管压力表数据分析			

考核评价

综合整个学习过程，通过学生的课堂表现、课后巩固、任务完成情况等对学生的知识目标、能力目标、思政要素和职业素养目标达成情况进行评价。

任务教学目标达成情况评价表

班级：_____　姓名：_____

知识目标达成情况		
目标描述	教师评价	学生自评
能否对混合动力汽车空调系统进行认知		
能否理解混合动力汽车空调系统的工作原理		
能否掌握混合动力汽车空调系统的结构组成		
评价结论：知识目标达成与否	○是	○否
能力目标达成情况		
目标描述	教师评价	学生自评
能否找到混合动力汽车空调PTC加热器在车上的位置		
能否掌握混合动力汽车电动压缩机的结构原理		
能否对混合动力汽车空调系统进行维护与保养		
评价结论：能力目标达成与否	○是	○否
思政要素和职业素养目标达成情况		
目标描述	教师评价	学生自评
小组活动展现的团队协作、沟通交流能力		
本课实训参与的积极性		
实训是否严谨、客观、科学		
评价结论：思政要素和职业素养目标达成与否	○是	○否

任务二　混合动力汽车电控制动系统的维护与保养

课程引入

有一台比亚迪唐 DM 2018 款汽车来维修厂保养，车主反映制动时左侧前轮有异响。你作为一名汽车维修人员能否对该车的制动系统进行检查与保养？

学习目标

知识目标	能力目标	思政要素和职业素养目标
1．了解混合动力汽车电控制动系统的基本结构。 2．掌握混合动力汽车电控制动系统的工作原理。 3．掌握混合动力汽车电控制动系统的维护与保养方法	1．能正确查阅混合动力汽车电控制动系统的相关技术资料。 2．熟知混合动力汽车电控制动系统主要部件的安装位置。 3．能对混合动力汽车电控制动系统进行规范的维护与保养	1．养成严谨细致、认真负责的工作态度。 2．培养全局思维和举一反三解决问题的能力

对接 1+X 证书模块 6-2（中级）工作任务 2——智能新能源汽车底盘维护与保养

课前预习

根据查找的资料或在实训室观摩，完成下列课前预习（表 6.2.1）。

表 6.2.1　混合动力汽车电控制动系统维护与保养预习

1．简述汽车制动系统的演变史。

（汽车制动系统的演变史）

（　　　　　）（　　　　　）（　　　　　）（　　　　　）

2．说明混合动力汽车制动器的结构原理。

知识储备

一、汽车制动系统概述

汽车制动系统是指车辆在行驶过程中，根据驾驶需要在不同交通状况下对汽车某些部件（主要是车轮）施加一定的作用力，对车辆进行一定程度强制减速的一系列装置。汽车制动系统保障汽车能按照驾驶人员的需求控制车速，以实现行车安全，从而最大限度地发挥汽车的动力功能，使汽车能以较高的安全速度行驶。汽车制动系统是保障行车安全的主要技术手段，也是提高运输生产率的主要技术措施之一。汽车制动系统是汽车的关键技术，也是衡量汽车性能的关键指标。汽车行业经过百余年的发展，汽车制动系统也经历了从机械制动、液压制动到如今电控制动过程，未来随着技术的发展，甚至可能普及线控制动。制动系统的演变史如图 6.2.1 所示。

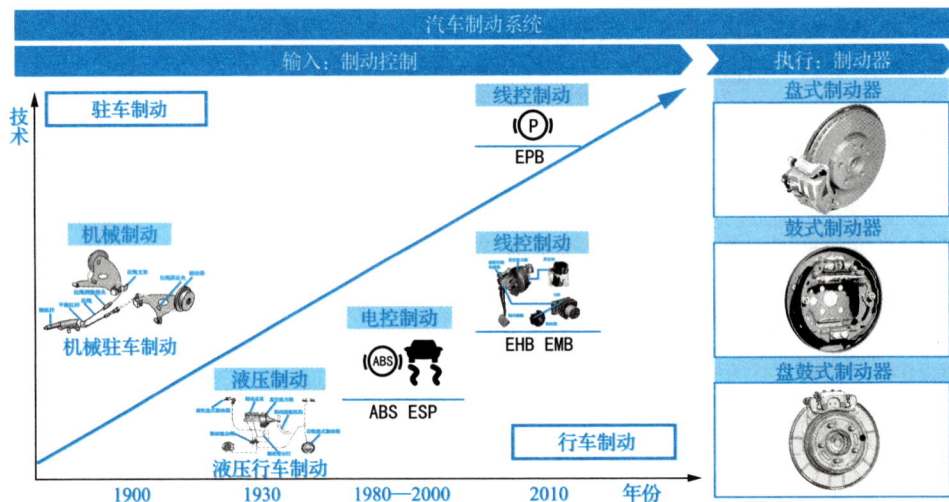

图 6.2.1　制动系统的演变史

汽车制动系统的主要功能是，汽车以任何速度行驶时，都能强制汽车减速行驶或强制停车；在汽车下坡行驶时限制汽车速度；使已经停驶的汽车保持在原地或在斜坡上保持不动。

通常情况下，车辆上具有行车制动系统和驻车制动系统，两个系统共用部分部件，供能装置、操作机构、传动装置等独立设置。

1）行车制动系统的主要作用是使行驶中的车辆快速减速或逐渐减速。在操作行车制动系统时通常用右脚踩踏制动踏板，因此也称脚制动系统。行车制动系统在车辆行驶过程中十分重要，它的性能好坏直接关系车辆安全性能的强弱，因此要求行车制动系统工作必须可靠，制动性能稳定，制动效能满足车辆对制动的要求，操作方便，制动动作轻便等。这是车辆应当具备的基本性能。

2）驻车制动系统是使已经停止行驶的汽车停驻原地不动的制动系统。由于早期的驻车制动系统在操作时需要驾驶人员用手来操纵，因此也称手制动系统。

除上述常见的制动系统外，在车辆上还有第二制动系统和辅助制动系统。

3）第二制动系统，作为备份制动系统或紧急制动系统，在行车制动系统失效的情况下，能保证汽车仍能实现减速或停车。

4）辅助制动系统，用于提高特殊车辆的行车安全性和减轻行车制动系统的负担，防止行车制动系统的制动性能衰退和磨损，在下坡时辅助制动，以达到稳定车速的目的，如重型载货汽车上的液力缓速器就是辅助制动系统。

二、汽车制动系统的分类

汽车制动系统的类型较多，常见的分类如下。

1. 按制动操纵能源分类

制动系统按制动操纵能源可分为人力制动系统、动力制动系统和伺服制动系统等。以驾驶人员的肢体作为唯一制动能源的制动系统称为人力制动系统。完全靠动力源（如发动机或电动泵）提供动力的气压制动系统或液压制动系统称为动力制动系统。兼用人力和动力源动力进行制动的制动系统称为伺服制动系统或助力制动系统。

2. 按制动能量的传输方式分类

制动系统按制动能量的传输方式可分为机械式、液压式、气压式、电磁式等。同时采用两种以上传输能量方式的制动系统称为组合式制动系统。

3. 按控制方式分类

制动系统按控制方式可分为机械制动、传统液压制动、电子控制制动、线控制动 4 种。

三、混合动力汽车制动系统的结构

目前在小型混合动力汽车上使用的制动系统通常情况下采用电控液压制动带有辅助制动的制动系统。按照制动系统各部件的功能不同，制动系统的结构可划分为以下几大部分。

1）供能装置：供给、调节制动所需能量及改善传动介质状态的各种部件，如真空泵（或真空助力器）等。

2）控制装置：产生制动动作和控制制动效果的各种部件，如制动踏板。

3）传动装置：将制动能量传输到制动器的各种部件，如制动主缸、轮缸。

4）制动器：产生阻碍车辆运动或运动趋势的部件。

制动系统的主要组成零部件有：制动踏板、制动主缸、真空助力器/真空泵/iBooster（电子助力器）、电子稳定程序（electronic stability program，ESP）/ABS、ESP 开关、制动硬管/软管、制动钳总成（含摩擦片）、制动盘、驻车拉杆（或 EPB 开关/AutoHold 制动驻车功能开关）、驻车拉索或驻车执行模块等。具体的行车制动系统的整体布置结构如图 6.2.2 所示。

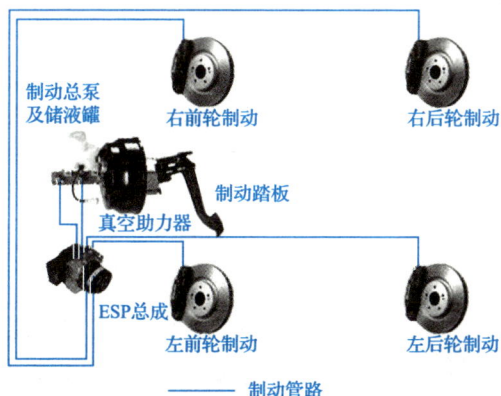

图 6.2.2　汽车制动系统的整体布置结构

视频：混合动力汽车制动系统

四、混合动力汽车电控制动系统的工作原理

电控行车制动系统，采用真空助力器提供制动助力，带有 ESP 总成。ESP 总成安装在制动主缸和轮缸之间，通过电机和阀体控制在每个车轮上施加的液压，从而施加制动力。ESP 对四轮制动力进行动态调节，可分别控制各轮纵向的制动力，从而对侧向力施加影响，提高车辆的操控性能。其可以检测并预防车辆侧滑，当系统检测到车辆将要失控时，它会向特定的车轮施加制动力从而帮助车辆按照驾驶人员期望的方向前进。当车辆有转向不足的倾向时，系统可以向转弯内侧的后轮施加制动力，由于此轮纵向制动力的增加，因此所能提供的侧向力减小，随之对车身产生帮助转向的力矩；当有转向过度的倾向时，系统可以向转弯外侧的前轮施加制动力，由于此轮纵向力的增加，因此所能提供的侧向力减小，随之对车身产生抵抗转向的力矩，从而保证行驶的稳定。

电控行车制动系统的工作过程如下。

1）驾驶人员踩下制动踏板，输入机械力。

2）真空助力器通过发动机真空度或电动真空泵真空度对驾驶人员的输入进行助力。

3）制动主缸将驾驶人员的输入力和真空助力器助力的力矩之和转化成制动系统液压。

4）主缸液压力通过制动硬管传递到 ESP 总成。

5）ESP 总成对每个车轮回路的制动液压进行加压、泄压或保压等操作。

6）ESP 总成通过制动硬管和软管将液压传递至每个车轮的制动卡钳轮缸。

7）液压推动轮缸的活塞，产生压力，将摩擦片压紧到旋转的制动盘上。

8）摩擦片在垂直压力的作用下，产生摩擦力和制动力矩，对整车进行制动。

9）在摩擦片与制动盘摩擦的过程中，产生大量的热，并通过制动盘将热传递到空气中。

现以比亚迪唐 DM 为例对混合动力汽车电控制动系统（图 6.2.3）进行说明。

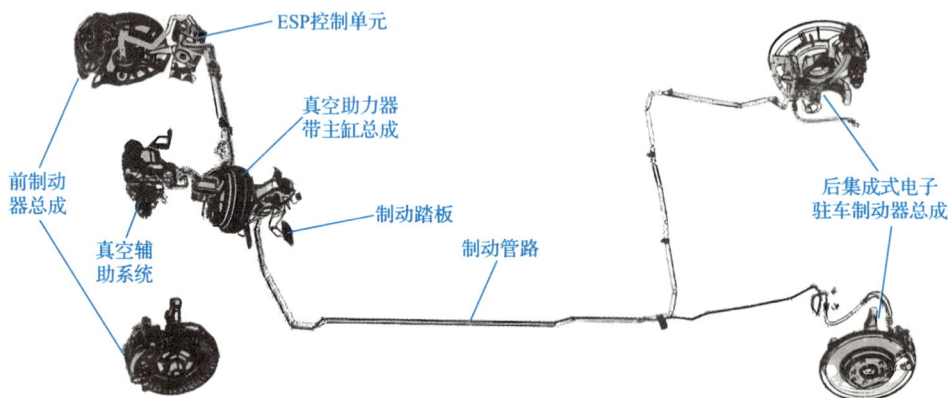

图 6.2.3 比亚迪唐 DM 电控制动系统的结构

制动操纵机构，是指产生制动动作、控制制动效果并将制动能量传输到制动器的部分，包括制动踏板、真空助力器带主缸总成、真空助力系统、ESP 控制单元、制动管路及制动轮缸。

制动器是产生阻碍车辆的运动或运动趋势的制动力的部件。通常情况下，固定元件与旋转元件之间产生相对摩擦力，从而阻碍旋转部件运动实现制动目的的制动器，称为摩擦制动器，根据其结构形式不同分为鼓式制动器和盘式制动器两种。

鼓式制动器是指通过制动操纵机构将制动块压紧在制动鼓内表面上，依靠制动块与制动鼓内表面产生的摩擦力，实现制动的一种制动器。其成本较低，但制动效能差，散热效果差，制动效果稳定性差，目前通常使用在载货汽车等速度不高的中大型车辆上。其结构如图6.2.4所示。

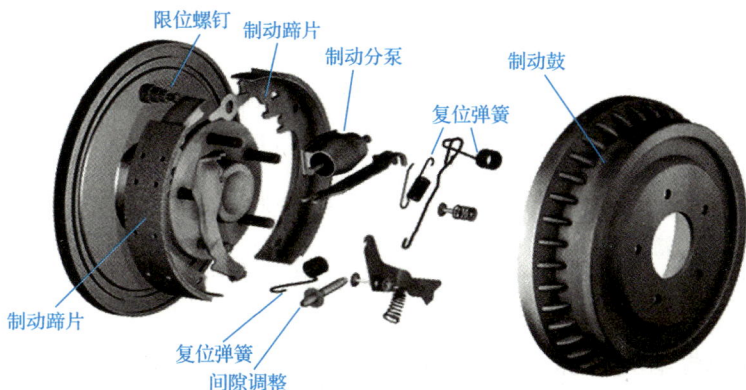

图6.2.4　鼓式制动器的结构

盘式制动器是指制动器摩擦副中的旋转元件以端面工作的金属圆盘的制动器。摩擦元件从两侧夹紧制动盘而产生制动力。固定元件有多种结构形式，大体上可将盘式制动器分为钳盘式和全盘式两类。目前市场上所见的盘式制动器基本属于钳盘式制动器，作为目前小型车辆上使用较为广泛的制动器，它的散热好，抗热衰退性好，制动效能稳定，不易发生较大变形，在输出相同制动力矩的情况下，尺寸和质量较鼓式制动器小。

比亚迪唐DM前后轮均采用钳盘式制动器，钳盘式制动器散热效果好，制动效果稳定，具有较高的安全性能，其外形如图6.2.5所示。

图6.2.5　钳盘式制动器的外形

五、混合动力汽车制动系统的维护与保养

制动系统的维护与保养主要包括以下内容，现以比亚迪唐DM为例对制动系统的维护与保养进行介绍。

1. 制动踏板自由行程的检查

整车退电6min后，用手推动制动踏板，以检测踏板（B）处的自由行程（A），如图6.2.6所示。其标准自由行程为1～5mm，如果测量值不符合要求，则应调整制动踏板。自由行程不足时，会导致制动拖滞。

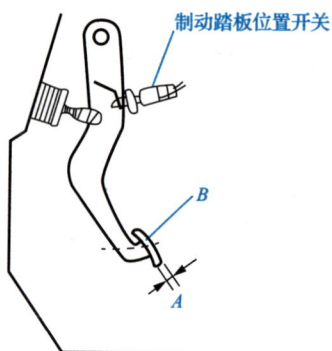

图 6.2.6　制动踏板自由行程示意图

2. 制动总泵性能的检查

1）起动车辆，运行 5min 以上，使真空助力器正常运行，真空度正常。

2）用钢直尺测量制动踏板放松时的高度。

3）轻轻地踩下制动踏板并保持此状态（大约相当于让车辆保持缓行所需的压力），然后松开驻车制动。测量制动踏板高度。

4）给制动踏板施以稳定的压力，并保持 3min，观察制动踏板的高度变化。

5）两次测量值的差小于 10mm，说明制动总泵正常。

3. 制动软管及管路的检查

1）检查制动软管是否损坏、老化、泄漏、相互干扰及扭曲变形。

2）检查制动管路是否损坏、锈蚀、泄漏、有撞击痕迹及异常弯曲。

3）检查软管和管路接头及管路接头连接处是否出现渗漏。

4）检查制动总泵和 ESP 控制单元外观是否破损，是否有泄漏痕迹。

4. 真空助力器的检查

车辆正常工作时，深深踩踏两次制动踏板。

关闭电源，使真空泵停止工作，用诊断仪读取真空压力数据，如果 30s 后真空读数下降值大于等于 2.7kPa，则说明制动系统真空部分有泄漏，需进一步检查相关部件。

5. 制动液的检查

制动液具有吸水特性，因此，制动液开封后，要注意密封保存。车辆长时间使用后，制动液会因为吸水、受热及杂质进入等原因变质，所以需要定期检查制动液的质量，可使用制动液检测笔对制动液的质量进行检测。如果制动液检测超标，应及时进行更换。比亚迪唐 DM 制动系统使用 DOT4 制动液，更换制动液时应更换同型号的制动液。

制动液应始终保持在储液罐最小液位标志处以上，不超过最大液位标志处，如果出现不足，则应及时进行补充。

6. 制动液的更换

将一段干净的排放管接在排气螺钉（图 6.2.7）上。

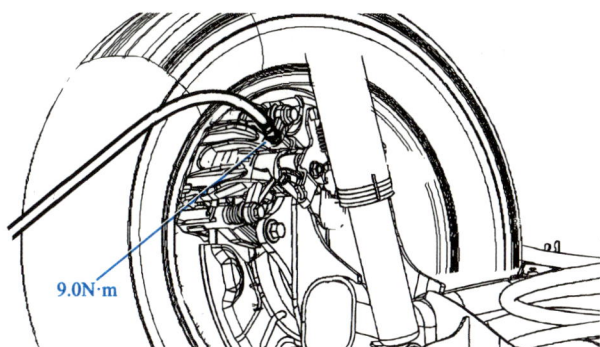

图 6.2.7　制动器排气螺钉示意图

1）用工具拧松制动器排气螺钉。

2）反复踩踏制动踏板，将制动管路中的制动液排尽。

3）按要求补足制动液，确认储液罐中的制动液液位处于最大液位标志处（"MAX"液位标线）。

4）缓慢踏压制动踏板几次，然后施加持续不变的压力。

5）从左后方开始，松开制动器排气螺钉，让空气从系统中释放，然后牢靠地拧紧排气螺钉。排气顺序示意图如图 6.2.8 所示。

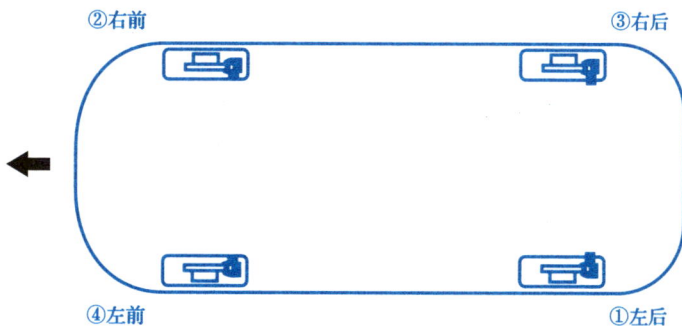

图 6.2.8　排气顺序示意图

按图 6.2.8 所示顺序，依次对每个车轮进行上述操作，直到排放管中出来的制动液中见不到气泡为止。再次将制动总泵储液罐注满，使液面达到"MAX"液位标线。

注意：

① 排出的制动液单独储存，不可随意倾倒。

② 制动液溅落后，应立即用水清洗，防止其损坏其他部件。

③ 完成制动液更换及排气作业后，应检查四轮排气螺栓及管路是否泄漏。

7. 制动衬片的检查与更换

制动衬片含有对人体有害的物质，因此，在对制动衬片进行检查时，要注意避免吸入制动衬片粉尘；在清理时，应当使用具有吸尘功能的清理工具。比亚迪唐 DM 的制动衬片，其磨损极限为 2mm，在进行制动衬片检查时，利用测量规测量制动衬片的厚度（A 为制动衬片棕黑色摩擦材料部分厚度，不包括衬板厚度）。如果厚度小于 2mm，则应该更换新的制动衬片。需要注意的是，制动衬片应成套更换。制动衬片厚度检查示意图如图 6.2.9 所示。

下面以比亚迪唐 DM 前轮制动器为例，介绍制动衬片的更换流程，如图 6.2.10 所示。

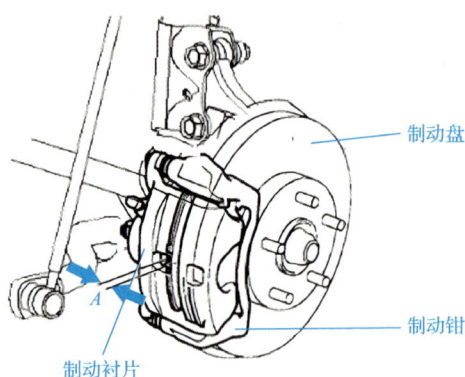

图 6.2.9　制动衬片厚度检查示意图　　　　图 6.2.10　制动衬片更换示意图

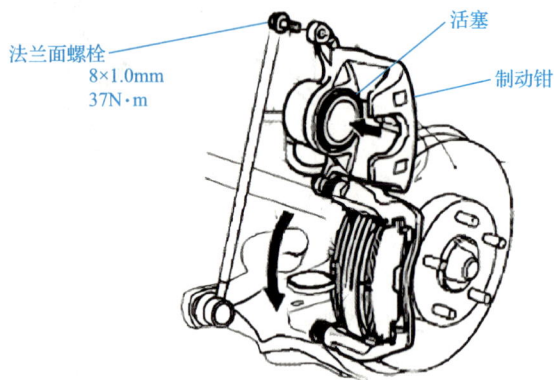

1）将车辆举升至合适位置，拆除车轮，拆下制动软管安装螺栓。

2）用扳手夹紧销钉，拆下法兰面螺栓。夹紧销钉时要小心，防止损坏销护套。把制动钳向上旋出。检查软管及销护套是否破损或老化。

3）拆下制动衬片及制动衬片护座。清理制动钳、制动盘等部件，清除锈迹、污渍等。

4）检查制动钳是否有沟槽及裂纹。检查制动盘是否破损及有裂纹。

5）正确安装制动衬片护座及制动衬片，将带有磨损报警器的制动衬片安装在内侧。

6）推进活塞，使制动钳卡在制动板上。确认活塞护套就位，以防向下转动制动钳时将活塞损坏。

7）向下转动制动钳，使其就位。安装好法兰面螺栓，用扳手夹住销钉，用规定的力矩将法兰面螺栓拧紧。注意不要损坏护套。

8）装上制动软管固定螺栓，并用规定力矩将其上紧。

9）向下踩制动踏板数次，确认制动器工作正常，然后进行试车。

10）安装结束后，再次检查制动软管、接头等部件是否有泄漏。

8. 制动盘厚度的检查

1）举升车辆至合适高度，拆卸车轮。

2）清洁制动盘。

3）在制动盘上划 8 条间隔相等的直径线，在每条直径上距离制动盘外缘 10mm 处取测量点。

4）用千分尺测量 8 个点处制动盘的厚度，取最小值作为制动盘的厚度值，如图 6.2.11 所示。

5）正常制动盘厚度值为 27.9～28.1mm，最大使用极限为 26mm，超出正常厚度标准时可用专用设备对制动盘进行修整，小于最小使用极限时，应更换制动盘。

9. 制动盘平行度的检查

1）举升车辆至合适高度，拆卸车轮。

2）清洁制动盘。

3）在制动盘上标记至少2条相交直径。

4）用刀口尺测量2条直径平行度。

5）取最大值为制动盘平行度。

6）制动盘平行度最大不超过 0.5mm，若超过这一值，则说明制动盘变形，不符合使用要求。

10. 制动盘振摆的检查

1）举升车辆至合适高度，拆卸车轮。

2）彻底清洁制动盘，清除所有锈蚀。

3）检查制动盘表面是否破损或开裂。

4）安装合适的平垫圈及车轮螺母，用规定力矩将螺母拧紧，使制动盘紧紧贴住轮毂。

5）将百分表测量部分牢靠固紧贴于制动盘外缘 10mm 处，如图 6.2.12 所示。

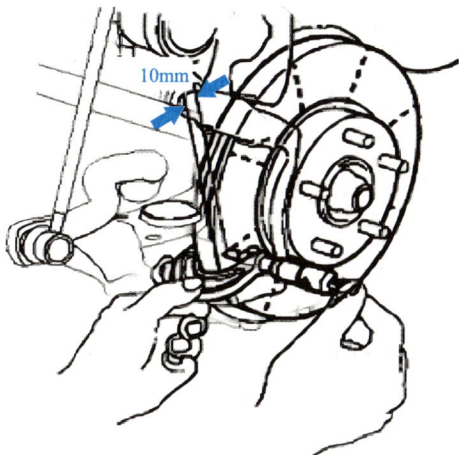

图 6.2.11 制动盘厚度测量示意图　　　图 6.2.12 制动盘振摆测量示意图

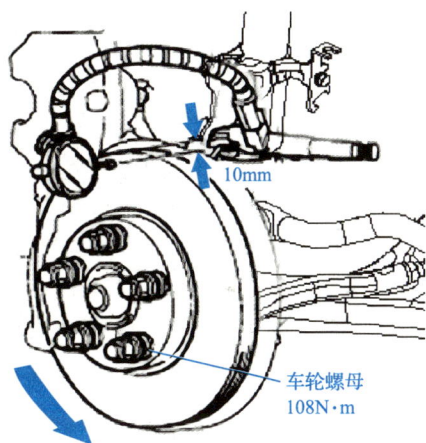

6）转动制动盘，同时观察百分表的读数变化，记录百分表的最大值和最小值（两者差值为制动盘的振摆）。

7）制动盘的振摆标准为不超过 0.08mm，如果测试值不符合要求，则应在最大使用极限内对制动盘进行修整。

11. 驻车制动的检查

1）将车辆放置于20%坡度的位置。

2）踩住制动踏板，按下电子驻车开关。

3）松开制动踏板，观察车辆是否溜车。

知识拓展

丰田普锐斯混合动力汽车制动助力装置

丰田普锐斯混合动力汽车制动助力装置的结构如图 6.2.13 所示。其主要包括制动执行器、行程模拟器、液压制动助力器、储能装置、制动主缸储液罐等，在进行控制制动时执行器用于改变制动液回路制动系统电磁阀的工作情况。

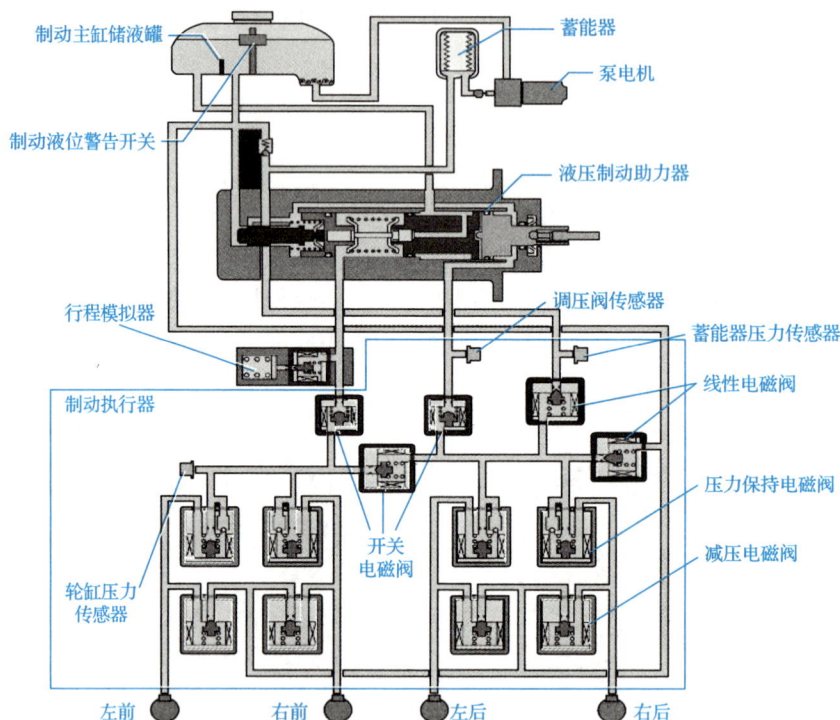

图 6.2.13　丰田普锐斯混合动力汽车制动助力装置的结构

制动执行器中相关电磁阀与传感器的功能，如表 6.2.2 所示。

表 6.2.2　电磁阀与传感器的功能

	名称	功能
电磁阀	线性电磁阀	当制动踏板被正常踩下时，通过控制轮缸压力产生所需制动力
	开关电磁阀	当制动系统工作时，开、关液压通道
	控制电磁阀	当制动系统工作时，调节轮缸压力
传感器	调压阀传感器	该传感器把液压助力制动器产生的液压信号转变成电信号发送给防滑控制 ECU
	轮缸压力传感器	该传感器检测作用在各轮缸的液压力，并将这些信号发送给防滑控制 ECU
	蓄能器压力传感器	该传感器持续检测蓄能器中的制动液压力，并发送信号到防滑控制 ECU

任务实施

根据所学的知识对比亚迪唐制动系统进行保养作业，并完成表格（表 6.2.3）的填写。

表 6.2.3 制动系统保养作业

检查项目	检查内容	检查结果	签字栏
制动衬片的检查			
真空助力器的检查			
制动盘的检查			
制动片的更换			

考核评价

综合整个学习过程，通过学生的课堂表现、课后巩固、任务完成情况等对学生的知识目标、能力目标、思政要素和职业素养目标达成情况进行评价。

任务教学目标达成情况评价表

班级：_____ 姓名：_____

知识目标达成情况		
目标描述	教师评价	学生自评
能否对混合动力汽车电控制动系统进行认知		
能否理解混合动力汽车制动器的结构原理		
能否掌握混合动力汽车电控制动系统的维护与保养		
评价结论：知识目标达成与否	○是	○否
能力目标达成情况		
目标描述	教师评价	学生自评
能否找到混合动力汽车电控制动系统部件的位置		
是否能正确理解制动助力装置的结构组成		
能否对混合动力汽车电控制动系统进行维护与保养		
评价结论：能力目标达成与否	○是	○否
思政要素和职业素养目标达成情况		
目标描述	教师评价	学生自评
小组活动展现的团队协作、沟通交流能力		
本课实训参与的积极性		
实训是否严谨、客观、科学		
评价结论：思政要素和职业素养目标达成与否	○是	○否

任务三 混合动力汽车电控动力转向系统的维护与保养

课程引入

某辆比亚迪唐混合动力汽车的车主小李驾车来到比亚迪 4S 店，反映行车中转向沉重，要求对该车的电动助力转向系统做维护与保养。你作为一名汽车维修人员能完成该车电动助力转向系统的维护与保养吗？

学习目标

知识目标	能力目标	思政要素和职业素养目标
1. 了解混合动力汽车电动助力转向系统的类型。 2. 掌握混合动力汽车电动助力转向系统的结构原理和重点部件的功用。 3. 掌握混合动力汽车电动助力转向系统的维护与保养项目内容	1. 能正确查阅混合动力汽车不同类型电动助力转向系统的相关技术资料。 2. 熟知混合动力汽车电动助力转向系统各部件的安装位置。 3. 掌握混合动力汽车不同类型电动助力转向系统的结构组成及工作原理。 4. 能规范地维护与保养混合动力汽车的电动助力转向系统	1. 养成严谨细致、认真负责的工作态度。 2. 培养团结协作的团队精神，提升团队协作能力

对接 1+X 证书模块 6-3（中级）工作任务 3——智能新能源汽车底盘维护与保养

课前预习

根据查找的资料或在实训室观摩，完成下列课前预习（表 6.3.1）。

表 6.3.1　混合动力汽车电动助力转向系统维护与保养预习

1. 丰田卡罗拉混合动力汽车电动助力转向系统的特点有哪些？

（丰田卡罗拉混合动力汽车电动助力转向系统的特点）

（　　　　）（　　　　）（　　　　）（　　　　）

2. 说明混合动力汽车电动助力转向系统的基本检查。

知识储备

　　汽车转向系统是汽车底盘四大系统之一，在汽车行驶过程中，保证汽车能按驾驶人员的需求进行转向。

　　在正常情况下，汽车转向所需的能量，只有一小部分由驾驶人员提供，而大部分是由外来动力产生转向补助力通过助力转向装置提供的。转向助力协助驾驶人员做汽车方向调整，为驾驶人员减轻转动转向盘的用力强度。当然，转向助力在汽车行驶的安全性、舒适性上也有非常大的作用。

　　在汽车的发展历程中，转向系统经历了 4 个发展阶段：从最初的机械式转向（manual steering，MS）系统发展为液压助力转向（hydraulic power steering，HPS）系统，然后又出现了电子液压助力转向（electro hydraulic power steering，EHPS）系统和电动助力转向（electric power steering，EPS）系统。

　　汽车上配置的助力转向系统大致可以分为 3 类：机械式液压助力转向系统、电子液压助力转向系统及 EPS 系统。

一、混合动力汽车 EPS 系统概述

液压助力转向系统已发展了半个多世纪，其技术已相当成熟。随着汽车微电子技术的发展、对汽车节能性和环保性要求的不断提高，液压助力转向系统存在的耗能、对环境造成的污染等固有缺陷已越来越明显，不能满足当今汽车工业发展的要求。EPS 系统将电力电子技术和高性能的电机控制技术应用于汽车转向系统，能显著改善汽车的动态性能和静态性能，提高行驶中驾驶人员的舒适性和安全性，减少环境污染等。

在混合动力汽车中，少数混合动力汽车使用电子液压助力转向系统（图 6.3.1），其主要应用于混合动力客车。大多数混合动力汽车采用 EPS 系统（图 6.3.2），这是因为 EPS 系统是完全独立于发动机运作的，主要应用于乘用车。

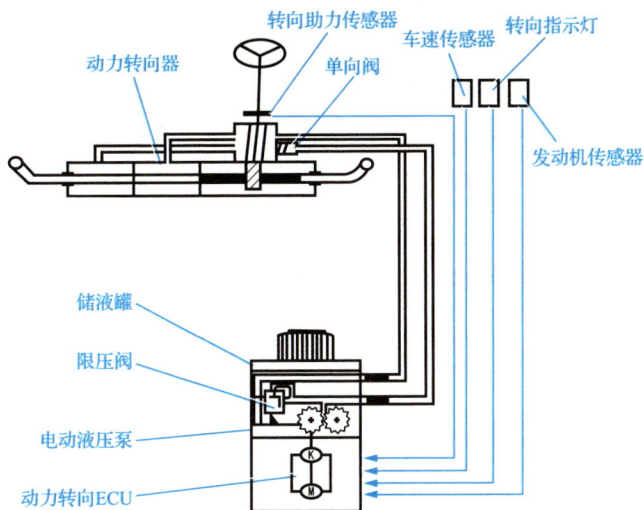

图 6.3.1　电子液压助力转向系统

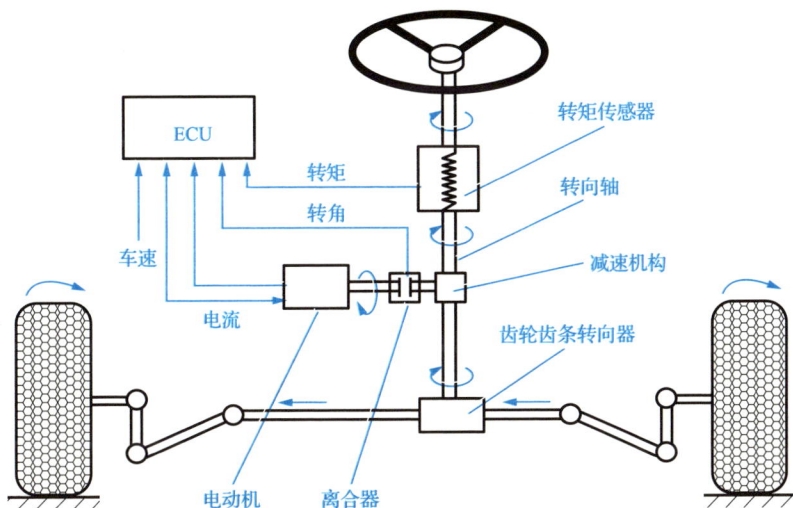

图 6.3.2　EPS 系统

　　EPS 系统是一种直接依靠电机提供辅助转矩的动力转向系统，与传统的液压助力转向系统相比，EPS 系统具有很多优点。其优点主要体现在：显著降低燃油消耗，在不转向时 EPS 系统可以降低燃油消耗 2.5%，在转向时 EPS 系统可以降低燃油消耗 5.5%；转向助力大小可以通过软件调整，能够兼顾低速时的转向轻便性和高速时的操纵稳定性，回正性能好；结构紧凑，质量小，生产线装配好，易于维护与保养；通过程序的设置，EPS 系统容易与不同车型匹配，可以缩短生产和开发的周期。EPS 系统主要由转矩传感器、车速传感器、电动机、减速机构和 ECU 等组成。

　　混合动力汽车在转向时，转矩传感器可以"感觉"到转向盘的力矩和拟转动的方向，这些信号会通过 CAN 数据总线发给 ECU，ECU 会根据传动力矩、拟转的方向等数据信号向电动机控制器发出动作指令，电动机就会根据具体的需要输出相应大小的转动力矩，从而产生助力转向。如果不转向，则本套系统就不工作，处于休眠状态等待调用。基于 EPS 系统的工作特性，驾驶人员在驾驶汽车时，方向感更好，车辆高速行驶时更稳。由于 EPS 不转向时不工作，所以也在一定程度上节省了能源。一般高档轿车采用这样的助力转向系统较多。

　　混合动力汽车的 EPS 系统可分为同轴式 EPS 系统和非同轴式 EPS 系统两种。

　　同轴式 EPS 系统的电动机轴与转向器丝杠轴同轴，电动机转子直接与丝杠螺母配合，并将转矩传递给丝杠螺母，丝杠螺母副将丝杠螺母的旋转运动转变成齿条丝杠的直线运动，如图 6.3.3 所示。

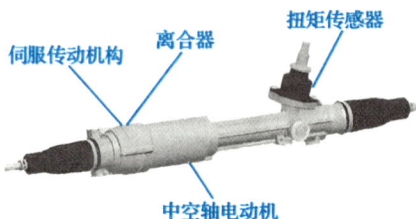

图 6.3.3　同轴式 EPS 系统的实物图

　　非同轴式 EPS 系统的转向器助力电动机与转向器丝杠轴不同轴（通常采用传动带连接电动机转轴和丝杠螺母），如图 6.3.4 所示。

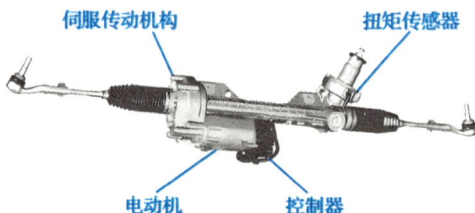

图 6.3.4　非同轴式 EPS 系统的实物图

二、混合动力汽车 EPS 系统认知

1. 丰田卡罗拉混合动力汽车 EPS 系统

卡罗拉混合动力汽车的转向系统是在齿轮齿条式转向机构的基础上采用了车速感应型 EPS 系统，如图 6.3.5 所示。EPS 系统具有提升全车的经济性、使汽车转向控制更加灵活、控制响应快和结构简单等一系列优点，所以越来越多地被现代汽车采用。

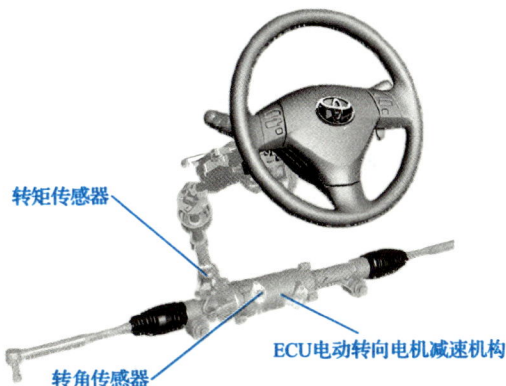

图 6.3.5 卡罗拉混合动力汽车车速感应型 EPS 系统

卡罗拉混合动力汽车 EPS 系统的特点如下。

1）转向复位控制。当转向盘从极限位置向回转动时，EPS 系统提供复位助力控制。

2）变压器增压控制。对转向 ECU 的电压进行增压，当驾驶人员未对转向盘进行任何操作或车辆保持直线行驶时，该电压保持为 0。当驾驶人员对转向盘进行操作时，根据负载大小，以 27～34V 的电压对输出助力进行可变控制。

3）系统过热保护控制。转向 ECU 根据电流大小及其作用时间估计电机温度，如果温度超出规定范围，系统将对输出电流进行限制，以防电机过热。

4）带有自诊断功能。系统发生故障时，将自动存储故障码，同时故障指示灯（P/S 警告灯）闪亮。

2. 丰田卡罗拉混合动力汽车 EPS 系统的结构组成及工作原理

（1）EPS 系统的结构组成

丰田卡罗拉混合动力汽车 EPS 系统主要是由转矩传感器、助力转向电机、减速机构、转角传感器、齿条轴的外壳、左右横拉杆、转向 ECU 和低压辅助蓄电池等组成的，系统控制原理如图 6.3.6 所示。

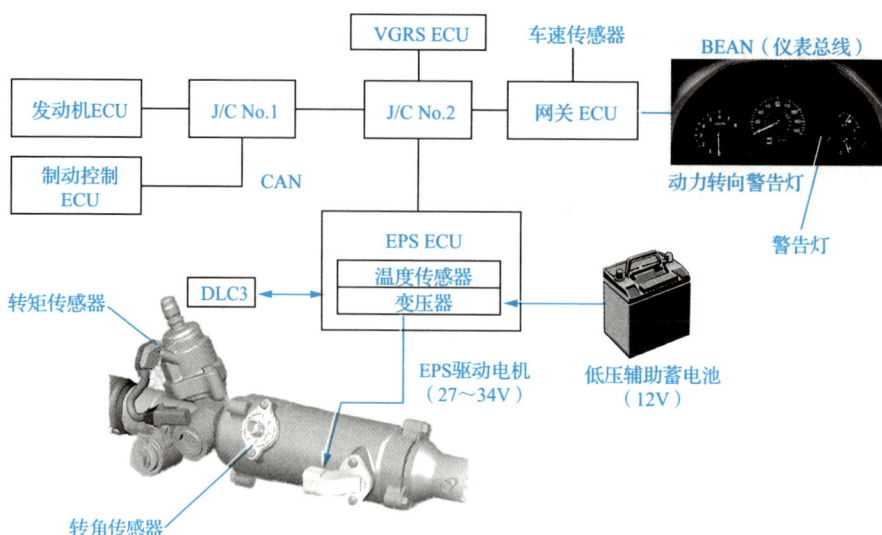

图 6.3.6　丰田卡罗拉混合动力汽车 EPS 系统的控制原理

丰田卡罗拉混合动力汽车 EPS 系统的主要部件如下。

1）转矩传感器。转矩传感器通过检测弹性扭转杆因转向盘的转矩所产生的变形角度来测量转向盘操纵力矩，并将其转变为电子信号输出至 EPS ECU，ECU 据此决定对 EPS 驱动电机提供多大的电压。转矩传感器所产生的信号是转向控制的重要信号。

转矩传感器的剖面结构如图 6.3.7 所示，包括分相器单元 1 与分相器单元 2 两部分，分别安装在转向盘的转向主轴（输入轴）和转向小齿轮轴（输出轴）上。

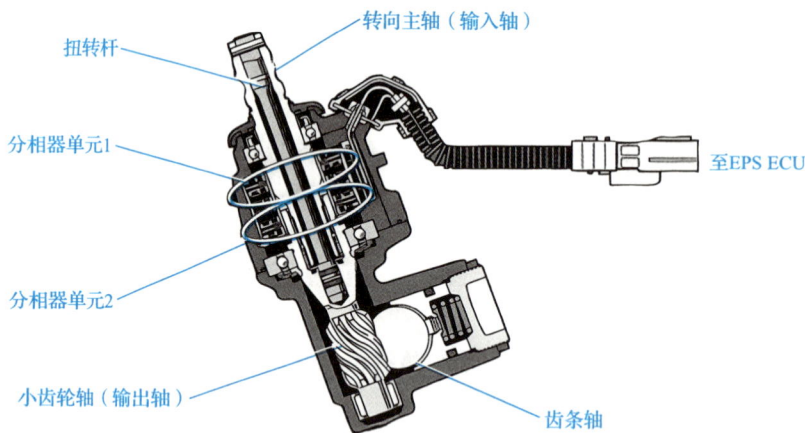

图 6.3.7　转矩传感器的剖面结构

转矩传感器的内部结构组成如图 6.3.8 所示。转子部分由上下两层构成，均装有转矩传感器线圈。输入轴和输出轴由一根细金属销刚性连接成一体，转子轴上方有连接用的销孔。输入轴由汽车转向盘直接驱动，再通过金属销、弹性扭转杆的传递来驱动输出轴；输出轴小齿轮推动齿条平移，驱动车轮向左或向右转向。

图 6.3.8　转矩传感器的内部结构组成

　　定子部分也有上下两层线圈，分别对应转子的上下部分。定子线圈有两种，分别为励磁线圈和检测线圈。励磁线圈对转子部分的线圈通过电磁感应起励磁作用；检测线圈用于检测输入轴、输出轴的上下转角差（转向转矩），向 EPS ECU 输送电信号，这个电信号是定子线圈上两列正弦波的相位差。图 6.3.9 所示为反映转矩传感器检测到的转矩的大小。相位差越大，转矩越大。

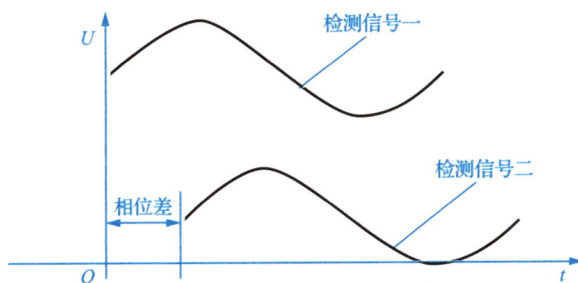

图 6.3.9　线圈信号

　　2）转角传感器。丰田卡罗拉混合动力汽车转角传感器属于电磁感应式传感器，安装于助力转向电机总成上，如图 6.3.10 所示。它及时将助力转向电机的转向及转向角度信号反馈给 EPS ECU，形成闭环控制。

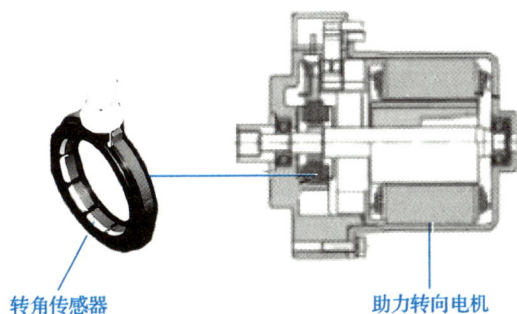

图 6.3.10　转角传感器的安装位置

3）助力转向电机。丰田卡罗拉混合动力汽车 EPS 系统中的助力转向电机是三相交流电机，其结构如图 6.3.11 所示。

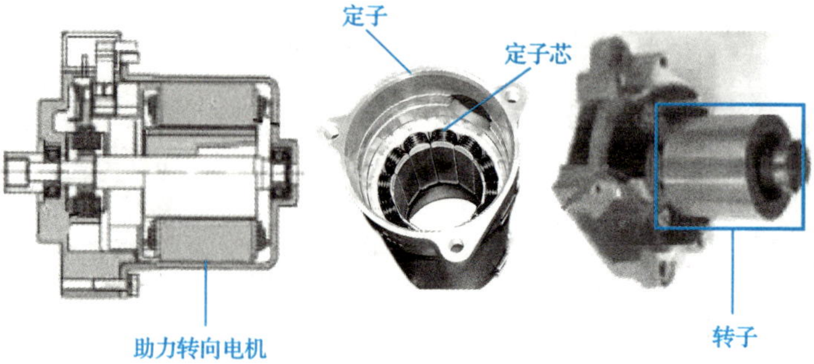

图 6.3.11　助力转向电机的结构

为了提高转向助力的力矩，丰田卡罗拉助力转向电机的电源为 27～34V 的三相交流电压。其 EPS ECU 中还专门设置有提升电压的变频器和电感储能线圈，由类似三相桥式、能将蓄电池的电压转为 27～34V 的电路完成。驾驶人员操纵转向盘时，助力电动机会根据转向阻力大小自动输出 27～34V 的可变电压。

4）转向电子控制单元（EPS ECU）。EPS ECU 由用于控制的微控制器、用于监测的集成电路（有时为微控制器）、电机驱动电路（驱动电路和转换电路）、通断电机路径及电源路径的继电器、接收外部信号的接口电路等组成，如图 6.3.12 所示。

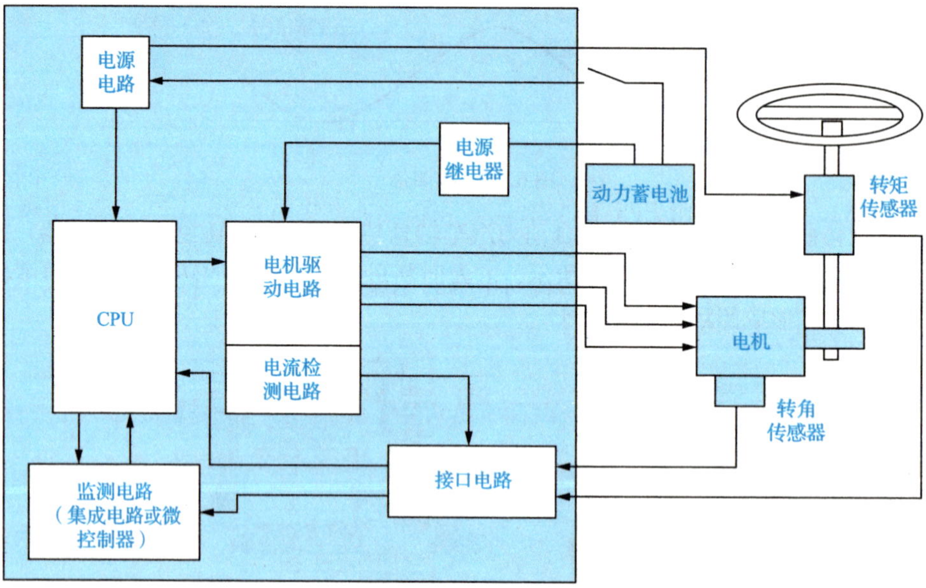

图 6.3.12　EPS ECU 的结构

（2）EPS 系统的工作原理

EPS 系统是由 ECU 控制助力转向电机工作来实现助力的系统。驾驶人员转动转向盘时，转向盘通过传动轴的花键毂带动转向主轴（输入轴），转向主轴再通过金属销带动弹性扭转杆；弹性扭转杆下端是小齿轮（输出轴），小齿轮与转向齿条啮合产生动力输出，驱动车轮向左或向右偏摆而实现转向。与此同时，助力的过程也在进行，由于弹性扭转杆比较细长，受到来自转向主轴的转矩时，很容易产生扭转变形，因此，输入轴与输出轴之间产生上下转角差，转矩越大，转角差越大；转矩传感器检测转角差的大小并转换为电信号输送给 ECU；ECU 根据转矩大小输出不同的驱动电压，以驱动助力转向电机产生助力，转矩越大，输出的驱动电压越高，驱动电压在 27～34V 范围内变化。但当驾驶人员未转动转向盘或车辆直线行驶时，助力转向电机不运转，此时助力转向电机的电压为 0。EPS 系统的电控原理如图 6.3.13 所示。

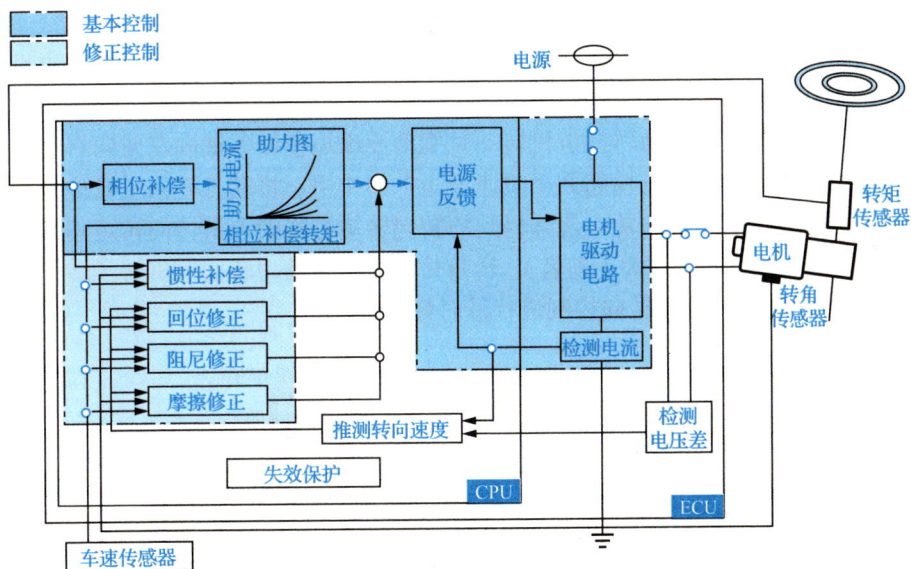

图 6.3.13　EPS 系统的电控原理

助力转向电机的电流由 EPS ECU 控制，随车速的变化而变化，EPS ECU 根据转向力矩值及车速大小计算所需输出电流并控制电机运转。如图 6.3.14 所示，车速越高，助力转向电机的电流越小；车速越低，助力转向电机的电流越大。因此，转向助力的大小由两个因素决定，即转向盘输入转矩与车速。

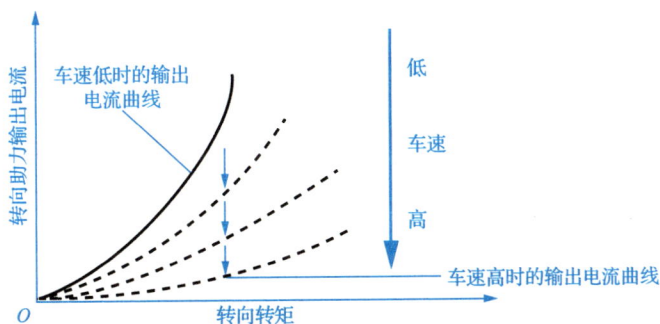

图 6.3.14　转向转矩与输出电流之间的关系

EPS 系统的控制：当车辆速度低时，转向沉重，这时需要大的助力。由于车速低，一方面，EPS ECU 供给助力转向电机大的电流；另一方面，转向盘沉重，弹性扭转杆变形大，转角差大，EPS ECU 供给助力转向电机高的电压，因此，助力转向电机提供较大助力。车速高时，转向轻便，这时需要小的助力，增加驾驶人员转向的路感。由于车速高，一方面，EPS ECU 供给助力转向电机小电流；另一方面，转向盘轻便，弹性扭转杆变形小，转角差小，EPS ECU 供给助力转向电机低的电压，因此，助力转向电机提供较小助力。通过电动助力，达到理想的转向控制。从图 6.3.14 中曲线的虚线部分可以看出，转向转矩曲线不是单一的。转向助力输出电流一定时，对应不同曲线得到不同的转向转矩，这是因为驱动电压不是固定的，它随转向盘转向转矩的变化而变化；同样，转向转矩一定时，对应不同曲线得到不同的转向助力输出电流，原因是驱动电压因素在起作用。

助力转向电机的动力传递给转向齿条的原理：如图 6.3.15 所示，助力转向电机的转子是空心的，它通过滚珠与齿条轴相啮合。当助力转向电机转动时，它的转子只能左右转动，而不能轴向移动，因此，助力转向电机转动时驱动滚珠迫使齿条轴向左或向右移动。在这个过程中，循环滚珠式减速机构起到"减速增矩"的作用，将助力转向电机传来的速度减慢、转动转矩放大。所以转向轮上最终得到的转向转矩是驾驶人员转向转矩和转向电动助力之和（车辆低速时，后者远大于前者），转角传感器反馈助力转向电机转子转角的大小与旋转方向，以便 EPS ECU 对转向控制进行及时修正。

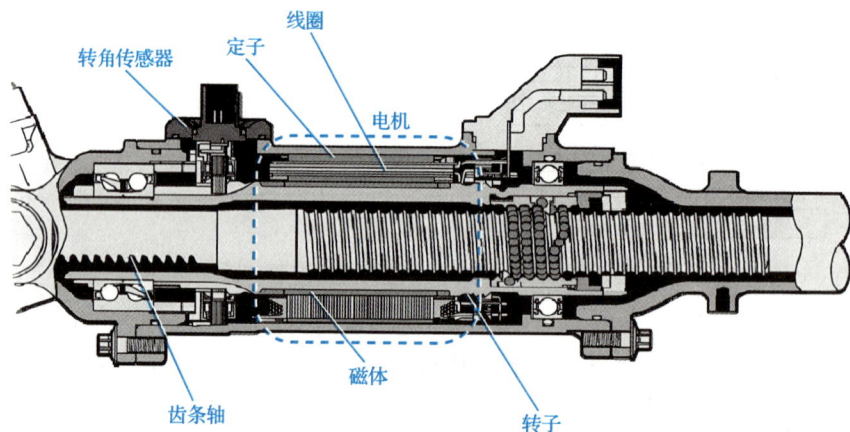

图 6.3.15　助力转向电机动力传递原理

当转向盘保持在某一转向位置时，由于不再转动转向盘，车轮要克服的路面转向阻力消失，弹性扭转杆被释放，在弹力作用下慢慢恢复，弹性扭转杆上下不再存在转角差，ECU 不再提供转向助力。车辆保持在转向位置是靠驾驶人员握住转向盘来维持的。

三、混合动力汽车 EPS 系统的维护与保养

混合动力汽车基本配置 EPS 系统，尽管其结构与机械液压式和电子液控式助力转向系统相比要简单，但电子集成度高，维护与保养是有难度的，需要做好高压防护措施，还需使用专业设施设备来作业。

1. EPS 的基本检查

（1）转向盘自由行程的检查

前后左右晃动转向盘以检查转向盘松旷情况，如图 6.3.16 所示。检查转向盘是否松动或出现"吱吱"声。如果发现缺陷，则进行维修或更换。

1）转向盘自由行程：转向盘为消除转向系统各传动件之间的装配间隙及克服机件的弹性变形所空转过的角度，如图 6.3.17 所示。

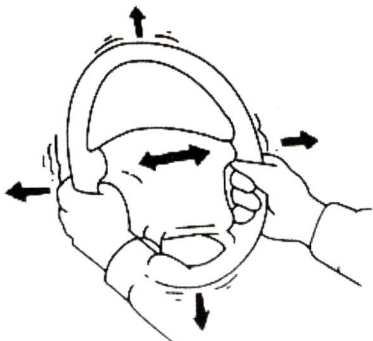

图 6.3.16　转向盘松旷检查

图 6.3.17　转向盘自由行程检查

2）作用：克服转向系统内部的摩擦、各传动件间的装配间隙。

3）要求：机动车自由行程不超过 15°。若过大，则转向不灵敏；若过小，则路面冲击大，驾驶人员过度紧张。转向盘自由行程超过 30° 时须调整。

4）自由行程的检查：使汽车前轮处于直线行驶状态，向左、向右侧轻轻推动转向盘，在转向盘外圆周上测量手感变重时（轮胎开始转动）的自由行程。如果该值在规定范围之内，则说明状况正常；否则需要调整。

5）调整方法：调整转向器传动副的啮合间隙。

（2）转向力的检查

1）汽车停放在水平路面上，转向盘放置在平直向前位置。

2）检查轮胎充气压力是否符合指定要求。

3）起动车辆。

4）将钥匙置于 ON 挡时，从相切方向用弹簧秤钩住转向盘，匀速拉动测量转向力。转向力至少为 35N，如图 6.3.18 所示。

（3）转向横拉杆状态的检查

1）举升车辆（车轮悬空），通过摆动车轮和转向横拉杆检查间隙。

2）检查转向横拉杆球头的固定螺母（图 6.3.19）是否牢靠。

3）检查转向横拉杆的防尘罩（图 6.3.19）有无损坏和安装位置是否正确。

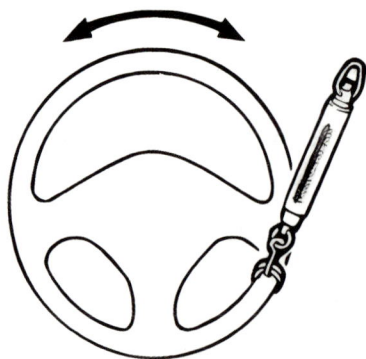

图 6.3.18　转向力检查

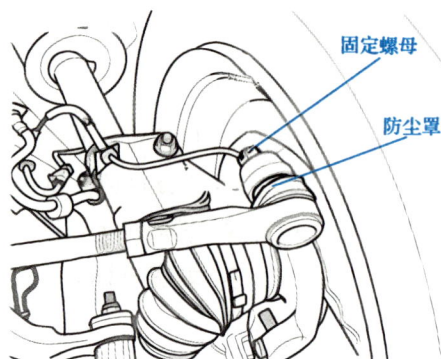

图 6.3.19　检查转向横拉杆球头的固定螺母及防尘罩

（4）EPS 电气线束及插接器的检查

1）把车辆电源置于 OFF 挡。

2）举升车辆。

3）检查 EPS 电气线束的老化、破损、串线等，若出现这些情况，则应及时维护处理。

4）检查 EPS 电气线束的插接器是否松动、氧化腐蚀、破损等，若出现这些情况，则应及时维护处理。

2. EPS 系统组件的更换（参照比亚迪唐混合动力版）

（1）EPS 系统组件更换前的准备

1）安全防护：做好车辆高压安全防护与隔离。

2）工具设备：四轮定位仪、绝缘防护用品、绝缘工具套装、常规工具套装。

3）操作车辆：比亚迪唐混合动力教学实训车辆。

4）辅助资料：汽车维修手册、教材。

（2）比亚迪唐混合动力车辆 EPS 系统组件认知

不同混合动力汽车的 EPS 系统组成及安装部位有所不同，现在对比亚迪唐混合动力汽车 EPS 系统组件进行认知，如图 6.3.20 所示。

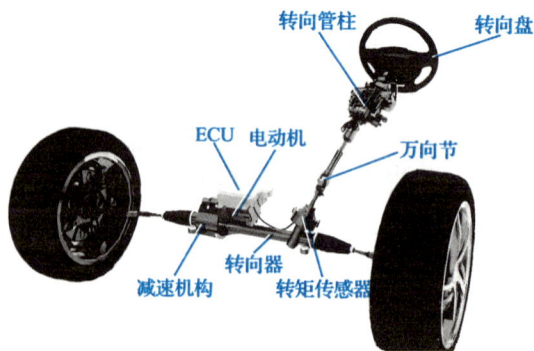

图 6.3.20　比亚迪唐混合动力汽车 EPS 系统组件

比亚迪唐混合动力汽车 EPS 系统组件的核心部件如图 6.3.21 所示。

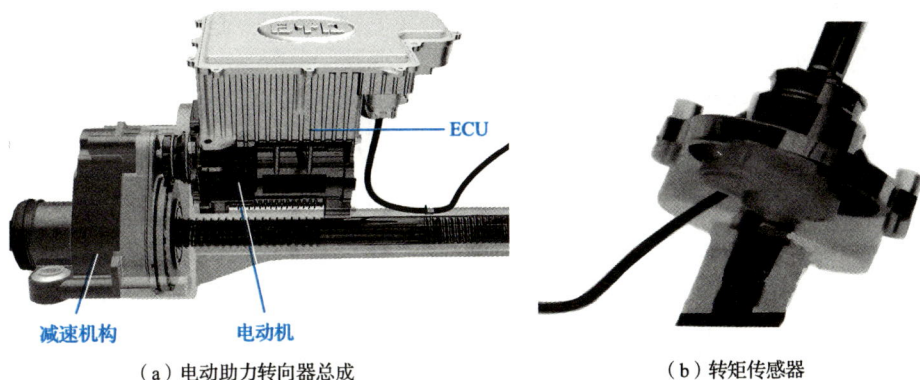

（a）电动助力转向器总成　　　　　　　　　　（b）转矩传感器

图 6.3.21　比亚迪唐混合动力汽车 EPS 系统组件的核心部件

（3）比亚迪唐混合动力汽车 EPS 动力组件更换时的注意事项

1）该车配备有多个安全气囊，包括前排双气囊、侧气囊和侧气帘。如果不按正确的次序操作，则可能导致安全气囊在换件过程中意外打开，并导致严重事故。因此，换件前（包括零件的拆卸或安装、检查或更换）一定要阅读安全气囊系统的操作注意事项。

2）该车 EPS 系统带有主动回正控制功能及遥控驾驶功能，转向系统（齿轮齿条式电动助力转向器总成等）经过拆换后，须重新进行四轮定位，并标定转矩、转角信号，同时标定 ESP 转角信号。标定转矩、转角信号后，将车辆电源开关重新置于 ON 挡，电源清除残留故障码。

3）拆卸或重新安装助力转向器总成时：

① 避免撞击电动助力转向器总成，特别是传感器、EPS ECU、EPS 电动机和减速机构。如果电动助力转向器总成跌落或遭受严重冲击，则需要换新。

② 移动助力转向器总成时，切勿拉拽线束。

③ 从转向器上断开转向管柱或中间轴前，车轮应保持在正前方向，车辆处于断电状态，否则会导致转向管柱上的时钟弹簧偏离中心位置，从而损坏时钟弹簧。

④ 断开转向管柱或中间轴前，车辆处于断电状态。断开上述部件后，不要移动车轮。不遵循这些程序会使某些部件在安装过程中定位不准。

⑤ 转向盘打到极限位置的持续时间不要超过 5s，否则可能损坏助力电动机。

（4）更换比亚迪唐混合动力汽车电动助力转向器总成的流程

1）将比亚迪唐混合动力汽车方向打正，两前轮向前直线停置在备有举升机的维修工位。

2）安装防护四件套（翼子板、前格栅、转向盘、座椅的护罩）。

3）把车辆电源开关置于 OFF 挡，拆下低压辅助蓄电池负极电缆线，等待 5min，拆下转向盘。

注意：断开万向节前，必须拆除转向盘，否则可能损坏时钟弹簧。

4）举升车辆到方便拆卸部件的操作高度。

5）拆卸万向节防尘罩总成Ⅰ。

6）分离中间轴总成。

7）分离万向节防尘罩总成Ⅱ骨架卡子A和卡子B与车身的连接，如图6.3.22所示。

注意：不要损坏骨架上的卡子。

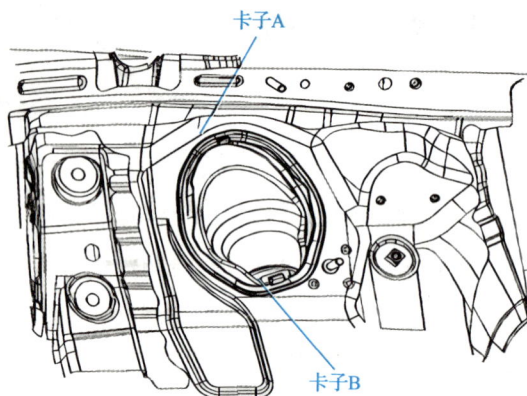

图6.3.22　分离万向节防尘罩总成Ⅱ

8）拆卸前轮。

9）拆掉摆臂与摆臂球头销总成的安装螺栓和螺母。

10）分离左/右侧外拉杆总成与转向节的连接，如图6.3.23所示。

11）拆下开口销和六角开槽螺母如图6.3.23所示。

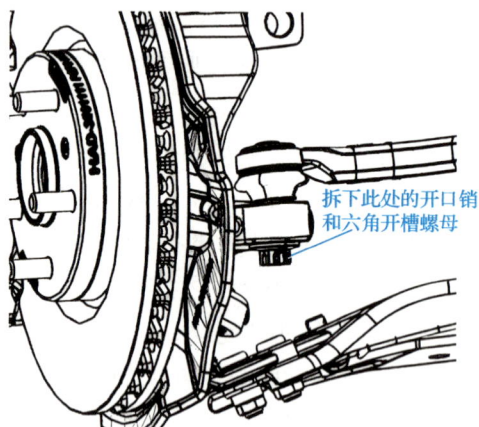

图6.3.23　分离左/右侧外拉杆总成与转向节的连接

12）从转向节上分离左/右侧外拉杆总成。

13）拔下电源插接件及CAN信号插接件。

注意：拔插接件前，先用一字螺钉旋具撬开插接件倒扣。

14）用举升设备顶住副车架主体总成，拆下副车架主体及前副车架前、后安装支架和车身的 8 个连接螺栓（参照前副车架总成的拆卸流程）。

15）降下举升设备，副车架随之落下。

16）拆下稳定杆及拉杆球头总成。

17）从带横拉杆的电动助力转向器总成上拆下万向节下防尘罩总成。

18）拆卸带横拉杆的电动助力转向器总成，如图 6.3.24 所示。从前副车架总成上拆下 4 个螺栓、4 个螺母和带横拉杆的电动助力转向器总成。

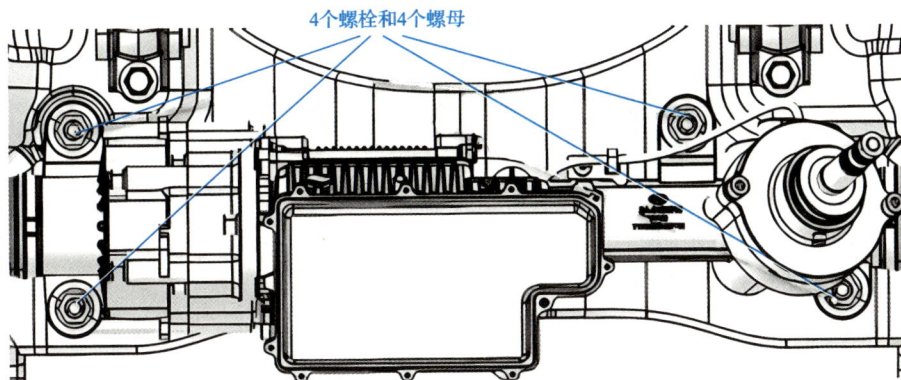

图 6.3.24　拆卸带横拉杆的电动助力转向器总成

19）固定带横拉杆的电动助力转向器总成。

20）安装带横拉杆的电动助力转向器总成。

21）用 4 个螺栓和 4 个螺母将带横拉杆的电动助力转向器总成安装到前副车架总成上。预紧力矩为 70N·m。

22）安装万向节下防尘罩。将万向节下防尘罩上的圆孔与转向器壳体上的凸台对齐，以安装孔盖，如图 6.3.25 所示。

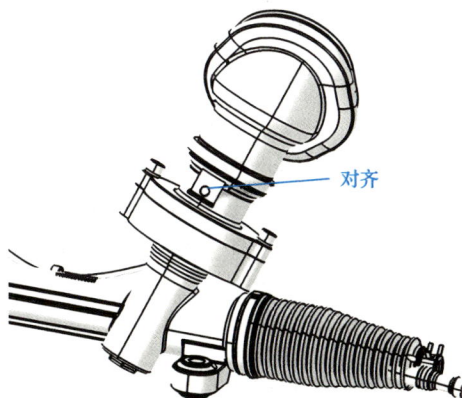

图 6.3.25　对齐万向节下防尘罩的圆孔与转向器壳体上的凸台

23）安装稳定杆及拉杆球头总成。

24）安装前副车架总成（参考前副车架总成装配流程）。

25）安装电源及 CAN 信号插接件。

26）连接左外拉杆总成。

27）用六角开槽螺母将左外拉杆总成连接到转向节上。预紧力矩为 49N·m。

注意： 如果开口销孔未对齐，则将螺母进一步拧 60°。

28）安装新开口销。

29）连接右外拉杆总成。

提示： 执行与左侧相同的操作流程。

30）安装摆臂与摆臂球头销总成。

31）连接万向节防尘罩总成Ⅱ。

32）将下防尘罩总成骨架上的卡子与车身前围板连上。

33）连接中间轴总成与加长轴。

34）安装万向节防尘罩总成Ⅰ。

35）安装转向盘总成。

36）安装前轮。预紧力矩为 120N·m。

37）进行四轮定位。

38）四轮定位完成后，拧紧拉杆锁紧螺母。预紧力矩为 74N·m。

39）进行转矩信号及转角信号的标定。

40）驾车感受车辆方向感，并清洁维修工位卫生。

知识拓展

EPS 系统市场

液压系统有着简单、输出力大的特点，因而被广泛用于商用车；而乘用车追求舒适与轻便，应用液压系统相对较少，加之部分乘用车溢价高于商用车，一些新技术也需要应用在乘用车上进行验证。

由于 EPS 系统的电动机直接与机械转向器建立了传动关系，因此直接避免了液压系统故障所带来的安全风险。EPS 系统可以实现主动回正和车道纠偏，在连续弯道时帮助驾驶人员快速回正车轮，把握行车轨迹。因为取消了液压系统，所以 EPS 系统的助力特性真正地实现了随车速动态变化，直接改善了以往车辆高速行驶时方向感不明确的弊端。奥迪汽车的 EPS 系统结构如图 6.3.26 所示。

EPS 系统的成本虽然相较于液压助力转向系统更高，但是整车厂商依然会选择价格更高的 EPS 产品，这是因为全球大部分国家已经制定了更为严苛的汽车节能减排法规，所以从转向系统领域来看，EPS 系统对整车来说具备最佳的价值定位。根据统计数据，目前我国的液压助力转向系统向 EPS 系统的切换已经完成了 80%左右的市场空间，而且将会有更多的汽车搭载 EPS 系统。

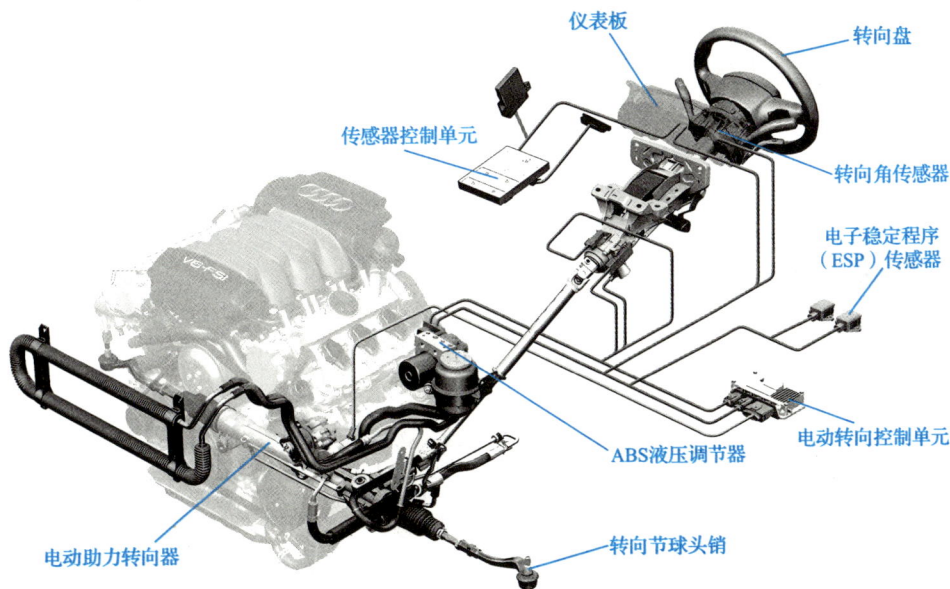

图 6.3.26　奥迪汽车的 EPS 系统结构

从企业方面来看，在我国 EPS 系统市场中，外资或合资企业的市场占有率在 80%左右，占垄断地位，我国本土企业市场占有率则不足 20%。目前日本捷太格特、德国采埃孚、日本精工、美国天合等全球主要转向系统供应商均已在中国设立 EPS 系统生产基地。我国本土出现了一批产能在 100 万套以上的企业，如易力达、豫北等。

国内 EPS 系统的起步相对于国外起步时间较晚，同时还面临着转向系统没有系统研究等一系列的问题，因此面临很大挑战。国内最早使用 EPS 系统的是昌河北斗星，之后开启了国内转向系统的变革和国内汽车行业的自身发展。国内 EPS 系统与国际先进技术相融合引进，使我国 EPS 系统快速发展。

EPS 系统的技术优势如下。

1）节能环保。由于发动机运转时，液压泵始终处于工作状态，液压助力转向系统使整个发动机的燃油消耗量增加了 3%～5%，而 EPS 系统以蓄电池为能源，以电机为动力元件，可独立于发动机工作，EPS 系统几乎不直接消耗发动机燃油。EPS 系统不存在液压助力转向系统的液压油泄漏问题，EPS 系统通过电子控制，对环境几乎没有污染，更降低了油耗。

2）安装方便。EPS 系统的主要部件可以集成在一起，易于布置，与液压助力转向系统相比减少了许多元件，没有液压助力转向系统所需要的油泵、油管、压力流量控制阀、储油罐等，元件数目少，装配方便，节约时间。

3）效率高。液压助力转向系统的效率一般为 60%～70%；而 EPS 系统的效率较高，高达 90% 以上。

4）路感好。传统纯液压助力转向系统大多采用固定放大倍数，工作驱动力大，却不能实现汽车在各种车速下驾驶时的轻便性和路感；而 EPS 系统的滞后特性可以通过 EPS 控制器的软件加以补偿，使汽车在各种速度下都能得到满意的转向助力。

5）回正性好。EPS 系统结构简单，不仅操作简便，还可以通过调整 EPS 控制器的软件得到最佳的回正性，从而改善汽车操纵的稳定性和舒适性。

任务实施

小组根据该任务的学习情况，查阅相关资料和利用实训设备（工具、车辆），完成下列工作任务单。

混合动力汽车 EPS 系统基本检查工作任务单

任务名称	混合动力汽车 EPS 系统的基本检查		
小组成员		任务成绩	
任务要求	1. 利用教师提供的混合动力实训车辆，写出车辆的具体类型，在实车上确认 EPS 系统各组件的安装位置，并进行记录。 2. 通过线上、线下收集信息，列举不同类型混合动力汽车 EPS 系统的结构类型（两种以上）		
安全要求	记录实训中应该注意的安全事项		
混合动力汽车 EPS 系统组件中的转矩传感器和转角传感器检查	1. 实训车辆 1： 车辆型号及类型记录： 转矩传感器安装位置及工作原理记录： 2. 实训车辆 2： 车辆型号及类型记录： 转角传感器安装位置及工作原理记录：		
混合动力汽车 EPS 系统组件中转矩传感器的更换	写出混合动力汽车实训车辆更换转矩传感器的过程		

考核评价

综合整个学习过程，通过学生的课堂表现、课后巩固、任务完成情况等对学生的知识目标、能力目标、思政要素和职业素养目标达成情况进行评价。

任务教学目标达成情况评价表

班级：_____　　姓名：_____

知识目标达成情况		
目标描述	教师评价	学生自评
是否了解汽车转向系统发展的 4 个阶段		
能否理解混合动力汽车 EPS 系统的工作原理		
能否掌握混合动力汽车 EPS 系统的维护与保养内容		
评价结论：知识目标达成与否	○是	○否
能力目标达成情况		
目标描述	教师评价	学生自评
能否找到混合动力汽车 EPS 系统各组件的安装位置		
能否感受混合动力汽车行车中的转向异常		
能否规范维护与保养混合动力汽车 EPS 系统		
评价结论：能力目标达成与否	○是	○否
思政要素和职业素养目标达成情况		
目标描述	教师评价	学生自评
小组活动展现的团队协作、沟通交流能力		
本课实训参与的积极性		
实训是否严谨、客观、科学		
评价结论：思政要素和职业素养目标达成与否	○是	○否

参 考 文 献

包丕利，2018．新能源汽车维护与保养[M]．北京：机械工业出版社．

彼得·霍夫曼，2017．混合动力汽车技术[M]．耿毅，耿彤，译．北京：机械工业出版社．

刘威，吴可，2020．电动汽车构造原理与检修[M]．北京：机械工业出版社．

毛彩云，柯松，周锡恩，2021．混合动力电动汽车使用与维护[M]．北京：北京理工大学出版社．

梅尔达德·爱塞尼，高义民，斯蒂法诺·隆戈，等，2019．现代电动汽车、混合动力电动汽车和燃料电池电动汽车（原书
　　第3版）[M]．杨世春，华旸，熊素铭，等译．北京：机械工业出版社．

瑞佩尔，2019．新能源电动汽车混合动力汽车维修资料大全 国内品牌[M]．北京：化学工业出版社．

瑞佩尔，2019．新能源电动汽车混合动力汽车维修资料大全 国外品牌[M]．北京：化学工业出版社．

杨希锐，寇扬，程冲锋，2019．电动汽车使用与维护[M]．北京：金盾出版社．